财经
法治

TAX LAW AND
税法解释与判例评注
CASE REVIEW

第十五卷

熊伟／主编
叶金育／副主编

法律出版社
LAW PRESS·CHINA
北京

图书在版编目(CIP)数据

税法解释与判例评注. 第十五卷 / 熊伟主编. -- 北京：法律出版社，2022
ISBN 978-7-5197-7325-0

Ⅰ. ①税… Ⅱ. ①熊… Ⅲ. ①税法—法律解释—中国②税法—判例—中国 Ⅳ. ①D922.220.5

中国版本图书馆 CIP 数据核字(2022)第 224137 号

税法解释与判例评注(第十五卷)
SHUIFA JIESHI YU PANLI PINGZHU (DI-SHIWU JUAN)

熊 伟 主编

策划编辑 沈小英
责任编辑 毛镜澄
装帧设计 李 瞻

出版发行 法律出版社
编辑统筹 法治与经济出版分社
责任校对 王 丰
责任印制 吕亚莉
经 销 新华书店

开本 710 毫米×1000 毫米 1/16
印张 18 **字数** 335 千
版本 2022 年 12 月第 1 版
印次 2022 年 12 月第 1 次印刷
印刷 北京虎彩文化传播有限公司

地址:北京市丰台区莲花池西里 7 号(100073)
网址:www.lawpress.com.cn
投稿邮箱:info@lawpress.com.cn
举报盗版邮箱:jbwq@lawpress.com.cn

销售电话:010-83938349
客服电话:010-83938350
咨询电话:010-63939796

书号:ISBN 978-7-5197-7325-0
定价:106.00 元

凡购买本社图书,如有印装错误,我社负责退换。电话:010-83938349

《税法解释与判例评注》
合作单位

中汇（武汉）税务师事务所有限公司

中汇
ZHONGHUI

北京市金杜律师事务所上海分所

KING&WOOD
MALLESONS
金杜律师事务所

编　委　会

卷首语

2022年,《税法解释与判例评注》走过了十二载,迎来了十五卷。从中国税收立法的“前税收法定时代”,迈向税种法体系即将基本定型、税收法律制度更加完善的“后税收法定时代”,变化的是中国的税收法治环境,不变的是《税法解释与判例评注》的初心。12年来,我们与税收法治相伴而行,共同见证并助推中国的税收法治建设。在法典化加速推进的当前中国,《税法解释与判例评注》必须开始考虑如何面对“一税一法”体系初步形成的税收法治新时代,怎样迎接“呼之欲出”的税法总则和未来可期的税法典立法。

本卷将在保持税法“解释”与判例“评注”过往定位的基础上,力求在稿源内容、作者结构、组稿模式等方面寻求创新,以竭力回应好“后税收法定时代”税收法治走向何方的“中国之问”。本卷共收录了18篇文章,为丛书创办以来收录文章最多的一卷。为了提升读者的阅读体验,我们还根据文章内容设置了不同的版块。

在“税法专论”中,罗翔丹以《多边公约》尚未有效修订现行税收协定这一过渡时期发生的法国“范达内案”(Verdannet case)判决为例,系统梳理现阶段将国内法反避税规则适用于税收协定情景的潜在冲突,回顾BEPS行动计划启动前后国际社会处理国内法反避税规则与协定义务之间关系的不同路径和发展变迁。对我国一般反避税规则在税收协定中的实践提出了有价值的建议。叶金育意识到在税法解释实践中,注重问题解决的“答案”,轻视“答案”产生的“说理”现象较普遍,提出税法解释应当恪守纳税人主义,不能仅满足于提供“答案”,而应格外关注“答案”产生的“说理”。姚子健分析了《税收征收管理法》中的税收撤销权法律制度适用频率过低的原因,指出在明确税收撤销权制度与行政强制措施、税收预期违约制度、纳税担保制度、强制执行制度之间关系的基础上,应按照《民法典》的相关规定对税收撤销权的构成要件加以重塑与再造,在最大程度上发挥税收撤销权法律制度保障税款征收之功用。

在“实务评注”中,李苹选取近几年司法判例,结合增值税“价外税”的特点和增值税计税原理的底层逻辑,通过对比分析的方法,揭示了销售方和购买方纳税人让他人为自己代开增值税专用发票,以及挂靠经营方式下代开发票行为的社会危害性,在此基础上,文章深入分析了现行法律文件中有关非法代开增值税专用发票规定存在的问题,并就如何完善提出了建议。黄俊涛围绕纳税争议案件申请行政复议期限的特殊性以及该特殊性给纳税人救济权实现带来的诸多梗阻展开分析,认为确立“以人为本”的税法理念并据此对《税务行政复议规则》第33条、《税收征收管理法》第88条提出修改完善建议,可以有效解决纳税争议案件复议申请期限不确定的问题。王晓辉在对大量案例实证研究的基础上,对税收优先权制度在民事执行程序中面临的税收债权与其他私法债权的优先顺序及具体范围,司法拍卖中税收优先权的界定及范围,税收优先权提出主体的范围及其确立,权利行使方式的二元选择,税收优先权追征期限的适用等方面的问题进行了逐一回应。

“黄山市博皓投资咨询有限公司诉原黄山市地方税务局稽查局案”(以下简称“博皓案”),2015年终审判决作出时即引发广泛关注,2018年再审裁定作出后又一次进入公众视野。本卷“成案研讨”即围绕该案而写。胡邵峰、聂森认为,无论是从法律依据还是税法原则来看,“博皓案”中股东借款的可税性都是存疑的,从诉讼策略上来讲,应重点强调扣缴义务不成立,而非纳税义务是否成立,在此基础上,进一步提出个人所得税扣缴义务之成立应先判断支付环节的存在和支付标的的所得性质,再根据稽征经济原则考虑其实现条件。郭维真认为,财政部、国家税务总局《关于规范个人投资者个人所得税征收管理的通知》(财税[2003]158号)中的反避税规则在一定程度上并不符合以成文法律为形式依托的税收法定原则,其适用应以立法目的为限,税务机关对规则的运用和法院最终的认定,是实践中对反避税规则误读和混用的典型体现。王宗涛认为,对该案的分析,可以从反避税的性质与法律逻辑、反避税裁判是否需要法律依据以及如何构造规范基础、反避税的构成要件和标准界定三个方面进行展开。李貌通过考察日本税法后认为,“博皓案”中“反避税是否需要法律依据”这一问题引出的法学命题就是“实质课税原则应受到税收法定原则的约束”,其背后本质上是税收实质法治和税收形式法治,以及课税权和经济自由在税法实践中出现冲突时,税务机关与法院如何进行价值权衡的问题。刘颖杰注意到,根据案件查办期间有效的《重大税务案件审理办法(试行)》,原黄山市地方税务局稽查局作为审理委员会所在税务机关的下级机关,以自己名义出具税务处理决定书和税务行政处罚决定书,导致博皓公司错列复议被申请人和被告,属于超越法定职权。蔡明通过对有关扣缴义务法律依据的梳理,认为不能认定博皓公司负有法律上的扣缴义务,而将博皓公司所出借的款项定性为对股东的分红亦证据不足。

2020年年末,武汉大学财税与法律研究中心与国家税务总局河北省税务局公职律师办公室联合征文。中南民族大学叶金育教授、厦门大学王宗涛副教授、西南政法大学王婷婷副教授、华东政法大学欧阳天健副教授、首都经济贸易大学贺燕副教授、国家税务总局税务干部学院(长沙)胡邵峰老师受我委托组成评审小组,对收到的36篇论文开展评审作业。根据评审结果,并尊重作者意愿,编委会选取5篇收录本卷“执法实践”。其中,张聪敏结合现实案例,区别涉案财产是否存在担保物权、税款是当次交易产生还是以往欠税等情况,对司法拍卖过程中涉及的税收优先权问题进行分析,并就相关法律法规的完善、拍卖交易产生税款的性质认定、税收优先权的适用条件、税务机关征管权的行使等方面提出建议。郭晓亮在对最高人民法院发布的“张某强虚开增值税专用发票案”(“张某强案”)进行研究的基础上,主张虚开增值税专用发票罪既不是“目的犯”“结果犯”,也不是“行为犯”,而是“危险犯”。李晓玉通过对“刘某秀案”进行分析,揭示了纳税人寻求退税权利保护的困境,并提出当税法规则不明确时,应当以立法宗旨及原则对其进行漏洞补充,审慎规范税务机关自由裁量权的行使,并通过优化纳税服务,更好地平衡征纳双方的权利义务。沈晓倩以“王某宇诉宜昌律信投资有限公司不当得利纠纷案”为例,探讨司法拍卖中买受人垫付税费行为的性质以及后续债权债务关系的认定,并依据现行法律、法理以及实践经验追析垫付税费可能带来的风险,从立法、司法以及执法三个方面探寻解决对策。郭英晓、穆洁认为,在财税〔2003〕158号等文件出台后,对于借款期限如何掌握、是否以企业存在可分配利润为前提等在实务中常存争议的问题,需要在《个人所得税法》一般反避税规则的框架下进行分析,并应考虑后续调整以避免重复征税。

在“学位论文”中,本卷继续发表陈晓虹的硕士毕业论文下篇。作者立足税法与刑法交叉领域的法学理论,分别从宏观和微观层面探讨问题的解决路径。逃税罪作为行政犯,具有双重违法性和行政从属性的本质特征,应同时受到两个法域各自法律原则之双重限制,在定罪机制上遵循税法定性与刑法定量的统一。此外,行政犯视野下刑法的谦抑性精神和宽严相济的刑事政策也为逃税罪的犯罪圈划定提供充分的法理证成。鉴于短期内难以实现立法模式的革新,在宏观层面,可考虑采用调整立法次序的过渡方案,以恢复偷、逃税立法上的应然逻辑:税法先行、刑法后随,以税法引领刑法,由刑法向税法协调;在微观层面,税收行政法应借税制改革之机重构偷、逃税的实体认定规则,再由涉税刑法适时作出相应协调。

本卷执行主编由国家税务总局税务干部学院(长沙)胡邵峰老师担任。书稿的顺利出版,得益于胡邵峰老师的辛苦付出和其他编辑的精诚奉献,得益于编辑委员会全体成员的协力合作,得益于中汇(武汉)税务师事务所有限公司、金杜律师事务所上海分所税务团队的资助。期待更多热心公益的有识之士加入丛书的出版资助团队。对法律出版社毛镜澄编辑一如既往的辛苦付出,武汉大学博士研究生金超对书稿规范化所承担的技术工作,在此一并致谢。

熊　伟

2022年8月8日

目 录

Contents

税法专论

实务评注

成案研讨

执法实践

学位论文

税 法 专 论

国内法一般反避税规则在税收协定中的适用
——基于法国“范达内案”的分析

罗翔丹[*]

摘 要：以一般反避税规则(GAAR)为代表的国内法反避税规则一直是打击滥用税收协定的中坚力量之一。然而，国内法反避税规则与税收协定义务的冲突由来已久，尤其是在税基侵蚀和利润转移问题严峻、《多边公约》尚未有效修订现行税收协定的过渡阶段，潜在的国内法反避税规则推翻协定的问题越发显著。反避税规则往往受制于协定解释规则与协定义务的限制，以致各国司法实践中情形相似却结论迥异的判例屡见不鲜，难以对激进的跨境税收筹划形成稳定而有效的遏制。鉴于此，本文以这一过渡时期发生的法国“范达内案”(Verdannet case)判决为例，系统梳理现阶段将国内法反避税规则用于税收协定情景的潜在冲突，并在回顾 BEPS 行动计划启动前后国际社会处理国内法反避税规则与协定义务之间关系的不同路径和发展变迁的基础上，阐述了不同方案背后的理论立场。“范达内案”折射出了一系列法律价值的“拉锯战”，涉及国内法与协定义务的耦合，对 GAAR 的设计与适用的反思，以及不同反避税规则之间的竞合。

关键词：一般反避税规则；税收协定；滥用协定；多边公约；BEPS 行动计划

一、问题的提出：协定义务与国内法反避税规则的冲突

长期以来，许多国家已经认识到打击滥用税收协定行为的必要性，并探索出了多种解决途径。在税基侵蚀和利润转移行动计划(Base Erosion and Profit Shifting Project，以下简称 BEPS 行动计划)启动之前，各国打击滥用税收协定的

---

* 奥地利维也纳经济大学国际商业税收项目(DIBT)博士研究生。

主流方式是适用国内法反避税规则,[1]或对协定条款进行目的性解释,[2]以否定滥用安排、重新确定纳税人或重新评估纳税义务。相较之下,只有少数税收协定包含一般反滥用规则。[3] 自 BEPS 行动计划启动以来,基于协定条款的反避税规则在国际社会中广受欢迎。BEPS 行动计划第 6 项最终成果报告提出了在协定中纳入一般反滥用条款,[4]通过签署《实施税收协定相关措施以防止税基侵蚀和利润转移的多边公约》(The Multilateral Convention to Implement Tax Treaty Related Measures to Prevent Base Erosion and Profit Shifting,以下简称《多边公约》)[5],签约方可按照以下任一建议,在公约涵盖的税收协定中纳入反滥用条款:(1)主要目的测试条款[Principal Purpose Test,以下简称 PPT 条款,《多边公约》第 7(1)条];(2)PPT 条款与简化的利益限制条款[Limitation on Benefits,以下简称 LoB 条款,《多边公约》第 7(8)~(13)条];(3)综合 LoB 条款与针对导管融资安排的反避税措施。截至 2022 年 1 月,《多边公约》自 2017 年开放签署迄今已逾五载,却尚未在任何签约方生效并修订被涵盖的税收协定。[6]

---

[1] 经合组织 2003 年协定范本注释:第 1 条第 9.2 段。

[2] 经合组织 2003 年协定范本注释:第 1 条第 9.3 段。

[3] 除"消极所得"条款中常见的"受益所有人"条款外,基于协定本身的反滥用规则亦多见于美国所缔结的协定中的"利益限制"条款,例如,《奥地利—美国所得税和资本税协定(1996)》第 16 条,《德国—美国所得税和资本税协定(1989)》第 28 条,《日本—美国所得税和资本税协定(2003)》第 22 条,《英国—美国所得税和资本税协定(2003)》第 23 条。

[4] See OECD, *Preventing the Granting of Treaty Benefits in Inappropriate Circumstances*, *Action* 6 - 2015 *Final Report*, OECD iLibrary (Oct. 5, 2015), https://doi.org/10.1787/9789264241695 - en.

[5] 截至 2022 年 4 月 21 日,已有 99 个税收辖区签署《多边公约》,并有 3 个税收辖区表达了签署意向。See *Signatories and Parties to the Multilateral Convention to Implement Tax Treaty Related Mesures to Prevent Base Erosion and Profit Shifting*, OECD (Apr. 21, 2022), https://www.oecd.org/ctp/treaties/beps-mli-signatories-and-parties.pdf.

[6] 本文的研究是基于 2022 年 1 月之前的法规与案例进行分析。值得注意的是,中国已于 2022 年 5 月向经合组织提交了《多边公约》的批准文书,将于 2022 年 9 月 1 日对中国生效。该文书也涵盖了中国香港特别行政区所签署的税收协定。在《多边公约》对涵盖的税收协定进行实质修订之前,本文所有结论均适用。在《多边公约》对涵盖的税收协定进行修订之后,本文关于反避税规则竞合部分和在协定中预先设置反滥用规则争议预防条款的结论亦适用。See China Deposits An Instrument for the Approval of the Multilateral BEPS Convention, Accessed Oct. 10, 2022, https://www.oecd.org/tax/treaties/china-deposits-an-instrument-for-the-approval-of-the-multilateral-beps-convention.htm.

这意味着，除少数基于经济合作与发展组织（Organization for Economic Co-operation and Development，OECD，以下简称经合组织）2017年版税收协定范本进行起草或已经按照该范本进行修订的税收协定，或签订时已经包含一般反滥用条款的税收协定外，[1]大量的税收协定在滥用行为面前仍然十分脆弱。

与此同时，由于各种激进的税收筹划手段层出不穷，国内法中的特别反避税规则（Specific Anti-Avoidance Rule，SAAR）力有未逮，越来越多的国家和地区在国内法中引入一般反避税规则（General Anti-Avoidance Rule，GAAR），[2]以广泛地打击避税行为。由于准确界定“避税”或“人为安排”的范围非常困难，[3]不同司法管辖区界定人为安排或避税活动的标准和描述各不相同，或以模糊的成文法形式呈现，或以司法实践中形成的司法原则形式呈现，[4]或借用民法中的法律概念。[5]尽管如此，无论是成文法形式还是司法原则形式的

---

[1] 基于经合组织2017年协定范本修订而新增一般反滥用条款的协定，如《法国—卢森堡双边税收协定（2018年）》第28条；签订时已经包含一般反滥用条款的协定，如《安道尔共和国—奥地利双边税收协定（2021年）》第26条、《阿尔及利亚—丹麦双边税收协定（2021年）》第28条、《阿根廷—中国双边税收协定（2018年）》第28条、《肯尼亚—中国双边税收协定（2017年）》第28条。

[2] 如无特别说明，本文中“GAAR”一律指代国内法一般反避税规则，而非税收协定中的一般反滥用规则。

[3] See Paulo Rosenblatt & Manuel E. Tron, *General Report*, in Seeking Anti-Avoidance Measures of General Nature and Scope-GAAR and Other Rules, International Fiscal Association, 2018, p. 24 – 26.

[4] 关于司法原则形式的一般反避税规则的典型例子是在美国司法实践中逐步形成的诸多原则：如商业目的原则、实质重于形式原则、虚假交易原则、步骤交易原则和经济实质原则等。See Hoon Lee & Candice M. Turner, *United States*, in Seeking Anti-avoidance Measures of General Nature and Scope-GAAR and Other Rules, International Fiscal Association, 2018, p. 838 – 843.

[5] 例如，塞尔维亚法律中的一般反避税规则就是“借用”了民法中的“法律事实”概念，并模拟这一概念而构建相关法规，该概念等同普通法中的虚假交易概念。See G. Ilić-Popov et al., *Serbia*, in Seeking Anti-Avoidance Measures of General Nature and Scope-GAAR and Other Rules, International Fiscal Association, 2018, p. 653 – 654.

GAAR,其构成要件都存在一些共同特征,[1]包括:(1)存在税收优惠,是指相关安排实施前后,对纳税人的经济状况进行比较,以评定避税活动的结果;(2)客观测试,是指授予该税收利益会违背相关法律规定的目的和宗旨;(3)主观测试,是指相关安排或计划本质上(或主要、首要、唯一)的目的是获得税收利益;(4)基于理性(如合理性)、主观动机(如商业动机、非税动机)、实质(经济实质、真实经济活动、实质重于形式)、安排性质(人为、虚假、异常、反常)等考虑的其他补充规定。

可以想象,如果将这些特征进行不同组合,各国的GAAR可能在形式上千变万化,但其功能和法律后果仍非常相似——税务机关可以通过适用GAAR来否定已实现的人为安排,并重新评估纳税人的纳税义务,且该评估不会进一步影响税法以外的民商事法律的法律后果。[2] 凭借其灵活而有效的特征,GAAR逐渐成为各个国家和地区税务机关应对纳税人不当获取协定优惠行为的重要手段。[3]

---

[1] 对GAAR构成要件的归类有多种方法与理论,不同归类之间的差异并不显著。例如,一些国家(如中国)和学者将立法者的意图(客观测试)作为决定纳税人主观意图的考虑因素或参考之一,而另一些国家(如法国)和学者则将二者视为彼此独立并行的要件。本文中,笔者采取"三个主要支柱(税收优惠、客观测试、主观测试)+其他补充考虑"的观点。See Paulo Rosenblatt, *General Anti-Avoidance Rules for Major Developing Countries*, Wolters Kluwer Law & Business, 2014; A. P. Dourado, *Tax Avoidance Revisited in the EU BEPS Context*, IBFD, 2017; Paulo Rosenblatt & Manuel E. Tron, *General Report*, in Seeking Anti-Avoidance Measures of General Nature and Scope-GAAR and Other Rules, International Fiscal Association, 2018, p. 24-26.

[2] See Paulo Rosenblatt & Manuel E. Tron, *General Report*, in Seeking Anti-avoidance Measures of General Nature and Scope-GAAR and Other Rules, International Fiscal Association, 2018, p. 34.

[3] 以45个税务管辖区的税法为样本(基于分别在2017年、2018年进行的两项调查结果,以及中国最新的《企业所得税法》):45个管辖区中有40个已经制定了成文法形式或司法原则形式的GAAR;严格来说,其余5个管辖区没有成形的国内法一般反避税规则,而仅具有与GAAR类似效果的规则或学说[日本:准GAAR;韩国:实质重于形式学说;中国香港特别行政区:转让定价调整制度;乌拉圭:实质重于形式原则;克罗地亚:"经济方法原则"以及处理滥用法律形式的原则,但克罗地亚国内对本国是否具有成形的GAAR存在争议]。See A. P. Dourado, *Tax Avoidance Revisited in the EU BEPS Context*, IBFD, 2017; 42 *Branch Reports*, in Seeking Anti-avoidance Measures of General Nature and Scope-GAAR and Other Rules, International Fiscal Association, 2018; Norway-New GAAR Introduced (Jan. 3, 2020), News IBFD (Accessed 11 June 2021); Peru-GAAR-scope of Application Clarified (Sep. 24, 2019), News IBFD (Accessed 11 June 2021); Russia-Federal Tax Service Clarifies Application of New GAAR Provisions (Feb. 5, 2018), News IBFD (Accessed 11 June 2021).

然而,从 BEPS 行动计划启动之前至今,虽然打击协定滥用和激进的税收筹划几乎成为共识,但是关于 GAAR 等诸多国内法反避税规则[1]与协定义务的兼容问题,在实践中尚未达成一致结论。在适用国内法反避税规则打击滥用税收协定的案例中,由于国内法规则受制于协定解释规则与协定义务等因素,各国司法实践中案情相似,但结论迥异的判例屡见不鲜。[2] 此外,因各国对"避税"或者"人为安排"等核心概念的界定有所不同,又增加了适用国内法规则打击协定滥用行为的复杂性与不确定性。以上情况都导致国内法反避税规则难以对激进的跨境税收筹划形成稳定而有效的打击。

从这个角度来说,国内法反避税规则难以媲美作为协定条款的 PPT 和 LoB 条款。在《多边公约》尚未生效的过渡阶段,虽然 GAAR 仍在很大程度上承担着 PPT 条款的职责,但 GAAR 的客观测试通常涉及对相关法律条款作目的性解释,而税收协定的解释规则本身有其严格的限制,[3]二者的冲突在所难免。

鉴于此,本文以法国最高行政法院在 2017 年判决的"范达内案"(Verdannet case)[4]为例,探究这一过渡时期中将以 GAAR 为代表的国内法反避税规则适用于税收协定情形的障碍与法律效果。在该案中,法国税务机关将法国 GAAR 应用于未规定一般反滥用规则的税收协定。而庭审中双方的争议表明,即使在 BEPS 行动计划以来,法律环境发生了显著变化,但是利用国内法打击 BEPS 与协定解释原则背后法理价值的冲突仍是一场拉锯战。考虑到 GAAR 的广泛性和共通之处,这种潜在的冲突和拉锯普遍存在于所有实施 GAAR 的国家和地区。因此,一方面,本文从国别介绍的角度,回顾了法国 GAAR 的发展及其与税收协定义务的磨合过程;另一方面,梳理了国际社会调和国内法反避税规则与税收协定义务之间所存矛盾的不同路径及发展变迁,并阐述了不同方案背后的理

---

[1] 国内法反避税规则,是指成文法形式的特别反避税规则(legislative SAAR),成文法形式的 GAAR,以及司法原则。

[2] Luc De Broe et al., *Tax Treaties and Tax Avoidance: Application of Anti-Avoidance Provisions*, 65 *Bulletin for International Taxation* 7 (2011).

[3] 税收协定属于国际公约,其解释应遵守《维也纳条约法公约》第 31 条至第 33 条规定的原则。对于非《维也纳条约法公约》签署方,《维也纳条约法公约》所规定的一些原则仍具有重大影响(如条约信守原则)。这些解释原则会对税收协定条款的目的性解释产生影响。这个问题将在下文中进一步说明。

[4] FR: CE, 25 Oct. 2017, Case No. 396954 (Verdannet), Tax Treaty Case Law IBFD.

论立场。“范达内案”中法国最高行政法院对于部分理论问题的回应虽然不能称为完美,但是该判决在这个特殊过渡时期为如何回应协定义务的限制提供了一个有参考价值的蓝本。[1]

二、“范达内案”及其判决

(一)“范达内案”的案情及法律背景

纳税人范达内先生作为法国税收居民,于2003年12月30日签署一份合同,承诺收购一处坐落于法国的不动产。在合同签署当日,范达内在卢森堡设立了一家控股公司(以下简称卢森堡控股公司),并作为管理合伙人持有该公司99.99%股权。次月,该合同被修订,由卢森堡控股公司取代范达内在合同中的买方地位。修订合同同日,范达内的身份变更为瑞士税收居民。

“范达内案”的案件事实相当明了:纳税人通过在交易中安插卢森堡控股公司来规避法国对其资本利得的课税。

卢森堡控股公司根据合同于2004年7月30日以290.88万欧元的价格购入了该不动产,并于2005年11月以490万欧元的价格将该不动产出售给范达内前妻持股的一家法国公司,实现了约200万欧元的资本利得。卢森堡控股公司随后援引1958年《法国—卢森堡所得和财产税协定》[2](以下简称1958年《法国—卢森堡协定》)第4条,要求法国就前述来源于法国的收入,豁免资本利得税。根据该协定第4条的规定,鉴于卢森堡控股公司在法国没有常设机构,法国不得对其取得的“工业、矿业、商业或金融公司的收入所得”课税,包括该案涉及的资本利得。而卢森堡税务机关将该收入认定为不动产受益/资本利得,根据1958年《法国—卢森堡协定》第3(1)条“不动产受益/资本利得条款”的规定,只有不动产所在国(该案中即法国)有权课税。因此,作为居民国的卢森堡也未对该笔收入课税。

---

[1] 需要说明的是,尽管笔者意识到欧盟法律对法国法律制度的显著影响,但本文的研究聚焦国内法一般反避税规则与国际税收协定之间的相互作用,同时考虑欧盟法对本文主题没有实质性影响,因此对于欧盟法之于法国国内法的影响就不展开讨论了。

[2] 《法国和卢森堡大公国关于避免双重征税和制定关于所得税和财产税的征管互助规则的协定》(1958年4月1日),该协定于2020年1月1日终止。

1958 年《法国—卢森堡协定》中并没有优先适用规则，以明确在出现收入定性冲突时协定条款的适用顺位。就此，由于两国的收入定性冲突，在税收协定和缔约方法律的共同作用下，这笔约 200 万欧元的收入遂实现了双重不征税。

法国税务机关在税务审计中注意到，如果范达内没有在上述交易中安插卢森堡控股公司而是直接购入再售出不动产，则他应该就其来源于法国的资本利得向法国缴纳 33.33% 的预提所得税。税务机关认为，范达内以卢森堡控股公司取代其合同中的买方地位的唯一目的是规避法国对该资本利得的课税。税务机关根据法国的滥用法律原则（法国的 GAAR），裁决范达内先生应就处置不动产交易实现的资本利得纳税。当时法国的滥用法律原则规定于《税收程序法案》（Livre des Procédures Fiscales，LPF）第 L. 64 条[1]，其内容如下：

> 通过伪饰实现利润收入或转移利润收入的条款［……］来隐匿合同或协议真实范围的行为，不得用于反对税务机关的裁决。［……］征管机关有权还原有关交易的真实性质。［……］征管机关如果为了打击滥用权利而没有采取滥用法律委员的意见［……］，就必须证明其调整纳税义务裁决的合理性。

由于范达内在处置资产实现收入时已经移居成为瑞士税务居民，且在该案争议产生时已经故去，他的 3 个子女作为其继承人要求豁免法国的预提税，或者根据 1966 年《法国—瑞士所得税和财产税协定》第 15 条将税率降低至 16%。法国行政法院（Tribunal administratif）同意将预提税税率降低至 16%，但继承人们不同意该裁决，并向行政上诉法院（Cour administrative d'appel）提出上诉，行政上诉法院依据滥用法律原则确认了行政法院的裁决。随后，继承人们继续上诉至法国最高行政法院（Conseil d'État，负责处理与直接税相关事宜）。

---

[1] “范达内案”涉及的是 2004 年版的第 L. 64 条，在此之后该条款又于 2008 年与 2018 年分别进行了两次修订。后文的讨论的是基于 2018 年版本的第 L. 64 条，其措辞与 2004 年版有细微差异。2004 年版的条款措辞，see Livre des procédures fiscales（June 1，2004），https://www.legifrance.gouv.fr/codes/article_lc/LEGIARTI000006315703/2004-06-01/。

(二)法国最高行政法院的判决

该案的争议在于,在一系列交易中安插卢森堡控股公司的安排是否触发滥用法律原则并构成了对协定优惠的不当利用。法国最高行政法院的判决对此作出了回答。

法国最高行政法院首先简要分析了 LPF 第 L.64 条的规定,即在举证责任原则上由税务机关承担的情况下,如果纳税人的交易安排是虚假的,或是交易虽然可以按照法条的文义获取税收利益,但授予该税收利益与立法者所追求的目标和法律精神相悖(客观测试),且该交易仅出于逃避或减轻纳税人在常规情形下本应承担的纳税义务时(主观测试),税务机关可以根据 LPF 第 L.64 条否认纳税人的交易安排,调整纳税人的纳税义务。

接着,法国最高行政法院明确了该条国内法反避税规则与税收协定义务的兼容性问题,判定纳税人寻求的税收利益包括税收协定提供的优惠,作为国内法的 LPF 第 L.64 条也适用于跨境情形。该案中协定提供的税收利益为:如果卢森堡控股公司在法国没有常设机构,且"该案涉及的税收协定没有对欺诈性规避法律的情形作出明确规定",那么 1958 年《法国—卢森堡协定》第 4 条则将征税权完全划归另一缔约方(卢森堡)。[1]

最后,法国最高行政法院对案件事实作了法律性质分析,即纳税人是否存在滥用法律行为。法国最高行政法院判定,在该不动产交易中安插卢森堡控股公司是人为的安排,理由如下:(1)安插该公司没有任何经济、组织或财务方面的理由;(2)该公司在取得法国不动产后,未进行任何与该不动产相关的其他活动。因此,法国最高行政法院判定,安插卢森堡控股公司的行为除了规避处置资产所实现的资本利得在法国的纳税义务外,没有其他目的。值得特别注意的是,法国最高行政法院提到了 1958 年《法国—卢森堡协定》的目的,以拒绝对协定条款作纯粹的文义解释:"法国—卢森堡税收协定的缔约方不能被视为在分配征税权时,容许协定规定适用于没有任何经济实质的人为交易的情况……"[2]因此,法国最高行政法院判决税务机关胜诉。

---

〔1〕 FR: CE, 25 Oct. 2017, Case No. 396954 (Verdannet), Tax Treaty Case Law IBFD.

〔2〕 FR: CE, 25 Oct. 2017, Case No. 396954 (Verdannet), Tax Treaty Case Law IBFD.

三、法国 GAAR 及其在"范达内案"中的适用

(一)法国的滥用法律原则(GAAR)

作为一个大陆法系的成文法国家,法国的反避税规则源于成文法和税收协定。1941 年 1 月 13 日颁布的财政法滥用规则(abus de droit fiscal),是法国首次以成文法形式规定 GAAR,该规则同步适用于国内情形和跨境安排。[1] 而现行的 GAAR 则由法国 LPF 第 L. 64 条规定,[2] 适用于所有的税收利益,授权法国税务机关否认纳税人的行为,对交易重新定性或重新核定纳税义务,条件是:(1)这些行为是虚假的,或者(2)安排是真实、完全合法的,但是作为一种人为制造的情景,其唯一目的是获取某些税收利益,违背了相关税法立法者所追求的目标(滥用法律,fraus legis)。其中,关于"唯一目的"的要求,近年的判例法表明,如果相较其巨额税收利益,交易安排只实现了不相称的小额财务收益,那么也有可能满足"唯一目的"测试的要求。[3]

适用滥用法律原则的后果,除重新核定纳税义务外,还有最高可达 80% 的罚款。[4] 该规则一旦被触发,将由一个独立的滥用法律委员会(Comité de l'abus de droit fiscal)全程参与审查税务机关重新核定的纳税义务,并就相关交

---

〔1〕 Official Journal, 3 February 1941; rectified in Official Journal, 15 February 1941, at p. 746.

〔2〕 法国的滥用法律原则经历了数次变革,其中最近的两次实质性修改分别是:(1)"詹芬(Janfin)案",该案微调了滥用法律(*abus de droit fiscal*)的判定标准,以扩大其适用范围。参见 FR: CE, 27 Sept. 2006, Case No. 260050(*Janfin*);(2)2008 年《补充财政法案》,该法案首次将法律欺诈原则(*fraude à la loi*)纳入滥用法律原则的范围。现行法国《税收程序法案》第 L. 64 条修订于 2018 年,于 2019 年 1 月 1 日正式生效。该条款规定:"为了还原(交易活动的)真实性质,税务机关有权无视构成滥用法律的行为,因为这些行为是虚假的;或者是因为这些行为试图按照法律或判决的字面意思寻求利益,但是却违反了立法者追求的目标。这些行为除了避免或减轻有关当事方根据其实际情况或活动,在不实施这些(避税)行为的情况下通常会承担的纳税义务之外,没有其他任何目的……" See *Livre des procédures fiscales*(*Version en vigueur depuis le* 01 *janvier* 2019), https://www.legifrance.gouv.fr/codes/article_lc/LEGIARTI000037993642/2019-01-01/.

〔3〕 IFA 68th Congress in Mumbai, 2014, Seminar D: Judges' Seminar "Are domestic GAAR provisions invoked when interpreting a treaty?", Sec. 2.2.2.

〔4〕 如果纳税人是主动发起并实施了避税安排,罚款最高可达 80%;如果纳税人只是"被动"参与该避税安排,罚款可降低至 40%。此外,避税税款的逾期标准利息为 4.8%。

易的性质发表参考性意见。[1] 尽管滥用法律委员会的意见对税务机关和法院没有约束力,但这些意见将在程序方面产生重大影响,限制税务机关在适用滥用法律原则时的裁量权力:如果滥用法律委员会不认可税务机关重新核定的纳税义务,原则上应由税务机关承担举证责任,证明纳税人具有隐匿或操纵收入所得以避税的意图。但特定情形下举证责任也可能转移,如滥用法律委员会认可税务机关的裁决,则举证责任由纳税人承担。[2]

(二)"范达内案"中 GAAR 法定要素的适用

法国最高行政法院的判决书相当简洁,相较之下,公共报告员柯贺佩(Crépey)法官就"范达内案"总结的报告更好地反映了法国最高行政法院的判决过程和依据。[3] 其中,关于如何针对税收协定规则适用第 L. 64 条以及对其法定要素的讨论都值得特别关注。尽管现行的 LPF 第 L. 64 条相较"范达内案"时已经两度修订,但这些后续的微调对该原则的实质影响不大。LPF 第 L. 64 条的 3 个法定要素仍然是:税收利益、主观测试和客观测试。三者之中,税收利益似乎是争议最少的要素。

税收利益包括税收抵免、税务亏损和延迟纳税带来的利益。必须明确的是,税收利益必须与另外两个概念区分开来,即纳税人错误适用法律或税率的结果,[4] 以及自主经营下允许的节税安排——正如法国宪法委员会所明确的:任何纳税人都可以合法地谋求减轻自身的税收负担,任何税务顾问都可以谋求减轻其客户的税收负担,这二者无须视为欺诈。[5] 税收利益的认定是以结果为导

---

[1] 该委员会是一个独立的机构,其成员包括一名最高行政法院法官(委员会主席)、一名最高民事法院法官、一名会计法院法官、一名法学教授、一名税务律师、一名公证员和一名特许会计师。委员会的参考性意见向公众开放。

[2] See G. Meussen, *The Burden of Proof in Tax Law*, IBFD, 2013, p. 119 - 126.

[3] 公共报告员是一位法国最高行政法院的成员,他在公开审理期间参与其中,梳理判决的信息,发表总结报告,可以完全独立地公开阐述他对庭审中争议问题的意见以及他赞同的解决方案。报告中还可以阐明案件事实的情况,双方在庭审期间交换的所有意见以及对案件提出的问题。总结报告不构成判决信息的一部分,因此公共报告员不参与判决。至于是否采取、以何种程度采取公共报告员的意见,则完全由对案件作出判决的法官来决定。

[4] Ariane Calloud, *France*, in Seeking Anti-Avoidance Measures of General Nature and Scope-GAAR and Other Rules, International Fiscal Association, 2018, p. 7.

[5] See Constitutional Council, 29 December 2013, 2013 - 685 DC, https://www.conseil-constitutionnel.fr/sites/default/files/as/root/bank_mm/decisions/2013684dc/ccc_684_685dc.pdf.

向的——相较未进行避税安排的纳税人“正常情况下”的纳税义务，避税安排后的最终税负应该有实际的减轻。这意味着，在最终税负不变的情况下，即使纳税人有避税的主观意愿，滥用法律程序也不会启动。[1]

相较之下，“范达内案”表明，在税收协定情形下适用一般反避税规则的主要困难和争议集中在主观测试和客观测试。

1. 主观测试中如何认定纳税人意图

主观测试，即证明避税是纳税人的唯一意图。现有判例法表明，安排的实质（如设置安排的理由、实际进行的经济活动等）是判断该安排是否完全受税收利益驱动的决定性因素。[2] 再者，在对照税收动机分析非税动机时，法国最高行政法院似乎分别独立地考察了企业的实质和每笔交易的实质：某企业第一年进行的一笔收购被认定为具有经济和商业实质，且该企业本身具有经济实质，但是该企业次年再进行的另一笔与第一年非常类似的收购却仍可能触发 LPF 第 L. 64 条。[3] 这种分析方法延续到了“范达内案”。庭审中纳税人煞费苦心地说明了安插的卢森堡控股公司本身具有真实的经济实质，故而不属于人为安排。然而，在该案诉至法国最高行政法院之前，凡尔赛行政上诉法院就已指出，对于判断卢森堡控股公司进行的不动产交易是否完全出于税收动机来说，该公司本身是否有经济实质没有任何决定性意义。[4] 随后这一判决也得到了法国最高行政法院和柯贺佩法官的认可。[5] 相较之下，考察在不动产交易中安插卢森堡控股公司这一安排的性质显得更关键。法院认定该安排缺乏实质的理由是，不

---

〔1〕 Ariane Calloud, *France*, in Seeking Anti-avoidance Measures of General Nature and Scope-GAAR and Other Rules, International Fiscal Association, 2018, p. 7.

〔2〕 See e. g., FR: CE, 18 May 2005, No. 267087 (Sagal); FR: CE, 18 February 2004, No. 247729 (Pléiade); FR: CE, 27 July 2009, No. 295358 (Caisse Interfédérale du Crédit Mutuel).

〔3〕 FR: CE, 8 July 2015, No. 365850 (Peugeot).

〔4〕 最高行政法院获悉，卢森堡公司本身的主营业务包括持股活动。尽管该卢森堡公司没有雇用任何员工，该公司仍持有一家大型农产品集团 17% 的股权并定期会见其管理层。凡尔赛行政上诉法院的判决是正确的，该份判决指出，即使假定该案中的架构安排具有一定的实质，这并不能改变在法国不动产交易中嵌入该卢森堡公司是一种人为安排的事实，且针对该人为安排可以适用滥用法律原则。See Edouard Crépey, Conclusions of the Public Reporter, Revue de Droit Fiscal 2, com. 64 (11 Jan. 2018), in No. 396954 20 ITLR, 851 d.

〔5〕 Edouard Crépey, Conclusions of the Public Reporter, Revue de Droit Fiscal 2, com. 64 (11 Jan. 2018), in No. 396954 20 ITLR, 847 h.

动产的管理经营都被委托给第三方进行,而卢森堡控股公司既没有提供任何专业援助,也没有承担交易风险——所有风险由范达内集团的另一家公司承担。鉴于此,法国最高行政法院驳斥了该安排具有其他动机的可能,判定安插卢森堡控股公司的行为完全是受税收动机驱动。

2. 客观测试中如何界定立法目的

客观测试,即考察授予税收利益的请求是否违背立法者追求的目的(或法律精神)。一个常见难点即在于对相关法律的"目的"进行甄别。在一个较早的案例中,法国最高行政法院仅参考了相关法律的立法准备文件(travaux préparatoires),但这显然不足以应对滥用行为。因为即便纳税人的行为完全受税收动机驱动,对立法准备文件所述目的所作的字面解读依然无法将纳税人排除在相关税收利益的适用范围之外。[1] 此后,法国最高行政法院在确定法律法规的目的时,除参考立法准备文件中的字面文义外,还带入了一种类似实质重于形式的考量。例如,在之后的一个案件的判决中指出,法国的母子公司制度旨在促进子公司经营、推动法国经济发展,因此,如果子公司已终止其先前的经营活动,并在清算后以股息红利的形式增加母公司资产的流动性,则与母子公司制度的宗旨不符。[2] 在随后的一个案件中,法国最高行政法院又援引了相关法规的发展历程和经济环境的变迁情况,进一步丰富了对法规宗旨的考量要素。[3] 然而,现有判例法均是考察国内法规宗旨的经验,对于涉及税收协定的范达内案指导价值有限。

"范达内案"中客观测试的难点有二:其一,不宜将税收协定消除双重征税的总体目标直接等同于协定具体条款的目标,而某些类别的收入所得条款背后分配征税权的确切原因和逻辑依据却往往不详且难以考据。柯贺佩法官指出,对于一些年代久远的税收协定,如1958年《法国—卢森堡协定》,其准备文件既

---

[1] FR: CE, 7 September 2009, No. 305596 (AXA) and No. 305586 (Société Henri Goldfarb). 在该案中,相关税收抵免法规的准备性工作文件可追溯到1965年7月12日。立法者在其中明确了立法目标,其中包括促进公司持股以及在股东层面消除对股息红利的双重征税。最高行政法院判决,支付股息时纳税人身份确为该公司的股东,与税收抵免法规的宗旨不相违背。

[2] FR: CE, 17 July 2013, No. 352989 (Garnier Choiseul Holding).

[3] FR: CE, 15 February 2016, No. 374071 (SNC Distribution Leader Price).

很难获取,也并无真实助益。[1] 其二,具体到1958年《法国—卢森堡协定》,该协定的上下文(标题、序言、条文和附件)并未直接或间接提出该协定旨在打击避税或滥用行为。同样,该案争议的协定条款(第4条一般性营业利润条款)对征税权的分配直截了当,除避免双重征税的意图外,几乎没有其他解读空间。[2] 在该案中,法国最高行政法院锐意而又谨慎地作了一个原则性声明,即协定缔约方在谈判和起草协定文本时,不可能容许协定规定适用于没有任何经济实质的人为交易的情况,因此滥用权利有悖于相关协定的目的宗旨。

然而,该方法并非没有问题。诚然,任何立法者都无意容许法规遭到滥用,或适用于人为安排。但是,正如纳税人在庭审中所指出的,以经济实质因素推断交易方的主观意图是一种重言式解释,因为经济实质因素已经用于通过客观测试,不应该将同一个用于客观测试的要件重复地用于主观测试。反之亦然,如果将缺乏经济实质的证据用于证明纳税人的主观目的之后,再将其用作滥用法律原则的客观测试,即证明授予税收利益的请求有悖于立法者追求的目标,不符合法律精神,则LPF第L.64条规定的主观、客观两个测试在缺乏实质的情形下就合二为一了。法国最高行政法院后来承认这是一个"重大错误",但未能予以解决。[3] 在随后一个案件中,法国最高行政法院没有重新分离这两个测试,而是指出"考虑到本案中有关安排的特征",利息扣除的税收利益"必然"违背立法者追求的目标,这也"暗合"客观测试的要求。[4] 包括"范达内案"在内的以上案

---

〔1〕 为澄清起见,《维也纳条约法公约》第32条也将签署协定之前的准备性工作文件作为解释协定的补充手段,但准备性工作文件只是确认按照第31条进行解释的结果,其作用仅限于"当根据第31条作出的解释结果致使协定含义模糊不清、晦涩不明时的情形;或是(当根据第31条作出的解释结果致使协定含义得出)明显荒谬或不合理的结果的情形"。这意味着,根据《维也纳条约法公约》的规定,准备性工作文件仅仅能作为辅助参考,而不能作为协定解释的独立依据。然而,如前文所述,法国最高行政法院并未完全遵守《维也纳条约法公约》的规则,而是仅仅部分参考了其中的解释原则。准备性工作文件是法国司法实践中探讨立法目的和宗旨的重要来源。在"范达内案"中,恰恰需要借助准备性工作文件来确定法国的法律滥用规则的目的,且这种影响是决定性的。

〔2〕 Edouard Crépey, Conclusions of the Public Reporter, Revue de Droit Fiscal 2, com. 64 (11 Jan. 2018), in No. 396954 20 ITLR, at 849 a.

〔3〕 Ariane Calloud, *France*, in Seeking Anti-Avoidance Measures of General Nature and Scope-GAAR and Other Rules, International Fiscal Association, 2018, p. 9.

〔4〕 FR: CE, 19 July 2017, No. 408227 (Ingram Micro).

件,无一不揭示出实施主观和客观测试的疑点与难点。正如奥斯垂(Austry)教授和古特曼(Gutmann)教授所述评,主观测试和客观测试的内核要求合二为一的情形,应该仅限于该安排的性质毫无疑问属于人为操控的情况,否则考察立法者意图的客观测试将在很大程度上失去价值。[1]

四、GAAR适用于税收协定的理据和困境分析

(一)税收协定与国内法的交互

要探讨税收协定与国内法反避税规则之间的关系,首先要回顾国际公法条约与国内法之间的关系。国际公法条约相对国内法的法律位阶原则上取决于该国的宪法规定,一般而言,可粗略地分为一元论和二元论。一元论,是指缔结的条约整体融入该国的法律体系,在庭审中可直接援引条约的规定;二元论,是指国际法律秩序与国内法律秩序并驾齐驱,国际条约必须按照规定的法律程序转化为国内法后才具有法律效力,这导致在二元论国家中,可能出现国内法推翻国际条约适用的情况。

税收协定作为国际条约,协定条文被视为缔约方双方商定的共同意向。因此,缔约方应遵守协定条文的主张,从而平等地承担协定规定的义务。法理上,这要求缔约方在立法和司法层面不得推翻在该国已经生效的单个或所有税收协定中的条款,否则就会出现推翻协定(treaty overrides)的情形。[2] 尽管如此,税收协定和国内法的关系不能简单地总结为孰优先于孰,而至少要考虑以下三个方面:[3](1)税收协定的适用在很大程度上依赖国内法中的基本法律概念和规

---

[1] Stéphane Austry & Daniel Gutmann, Commentary, No. 396954 20 ITLR 832, at 835 f.

[2] 经合组织对于"推翻协定"问题的描述如下:"某国的国内法规优先于迄今为止在该国生效的某一或所有协定的条款适用的情形(如择协避税或者其他形式滥用的情形)。即使立法文本没有提及协定条款本身,立法行为同样可以实现推翻协定的效果,因为在涉及与协定条款相关的部分时,国内对该法规的解释在实践中具有相同的效果。" See OECD Ctr. for Tax Policy and Admin., Tax Treaty Override (OECD 1989), International Organizations' Documentation IBFD(以下简称1989年《推翻税收协定》报告), https://www.oecd-ilibrary.org/docserver/9789264239081-101-en.pdf? expires=1683387507&id=id&accname=ocid177428&checksum=E4088905CFAEC49884245FDE001C7BB5.

[3] See G. Maisto, *Tax Treaties and Domestic Law*, IBFD, 2006, sec. 3.1.

定。例如,税收协定所使用的“居民”这一基本概念就需要参照国内税法的相应定义来确定。经合组织范本和联合国范本的第3条第2款都规定了援引缔约方国内法以解释协定中未定义的术语。[1] (2)国内税法的适用受税收协定的影响,如法律概念的判定(如对所得的定性)、纳税义务的计算(如协定减免,以及对交易额和利润的调整)等。[2] (3)协定条款与国内法相冲突的情况并不罕见,一般税法规则[3]和有关税基保全的国内法规[4]都可能与税收协定规定相冲突。

关于适用国内法反避税规则是否构成推翻协定,以及是否应该消除这一现象,相关讨论屡见不鲜。在实践中,处理国内法与协定规定冲突的方案除诉诸协定义务相对国内法关系,以及协定的法律位阶外,常见的解决方案还包括在相关税收协定中设置特殊条款,以及调整相关国内法反避税规则的设计(如适用范围)。

首先,就税收协定条文而言,一部分协定的确包含了处理潜在法律冲突的条

---

[1] OECD Model Tax Convention on Income and on Capital art. 3(2)(18 December 2017), Models IBFD. UN Model Double Taxation Convention between Developed and Developing Countries (2021) art. 3(2).

[2] 例如,澳大利亚1936年《所得税评估法案》第44(7)小节提出,在某些情况下应参照澳大利亚的税收协定中“常设机构”的定义。See G. Maisto, *Tax Treaties and Domestic Law*, IBFD, 2006, sec. 3.1.

[3] 一般税法规则(normal tax rules),是指除反避税规则外,旨在规定税目、税率、税基计算、相应税收减免等要素的税收规则。例如,荷兰的No. 12/02201案件中,德国税务居民按照荷兰《个人所得税法(2001)》第2.5条的规定,选择在荷兰以荷兰税收居民身份纳税,以享受仅提供给荷兰税收居民的个人所得税的减免待遇。但与此同时,由于税收居民在荷兰负有无限纳税义务,且荷兰个人所得税采取累进税率机制,在计算该纳税人的纳税义务时,也根据其全球所得来确定纳税人适用的平均累进个人所得税税率,该税率高于仅根据该纳税人源于荷兰的所得(有限纳税义务)确定适用的平均税率。对此,纳税人辩称,荷兰累进税率规则推翻税收协定,因为相关协定将对他的部分所得的征税权完全分配给了另一缔约方,即德国。NL: HR [Supreme Court], 31 January 2014, No. 12/02201, BN B 2014/77, Tax Treaty Case Law IBFD.

[4] 关于税基保全规则的讨论,常见的问题之一是退出税和税收协定之间的冲突。近年相关的判例法,例如,NL: HR,15 April 2011, No. 10/00990, Tax Treaty Case Law IBFD; NL: HR, 16 January 2015, No. 13/05247, BNB 2015/64, Tax Treaty Case Law IBFD; NL: HR,14 July 2017, No. 17/00515,V-N 2017/58.6, Tax Treaty Case Law IBFD。

款,如规定某些或者所有国内法反避税规则可以适用于税收协定的情形。[1] 但是,多数协定并没有这样的规定,这就为争议的产生埋下了隐患。

其次,就国内法反避税规则的设计而言,只有在其适用范围涉及跨境情形时,才有可能与协定发生冲突。以 GAAR 为例,如果 GAAR 所意图否认的“税收利益”仅限于国内税法的规定,则无须再探讨协定义务的限制。但考虑到税收协定和国内税法的协同作用,当成文法法规中的概念宽泛或模糊不清时,实际上的税基减少或最终纳税义务减轻的筹划安排结果将会被认定为 GAAR 所规范的“税收利益”。[2] 鉴于税收协定在确定税基、税率和最终纳税义务减免方面对国内法规实施的重要影响,在确定税收利益时自然要考虑协定优惠,正如法国“范达内案”中国内法与税收协定耦合导致双重不征税的情形。例如,2005 年修订的《加拿大所得税协定解释法案》第 4.1(1)节规定:“特此声明,尽管有协定规定或者赋予协定在加拿大法律效力的法案的规定,加拿大的法律规定是,《所得税法案》第 245 条[加拿大 GAAR,笔者按]适用于协定所规定的任何优惠。”[3]

如果协定条文没有规定如何处理与国内法反避税规则的关系,那么适用包括 GAAR 在内的国内法反避税规则是否有可能因为违反相关协定规定的义务而遭到禁止?经合组织在 1989 年《推翻税收协定》报告中指出,即使国内法规明确旨在制止不当利用相关税收协定的行为,推翻协定也存在终止协定的风险。

---

〔1〕 如自 1989 年以来,英国开始在缔结的税收协定中纳入一项针对合伙企业税收待遇的特别规定,例如,《英国—印度协定(1993 年)》第 25 条、《英国—乌克兰协定(1993 年)》第 24 条。通过协定特别条款处理与 GAAR 潜在冲突的例子,包括《马耳他—沙特阿拉伯协定(2012 年)》第 27 条规定:“本协定的任何规定均不影响缔约国适用其国内防止逃税和避税的法规。”《比利时—中国协定(2009 年)》第 23 条规定,本协定应不妨碍缔约一方实施其关于防止逃税和避税(无论是否称为逃税和避税)的国内法律及措施的权利,但以其特别行政区不导致与本协定冲突的税收为限。类似条款亦频繁见于中国缔结的其他协定,以及中国香港特别行政区与其他税收管辖区签订的税收安排。例如,《中国—英国协定(2011 年)》第 23 条、《中国香港特别行政区—瑞士协定(2010 年)》第 27 条、《中国香港特别行政区—法国协定(2010 年)》第 27 条等。关于中国所有协定的明细内容,载国家税务总局官网,http://www.chinatax.gov.cn/n810341/n810770/index.html,最后访问日期:2023 年 6 月 14 日。

〔2〕 Paulo Rosenblatt & Manuel E. Tron, *General Report*, in Seeking Anti-avoidance Measures of General Nature and Scope-GAAR and Other Rules, International Fiscal Association, 2018, p.42–43.

〔3〕 《特别纳税调整实施办法(试行)》第 92 条第 1 款规定,税务机关可对存在滥用税收协定优惠进行避税安排的企业,启动一般反避税调查。

出于打击避税及滥用行为的强烈需求,国别实践中也不乏支持将 GAAR 适用于协定的案例。[1] 关于国内法反避税规则是否与协定冲突,2003 年,经合组织财政事务委员会(Committee on Fiscal Affairs, CFA)采纳了大多数成员的意见,提出了一种二分法,将适用税收协定条款的过程分为两个独立的阶段:先根据国内法确定事实问题,再根据上一阶段确定的事实问题适用协定规则,后一阶段不干涉前一阶段的结果。[2] 这种"事实法"实际上是一种迂回策略,回避了国内法与协定规则正面冲突的情形。而在税法语境下,尤其是所得税法领域,基于国内法反避税规则(如 GAAR)进行的纳税义务调整并不能全部归结为"事实问题",例如,"范达内案"中安插卢森堡控股公司的交易安排在税法目的下是否应被忽略,这实际上是对民商事法律确立的既定法律结果进行的调整。此外,事实法还隐含了一个假设,即适用税收协定规则是计算纳税义务的一个决定性的、不得推翻的步骤。然而对许多国家和地区的 GAAR 来说,税收利益这一法定要素属于事后评估,需要考虑所有的税收利益(包括税收协定下的税收优惠)后才能判断。事实法的假设忽略了协定结果和国内法规则相互耦合的情形,否则按照事实法的逻辑,就将陷入国内法和协定的无尽循环,然而,这并不意味着国内法反避税规则应优先于税收协定;反之亦然。

或许是意识到事实法的不足,CFA 在 2017 年更新的协定范本注释中删除了 2003 年版注释第 1 条中关于事实法的表述,转而强调以协定条款打击滥用协定避税的行为。同时,缔约方仍可以通过成文法形式的 SAAR、GAAR 和司法原则来打击避税问题,[3] 但应以协定义务为限。[4]

---

〔1〕 关于法院判决支持在税收协定背景下适用 GAAR 的案例,例如,CAN: TCC, 18 September 2009, Paul Antle v. Her Majesty the Queen, Tax Treaty Case Law IBFD;ARG: FTC, 14 August 2013, Case 34.739 - I to 35.783 - I, Tax Treaty Case Law IBFD。

〔2〕 关于"实质重于形式"规则,受控外国公司法规及相似法规在税收协定情形下的适用问题,CFA 在 1992 年的协定范本注释中指出,绝大多数经合组织成员方认为,此类措施是国内税法确立的基本国内法规的一部分,用来判定产生纳税义务的事实。这些规则在税收协定中没有提及,因此不受协定的影响。参见经合组织 1992 年协定范本注释第 1 条第 23 段。基于这一思路,经合组织后来在 2003 年协定范本注释中正式提出了所谓的"事实法"(factual approach)。参见经合组织 2003 年协定范本注释第 1 条第 22.1 段。

〔3〕 参见经合组织 2017 年协定范本注释第 1 条第 66 段。

〔4〕 参见经合组织 2017 年协定范本注释第 1 条第 67 段至第 80 段。

(二)法国的回应:一个艰难而谨慎的取舍

在法国,宪法的法律位阶高于国际条约,国际条约的位阶又高于其他国内法律。[1] 作为一个一元论国家,所得税税收协定经法国总统批准并由议会授权交换外交照会后,即成为法国国内法律的一部分。[2] 如法院认定国内法与协定相冲突,则会判决该国内法无效。[3] 在条约解释方面,法国不是《维也纳条约法公约》的签署方,[4]也没有出台任何条约解释法规。国内法院在解释国际条约时可以自由裁量适用哪些基本原则,[5]包括滥用法律原则。[6]

在"范达内案"之前,法国最高行政法院已经明确,LPF 第 L. 64 条可适用于税收协定情形,[7]即使相关税收协定中并未明确允许适用滥用法律原则。就此而言,法国选择的是通过国内法反避税规则来打击滥用税收协定的避税行为,[8]将滥用税收协定规则视同滥用据以课税的国内法规则。[9] 自 2006 年的"詹芬案"(Janfin case)以来,[10]"范达内案"并不是法国最高行政法院唯一一次

---

[1] 法国《宪法》(1958 年 10 月 4 日)第 55 条规定,经正式批准或承认的条约或协定在公布后应优先于议会法案适用,每个条约或协定(在本国的实施情况)应以另一缔约方的实施情况为准。

[2] See G. Maisto, *Current Tax Treaty Issues*: *50th Anniversary of the International Tax Group*, IBFD, 2020, Sec. 5.3.2.

[3] 法院并不是直接宣布导致推翻协定问题的国内法律失效,而是在考量该法规与税收协定的兼容性(并非考量该法规是否遵守协定的义务)之后,决定在税收协定情形下是否搁置该国内法规的实施。G. Maisto, *Tax Treaties and Domestic Law*, IBFD, 2006, Sec. 8.2.1.1.2.

[4] 参见《维也纳条约法公约》(1969 年 5 月 23 日)。

[5] IFA 68th Congress in Mumbai-Seminar D: Judges' Seminar (14 Oct. 2014), News IBFD.

[6] See Eric C. C. M. Kemmeren et al., *Tax Treaty Case Law around the Globe* 2018, IBFD, 2019, Sec. 2.4.1.

[7] 相关案例,参见 FR: CE,28 March 2008, No. 271366 (*Aznavour*), Tax Treaty Case Law IBFD; FR: CE,21 July 2017, No. 392908(*Thermo Electron Holdings*)。

[8] 除滥用法律原则外,法国国内法中还有其他的一般性法规也适用于跨境活动情景,包括异常管理行为规则(*acte anormal degestion*)和主管税务机关给合同或安排重新定性的一般权利。See Ariane Calloud, *France*, in Seeking Anti-Avoidance Measures of General Nature and Scope-GAAR and Other Rules, International Fiscal Association, 2018.

[9] 经合组织 2003 年协定范本注释第 1 条第 9.2 段。

[10] FR:CE, 27 Sept. 2006, Case No. 260050 (Janfin). 在"詹芬案"中,法国最高行政法院首次将税务问题中的法律欺诈定性为违背立法者追求的目标。

允许税务机关基于滥用法律原则拒绝适用税收协定条款的案件,[1]但却是首次基于该原则拒绝实施协定中有关税收豁免的一般规定的案件。[2]

由于第 L. 64 条要求对法律条文作目的性解释,这会引发两种法律价值观念的冲突,即文义解释所代表的法律确定性价值、和目的性解释所代表的法律有效性和公平性价值。这种矛盾冲突折射出关于 GAAR 的经典讨论。对此,柯贺佩法官指出了法国司法实践中法律价值取舍的发展和转变:[3]在 1998 年及随后的早期案件中,法国国内法院更加重视保护法律的确定性,拒绝适用滥用法律原则;但在 2014 年以来的近期案件中,国内法院则更多地采取目的性解释,并援引了《维也纳条约法公约》第 31 条中的解释原则。[4]

尽管这种转变似乎是 BEPS 行动计划下的大势所趋,但必需注意的是,LPF 第 L. 64 条要求的目的性解释与《维也纳条约法公约》第 31 条第 1 款"参考条约之目的及宗旨"的要求并非完全相同——前者的"目的"是指法规的"立法者所追求的目标",[5]而后者所遵循的则是文义解释方法,即"解释的起点是阐明文本的含义,而不是从头开始考察缔约方的意图"。[6] 换言之,《维也纳条约法公约》第 31 条第 1 款所指的是"文本"(条约约文)的目的及宗旨,而不是探究"立法者"(国际协定语境下即为条约缔约方)的意图,因为解释国际条约的目标是

---

[1] Fr: CE, 29 December 2006, No. 283314 (Bank of Scotland); Fr: CE, 24 April 2012, No. 343709 (Abbey National Treasury Services). 这两个案件的判决都借助了滥用法律原则来实施"受益所有权条款"。

[2] 不同于之前的案件中涉及的协定条款规定缔约双方之间共享征税权,"范达内案"中涉及的 1958 年《法国—卢森堡条约》第 4 条则规定在特定情况下将征税权完全划归居民国一方,即要求来源国完全豁免对该类型收入的课税。

[3] Edouard Crépey, Conclusions of the Public Reporter, Revue de Droit Fiscal 2, com. 64 (11 Jan. 2018). English translation is supplied by Rosetta Translation, in No. 396954 20 ITLR 832, 843 d *et seq*.

[4] 《维也纳条约法公约》第 31 条第 1 款规定:"条约应依其用语按其上下文并参照条约之目的及宗旨所具有之通常意义,善意解释之。"

[5] LPF 第 L. 64(1)条(2008 年修订)。

[6] *Yearbook of the International Law Commission*, 1966, Vol. Ⅱ, p. 220.

厘清约文的通常含义,实现共同解释(common interpretation)。[1] 法国的司法实践表明,相较单纯遵循“文本”的目的及宗旨,探查“立法者”未写明的意图似乎允许解释者更自由地根据自身意愿来解释法律。[2]

税收协定作为书面的国际条约,代表缔约方双方协商放弃各自财政主权的结果。虽然最普遍接受的观点是必须对税收协定规定的义务作限制性解释,[3] 但是协定的解释原则是否应有别于国内法的解释原则,目前尚无定论。例如,沃格(Vogel)教授认为,解释国内法的原则至少不能全盘用于解释税收协定,[4] 而阿诺德(Arnold)教授则认为,税收协定组成了国内法律体系的一部分(对于一元论国家尤其如此),故而“如果同一系统的两个部分适用不同的解释方法,将令人惊讶(尽管并非不可能)”。[5]

由于法国并非《维也纳条约法公约》的签署方,国内法院在解释税收协定时可自由裁量适用的基本原则,那么必须谨慎思考的是,如何平衡条约信守原则的要求与推翻协定的理由,即如果在协定中没有明确的相关规定,缔约方是否可以因滥用法律原则而忽视其对另一缔约方的义务? 对此,法国最高行政法院采取了动态解释法,[6] 这与2003 年经合组织协定范本注释第1 条第9 段、第22 段以

---

[1] 《维也纳条约法公约》第 31 条的制定依据是,“文本必须被推定为缔约方意图的真实表达”,但是也不宜“过多地将缔约方的意图作为解释的独立基础”。再者,国际法院(International Court of Justice)也已经反复强调过“解释的功能不是修改条约,或解读出条约本身没有明确或隐晦包含的内容”。See *Yearbook of the International Law Commission*, 1966, Vol. Ⅱ, p. 220 – 221.

[2] 解释者的意愿不是随意而武断的,而是基于理性的需要,在解释法规时能够满足当下的需求,如对反滥用的考虑。在税法语境下,这种意愿通常是指无法直接从协定条款用语中直接推断出来的对 BEPS 问题的考虑。

[3] See Ekkehart Reimert & Alexander Rust, *Klaus Vogel on Double Taxation Conventions*, Wolters Kluwer, 2015, m. no. 78.

[4] 尽管如此,沃格也认为,解释国际条约的基本原则从整体上来说,与解释国内法的基本原则没有显著差异。See Klaus Vogel & Rainer G. Prokisch, *General Report*, in Interpretation of Double Taxation Conventions, International Fiscal Association, 1993; Ekkehart Reimert & Alexander Rust, *Klaus Vogel on Double Taxation Conventions*, Wolters Kluwer, 2015, m. no. 75.

[5] See Brian J. Arnold, *The Interpretation of Tax Treaties: Myth and Reality*, 64 Bulletin for International Taxation (2010).

[6] See B. Michel, Editorial Notes on Case No. 396954 (Oct. 25, 2017), https://research.ibfd.org/#/doc? url =/linkresolver/static/cl_fr_2017_10_25_1.

及其后段落的主张不谋而合。[1] 尽管如此,柯贺佩法官仍然非常严格而谨慎地对法国的这一立场进行了解释。一方面,他并不认同滥用法律原则是作为国际法的税收协定的一项基本原则;[2]另一方面,他强调了法国的 GAAR 相对税收协定的地位不得扩大适用于受控外国公司规则。

总而言之,法国的司法实践表明,在法国适用 GAAR 已不再被视为推翻协定,而是对条约法精神的保护。[3]

五、"范达内案"对反避税规则实施的启发

(一)不同法律工具之间的竞合

作为国内法下的一个兜底性条款,GAAR 毋庸置疑是税务机关强有力的"撒手锏"。通过模糊的特征描述,GAAR 巧妙地回避了对人为安排和避税的定义,为税收征管提供更大的灵活性,从而间接提高了征管效率和公平性。但是,由于对纳税义务的评估不完全是基于民商事法律的结果,GAAR 之于法律确定性的保障和对法治原则的遵守都值得深思。

在实践中, GAAR 仍是税收征管中的"非常"和"例外"情形。在一些有成文法形式的 GAAR 的国家,如印度尼西亚、南非,GAAR 从未被诉诸法庭;新加

〔1〕 法国最高行政法院显然注意到了卢森堡不同意 2003 年经合组织关于协定范本注释第 1 条第 9.3 段、第 22.1 段、第 23 段的解释。卢森堡认为,在协定中没有明确规定的情况下,一个国家仅在诉诸相互协商程序后,才能在特定情况下适用其国内法反避税规则。然而,柯贺佩法官也提到,除经合组织 2003 年对协定范本注释的更新外,IFA 为 2010 年罗马学会进行的一项调查显示,考虑"大量"国家已经允许 GAAR 在协定情形下适用,法国最高行政法院"不会将法国置于孤立状态"。

〔2〕 关于此,欧盟法则有不同处理。自 1986 年的"Avoir fiscal 案"(ECJ, 28 January 1986, 270/83, Commission v. France, EU:C:1986:37),欧盟法院已经明确了,打击滥用法律的需求可以作为成员国采取歧视性措施的理由依据。在"Cussens 案"之后,欧盟法院将禁止滥用行为确立为欧盟法中的一项基本原则(ECJ, 22 November 2017, C – 251/16, Cussens, EU:C:2017:881, para s. 31)。关于这一问题的更多讨论,see R. de la Feria & S. Vogenauer, Prohibition of Abuse of Law—A New General Principle of EU Law?, Hart Publishing, 2011; A. G. Prats Francisco et al. , *EU Report*, in Seeking Anti-avoidance Measures of General Nature and Scope-GAAR and Other Rules, International Fiscal Association, 2018。

〔3〕 See IFA 68th Congress in Mumbai, 2014, Seminar D: Judges' Seminar "Are domestic GAAR provisions invoked when interpreting a treaty?".

坡的GAAR于1988年颁布,但直到2014年才首次出现在庭审中;2000~2016年,法国滥用法律委员会平均每年收到32起案件,相较之下,法国税务机关每年处理的税务违规案件约为1000起;在瑞典和德国等国家,法院支持适用GAAR的意愿相对较弱。[1] 故此,如果将GAAR用作征管的"最后底牌",应小心谨慎。

即便在《多边公约》生效后,被涵盖的税收协定得以同步修订更新,包括GAAR在内的国内法反避税规则仍将继续作为打击BEPS行为的重要力量。这意味着,针对同一项安排,税务机关可以根据不同的逻辑,在不同的法律工具中进行选择。例如,同样是针对利用导管公司支付利息的安排,既可以从税务事实着手,按照国内法的一般税收规则或者反避税规则穿透该公司,重新确定收到利息收入的纳税人;也可以承认既定的民商事法律后果,然后按照国内法转让定价规则或者资本弱化规则调整该导管公司支付的利息,或者按照协定中的LoB条款或解释协定条款等方式拒绝授予协定优惠。当协定中的反滥用条款、国内法一般和特殊反避税条款等诸多规则相互竞合时,税务机关可以考虑各项规则不同法定要素的要求和法律程序而选择"最便捷"的方案,但不同的方案对纳税人来说可能意味着不同的法律后果,给纳税人带来更多的不确定性。

相似的问题见诸"范达内案"。由于"税收协定没有对欺诈性规避法律的情形作出明确规定",法国最高行政法院将法国滥用法律原则的范围界定为:涵盖仅包含一些特殊反滥用条款(包括消极所得条款下传统的"受益所有权"规定),但未设立诸如《多边公约》第7条的一般反滥用规则的税收协定。[2] 至此,"范达内案"的判决间接反映出一个潜在的问题:国内GAAR常与其他反避税规则竞合,尤其是国内SAAR和协定中的一般反滥用规定。因此,应该明确其关系,确定适用顺序。

---

〔1〕 See *Branch Reports of Indonesia*, *South Africa*, *Singapore*, *and France*, in Seeking Anti-avoidance Measures of General Nature and Scope-GAAR and Other Rules, International Fiscal Association, 2018; A. P. Dourado, Tax Avoidance Revisited in the EU BEPS Context, IBFD, 2017; Nicolas Jacquot, Arsene Taxand & Paul Mispelon, *Tax Litigation in France: Overview*, Thomson Revters Practical Law (Apr. 1,2018), https://content.next.westlaw.com/5-624-3429?__lrTS=20210819225731496&transitionType=Default&contextData=(sc.Default)&firstPage=true.

〔2〕 Stéphane Austry & Daniel Gutmann, *Commentary*, No. 396954 20 ITLR 832, at 835 b.

各种反避税规则之间的法律竞合问题是世界范围内的未解难题，未来会随着《多边公约》的生效愈发突出。因为在 BEPS 行动计划之前，大量的协定中没有一般反滥用条款。[1] 考虑《多边公约》第 7 条在制定最低标准方面所起的作用，[2] 我国亦应未雨绸缪，在立法层面尽可能明确各种反避税规则的范围和关系；对于无法消除法律竞合的情形，则应在执法层面通过指导意见的形式，力求对同一类安排适用同样的反避税规则；并且尽量限制作为兜底性条款的 GAAR 的适用范围，只有在不能通过其他反避税规则打击该安排时才能启动 GAAR，为纳税人提供更多的确定性。

(二) 在税收协定中设置反滥用条款与争议预防条款

治理因打击 BEPS 行为而出现的推翻协定问题，最直接方式就是在协定中设置相应条款。

一种方式是设立处理滥用协定本身的条款，例如，"范达内案"中借助两国税务机关对收入的定性冲突进行的筹划方式，如今不复存在。因为法国和卢森堡于 2006 年签署了一份议定书，为《法国—卢森堡协定》新增了第 4 条第 5 款："如果(本条款)所惠及的所得项目，也同时为本协定中其他条款所单独规定，那么这些条款的规定不受本条规定的影响。"[3] 并且该税收待遇于 2014 年扩大至出售不动产企业股份实现的资本利得；[4] 最新的《法国—卢森堡协定》也新设

---

[1] 这个问题超出了本文的研究范围。然而，需要注意的是，许多国家认为协定中的一般反避税条款与国内法反避税规则之间没有冲突(巴西、丹麦、芬兰、德国、列支敦士登、新西兰、秘鲁、俄罗斯、塞尔维亚、新加坡、南非、西班牙、瑞典、瑞士、土耳其)。See Paulo Rosenblatt & Manuel E. Tron, *General Report*, in Seeking Anti-Avoidance Measures of General Nature and Scope-GAAR and Other Rules, International Fiscal Association, 2018, p. 12.

[2] 在 BEPS 包容性框架下，成员(截至目前共有 141 个成员)共同承诺实施此 4 项"最低标准"，即"更有效地打击有害实施税收实践"、"防止协定滥用"、"国别报告"和"完善争端解决"。《多边公约》第 7 条通过同步更新被涵盖的税收协议，帮助其成员实现打击协定滥用的承诺。

[3] Agreement of 24 Nov. 2006, Law 2007 – 1815 of 24 Dec. 2007 and Decree 2008 – 43 of 12 Jan. 2008; Julien Saïac, *Real Estate Investment and the France-Luxembourg Income and Capital Tax Treaty* (1958); *The End of an Era*?, 69 Bulletin for International Taxation (2015).

[4] Agreement of 5 Sept. 2014, Law 2015 – 1715 of 22 Dec. 2015 and Decree 2016 – 321 of 17 Mar. 2016.

了第28条“拒绝授予协定利益”条款,[1]彻底解决了这一类滥用行为和潜在的推翻协定问题。此外,法国在BEPS行动计划以来缔结的协定中已设立了一般反滥用条款,[2]并借助《多边公约》第7(1)条下的PPT条款,系统地推行一般反滥用协定条款。[3]

另一种方式则是设立明确协定与国内反避税规则关系的条款。从我国税收协定实践来看,我国采取的既不是纯粹的二元论,也不是一元论,而是介于二者之间的“辩证论”。[4] 我国《宪法》和《立法法》并没有任何条款直接规定国际条约的法律效力及其相对于国内法的法律位阶,[5]但《税收征收管理法》第91条和《企业所得税法》第58条都规定了在税收协定与国内法相冲突的情况下,税收协定优于国内法适用。[6] 一个值得注意的现象是,以《新加坡共和国政府和中华人民共和国政府关于对所得避免双重征税和防止偷漏税的协定》(以下简称2007年中新协定)第26条为代表的“其他规则”条款规定,本协定并不妨碍缔约一方行使其关于防止规避税收(无论是否称为规避税收)的国内法律及措施的权利,但以其不导致税收与本协定冲突为限。上述规则在为国内反避税规

[1] 《法国—卢森堡协定(2018年)》第28条规定:“虽有本协定其他规定,如果在考虑所有相关事实和情形的基础上可以合理认定,任何直接或间接导致本协定优惠的安排或交易的主要目的之一是获得该优惠,则不应给予该项所得或财产该优惠,除非可以确认,在这些情形下给予该优惠符合本协定相关规定的宗旨和目的。”

[2] 参见《法国—卢森堡协定(2015年1月15日)》第28条;《法国—新加坡协定(2019年1月15日修订)》第28条;《法国—哥伦比亚协定(2015年6月25日)》第26(1)条;《法国—中国协定(2013年11月26日)》第24条。

[3] Ariane Calloud, *France*, in Seeking Anti-Avoidance Measures of General Nature and Scope-GAAR and Other Rules, International Fiscal Association, 2018, p. 15 - 16.

[4] See Keyuan Zou, *International Law in the Chinese Domestic Context*, 44 Valparaiso University Law Review 935 (2010).

[5] 在中国的法律实践中,无论条约是否已经得到正式批准或承认,国际条约既不是自动融入国内法产生法律效力,也不需要转化为国内法以在国内适用。目前,条约义务的履行方式包括行政措施(如谅解备忘录),转化为国内法以及直接适用。实际上,包括税收协定在内的大多数行政协议都是自动执行的,不需要特殊的法律过渡程序。Hanqin Xue & Qian Jin, *International Treaties in the Chinese Domestic Legal System*, 8 Chinese Journal of International Law 299 (2009).

[6] 《税收征收管理法》第91条规定:“中华人民共和国同外国缔结的有关税收的条约、协定同本法有不同规定的,依照条约、协定的规定办理。”《企业所得税法》第58条规定:“中华人民共和国政府同外国政府订立的有关税收的协定与本法有不同规定的,依照协定的规定办理。”

则打开“后门”的同时，也提出了新的问题：如果适用国内反避税规则超出协定限制，则仍可能导致推翻协定问题，但如何解释“以其不导致税收与本协定冲突为限”并不明确。国家税务总局2010年发布的第75号文[1]在解释2007年中新协定中的“其他规则”时，也仅仅强调了该条款反避税的宗旨，然后重复了反避税规则的税收结果“不应与协定的规定相冲突”。如前所述，适用国内反避税规则本身就可能与协定规则相冲突，“其他规则”条款在为这种冲突设置缓冲的同时又设置了新的限制，但是既没有明确缓冲区的下限，即哪些协定条款不得妨碍缔约方的反避税规则，也没有明确缓冲区的上限，即国内法不得违反哪些协定规定。值得注意的是，“其他规则”条款亦见于其他十数份中国内地签署的协定，[2]如2009年《中国—比利时协定》第24条、2010年《中国—马耳他协定》第24条等；以及其他十数份我国香港特别行政区签署的税收协定，如2003年《香港特别行政区—比利时协定》第27条，2007年《香港特别行政区—卢森堡协定》第27(1)条等。所以，尽早明确“其他条款”的上下限，以及明确该条款下国内反避税规则与协定反避税规则的竞合关系，对于未来实践中的争议预防很有意义。一个可以参考的例子是我国在《多边公约》中勾选的保留条款。该条款明晰地表明了允许国内法实施的上限是不得违反协定范本中的营业利润相应调整条款（第7条第3款、第9条第2款）、消除双重征税条款（第23[A][B]条）、非歧视条款（第24条）、相互协商程序条款（第25条）和关于外交代表和领事官员、政府服务及学生（第19条、第20条、第28条）的规定。因此，有必要通过在税收协定中设置反滥用条款与争议预防条款的方式，更好地协调税收协定与国内反避税规则之间的关系。

---

〔1〕《〈中华人民共和国政府和新加坡共和国政府关于对所得避免双重征税和防止偷漏税的协定〉及议定书条文解释》对2007年中新协定第26条的解释为：“缔约国国内反避税法律法规不受协定的影响，这与协定防止逃避税的宗旨是相吻合的。但缔约国该类法律法规应充分考虑协定的相关规定，其导致的税收结果不应与协定的规定相冲突。”且中国对外所签协定有关条款规定与2007年中新协定条款规定内容一致的，中新协定的条文解释规定同样适用于其他协定相同条款的解释及执行。

〔2〕参见《我国签订的多边税收条约》，载国家税务总局网站，http://www.chinatax.gov.cn/n810341/n810770/，最后访问日期：2022年10月25日。

税法解释中的"答案"与"说理"
——以国税函〔2009〕537号为分析对象*

叶金育**

摘　要：税法解释实践中，注重问题解决的"答案"，轻视"答案"产生的"说理"现象较普遍。当前税法解释的文件起草模式，简化了解释性文件的内容，提升了文件的可理解性，不经意间施展了"简约法律的力量"。但也极易导致税法解释权的监控失范，致使征纳双方尤其是纳税人对税法规则的理解力和反思力下降。在纳税人权利日益受到关注的时下中国，税法解释应当恪守纳税人主义，解释者在起草解释性文件时不能仅仅满足于提供"答案"，而应格外关注"答案"产生的"说理"。既要做到"答案"无误，又要实现"说理"透彻。

关键词：税法解释；解释性文件；答案；说理

"法律规定越是简单，法律解释也就越频繁；社会生活变化越快，法律解释也就越频繁。依照这个逻辑，当下中国的法律解释应当是最频繁的。"[1]相比其他法律部门，税法无疑是最应受重视，而又未被足够重视的解释领域之一，得此结论在于相关研究成果凤毛麟角，有价值的文献更是少之又少。理论上，税法解

* 教育部人文社会科学研究规划基金项目（项目编号：22YJA820027）、西南大学研究阐释党的二十大精神重点专项项目（项目编号：SWU2209035）的阶段性研究成果。

** 西南大学法学院教授，法学博士。

〔1〕 强世功：《法制与治理——国家转型中的法律》，中国政法大学出版社2003年版，第277页。

释[1]应固守法律文本,不应越出法律樊篱之外。但在改革和转型中,创新举措层出不穷,时常等不及税收立法,便要改革和发展。作为研究,在合法与合宪性基础上,通过解释和论证,在实践和发展中完善法治,也许是一种可以尝试的思路。[2] 受此种思路影响,解释者在起草税法解释性文件时,惯常仅给出文件涵涉的“答案”,并不注重“说理”。相较“说理”的艰难,“答案”更易得出,但也更易任性,更易危及纳税人的财产权这一所有现代社会都借助法律予以承认和保护的更一般化的社会现象。[3]

在财税法立场从“权力本位”走向“权利本位”,从“管理”转向“法治”,从“治民之法”转向“治权之法”,从最初服务于财政权的技术工具演变为控制和规范公共财产权以保障和实现私人财产权的“理财之法”“强国之道”[4]的当下中国,极有必要落实税法解释领域的纳税人主义立场,实现对税法解释权的规范和控制,进而确定公共财产权[5]与私人财产权之间的合理边界,而不宜一味固守指令式治理。社会中的人是有自主性的,他们有独立于国家之外的个体意志;也是因为政府作为治理实施者,并不具备完全预料所有治理情况并将其转化为指令的充分能力。[6] 凡此自然都要求税法解释者在起草解释性文件时,“不仅仅

[1] 税法解释可以有不同维度的理解,既可以从立法解释、行政解释和司法解释角度进行阐释,又可以从解释对象,即法律文本、事实,文本与事实的关系层面进行研究;既可能是指一种方法论意义上的确定法律条款之含义的技艺,又可能是指一种本体论意义上的使法律文本获得意义的方式(参见强世功:《法制与治理——国家转型中的法律》,中国政法大学出版社2003年版,第268页)。税法解释的诸多面向,导致对其进行界定实属不易。本文所展示的税法解释除非特指,均将其视为对法律文本的阐释,至于税法事实层面的解释困于精力和篇幅,较少涉猎。基于税收司法解释的极度不发达,本文所研讨的税法解释多聚焦税收立法解释,尤其是税收行政解释。此外,税法解释和解释税法原本不属于同一语词,两者在解释主体、思维方法、活动性质等方面也存有差异(参见陈金钊:《法律解释的哲理》,山东人民出版社1999年版,第41~43页),但不可否认的是,两者的关系也是十分密切的,尤其是在有权机关所作出的解释层面上来说。考虑这些因素,在很多时候本文未对两者加以严格区分,而是视行文语境而作不同技术处理,可谓一种广义上的税法解释论调。

[2] 参见叶必丰:《区域经济一体化的法律治理》,载《中国社会科学》2012年第8期。

[3] 参见朱振、刘小平、瞿郑龙等编译:《权利理论》,上海三联书店2020年版,第268页。

[4] 参见刘剑文:《财税法功能的定位及其当代变迁》,载《中国法学》2015年第4期。

[5] 参见刘剑文、王桦宇:《公共财产权的概念及其法治逻辑》,载《中国社会科学》2014年第8期。

[6] 参见李友梅等:《中国社会变迁(1949~2019)》,社会科学文献出版社2020年版,第80~84页。

要理解‘立法者说了什么’,还要理解‘立法者这样说是为了实现什么样的效果’”。[1] 断不可只是满足简单的“答案”,而应超越“答案”,追求更重要的“说理”。毕竟,任何事物皆有其“理”,在法律和法学领域,尤其需要明理、说理、释理,揭示法的形成、构成、达成的合理性、合法性,阐释其内在的规律性,从而呈现法的理念、精神、原则等。[2]

一、税法解释的实践面向

改革开放以来,在中国法学中,逐渐形成了一种法律专业技术力量,他们相信可以通过结构的设计和规划,通过逻辑的自洽使法律形成体系、成为科学。其实,当这样做的时候,也就意味着法律逐渐走向封闭,成为一座“孤岛”。[3] 因为法律的价值不在于逻辑自洽,而在于实施。法律实施的实质在于建立起法律文本与现实世界之间的关联,这种关联主要是将法所体现的意志贯彻到社会生活中去,以实现立法之意图,彰显法之精神。从这个意义上说,法既是规定在文本中的规范,同时也是规制现实生活的规则。[4] 在此基础上,继续推演便可发觉,“国家之所以作为制裁权威、组织权威和执行权威是必要的,是因为法律必须被实施,因为法律共同体不仅需要稳定认同的力量而且需要一个有组织的司法,因为政治的意志形成过程产生出一些必须被执行的纲领。当然,这些不仅是对于权利体系的功能性补充,而且是在主观权利之中概括地包含着的客观法蕴涵”。[5] 从研究角度来看,法律规则的设计与构造固然是重要的维度,也是一种有益和经典的研究进路,但如果过分迷恋和崇尚纸面上的法条,对规则的实现置若罔闻,法学研究也就失去了发现问题与解决问题的科学价值和应有立场。于是,我们必须转换一种思考的视角,即从规则论走向实践论,将法律文本放置到

---

〔1〕 参见王云清:《制定法中的目的解释——以英美国家为中心》,载《法制与社会发展》2020年第1期。

〔2〕 参见张守文:《经济法中的法理及其类型化》,载《法制与社会发展》2020年第3期。

〔3〕 参见牟利成:《社会学视野中的法律:一种学科的穿越与融合》,法律出版社2013年版,第275~276页。

〔4〕 参见马怀德主编:《法律的实施与保障》,北京大学出版社2007年版,第131~132页。

〔5〕 [德]哈贝马斯:《在事实与规范之间:关于法律和民主法治国的商谈理论》,童世骏译,生活·读书·新知三联书店2003年版,第167页。

生活世界中去思考规则的实现问题。[1]

对于税法实践来说，首要命题就是如何在宪法规定的实定法秩序框架下，去构筑一个最有助于维护一般纳税者、国民权利的或最富有合宪精神的法实践论。[2]“尽管作为法实践论的税法解释论的研究其本身不是科学的问题，它只不过是一种以法学为基础而应用于实践的理论，但它却至少科学地构成了法实践论的法解释论。”[3]可见，较之一味追求规则的完善，更重要的是规则的预期实现。作为普遍性叙事的税法规则，要想实现自身，就必须在实践中实现，离开实践活动将不可能有税法的实现。从实现途径上观测，立法者制定的税法通常可以通过执法、司法和守法等加以实现。无论是哪一种实现途径，如何解释普遍性的税法规则都是至关重要的议题。以税务执法[4]为例，税法规则是针对一类事物而确立的知识体系，而执法所面对的却是具体领域。如何将普遍性的税法规则与具体的个案相结合，谋求解决问题的方式、方法，构成了通过执法途径实现税法的重要问题。在纸面税法规则转化为现实税收秩序的过程中，税法解释的价值是不可低估的。作为税法规则具体化的经典方式，税法解释联结普遍性规则与具体案情。税法规则正是在解释中获得了重构，具有了现实的价值，也才有了实施的可能性。

对于税务执法者来说，其在税法解释方面的素养决定了其能否真正实现税法。一个在税法解释方面具有良好职业素养的执法者远比表现迟钝的执法者更能有效地实现税法。税法正是在执法者的解释中不断地获得对象化的力量，逐步走向生活现实。只有通过税法解释而获得的法律知识在具体的案件中对象化，并内化为案件当事人的行为，税法才算是通过执法途径获得了实现。因此，从税法实施的角度上讲，具有根本作用的解释者是税务执法者，执法者才是税法解释在实施层面的真正主体。虽然法官在具体税案的审理中也会作出富有现实价值的税法解释，但无论是基于案件数量还是介入税法实施

---

[1] 参见武建敏、张振国：《当代法治视域下的民法实现》，中国检察出版社2006年版，第3页。

[2] 参见[日]北野弘久：《税法学原论》(第4版)，陈刚、杨建广等译，中国检察出版社2001年版，第11页。

[3] 魏俊：《税权效力论》，法律出版社2012年版，第5页。

[4] 下文对执法途径在税法解释中的作用参考了武建敏、张振国对司法途径在法律实现中作用的论述，参见武建敏、张振国：《当代法治视域下的民法实现》，中国检察出版社2006年版，第224～232页。

的时间,执法者的税法解释无疑更能推进税法的整体实施,法官的解释充其量只是税法实施的最后保障而已。在传统解释理论中,无论作何分类都没有具体执法者或司法者的解释,取而代之的是立法机关、行政机关、司法机关和学者整体意义上的解释,分别对应的是立法解释、行政解释、司法解释和学理解释。位列其中的行政解释和司法解释绝不能直接等同于具体执法者和司法者的解释,现实中多以最高行政机关和司法机关的解释出现。具体至税法领域,税法解释更多表现为国家税务总局的税法解释性文件,时常给人"只有国家税务总局的行政解释才具有真理性价值"之感。虽不能说此种论断就一定有误,但基于理论推演的税法解释主体论,其脱离现实,并不总能迎合税法的实施也是事实。

必须申明的是,凸显税务执法者的解释地位,并非否定税务行政机关的解释地位和价值。与其说两者有根本性分歧,不如说两者根本就不是一回事,可谓此"解释"非彼"解释",执法者层面的"解释"非行政机关层面的"解释"。前者位居税法实施的最前沿,面对的都是支离破碎、林林总总的微观个案,关心的也只是单一个案的"案结事了",更侧重税法在具体个案中的实施;后者则多有不同,即便是一笔业务、一项解释也要统筹全局,关注同等条件下税法的整体实施,更多肩负公平与正义的整体落实。话已至此,不难察觉两者并非对立,而是有机整合,是规则走向实践的"左膀右臂",缺一不可。由此意味着,通过税务执法固然能够推进税法的实施,但税法的实施也不能全凭执法者的强力介入来推动,毕竟执法成本不应忽略,效益也要充分考量。税法要想顺利得以实施,尚需调动所有可能的力量,如立法机关的科学立法,司法机关的终极护航等,但最关键的还是纳税人主动守法。

在税收法治建设中,纳税人守法是非常重要的一个环节,如果纳税人都能自觉遵从税法,就会成为税收法治的积极推动者,[1]而非税法的被动接受者。然而,纳税人守法本就是一个系统工程,立法、执法和司法都直接影响着纳税人对税法的遵从度,传统法治意识也间接左右纳税人的遵从与否。

诸多因素之中,起关键性作用的当属税法规则与经济事实的协同化问题。追根溯源,税法实施其实就是税法规则的事实化运用。经济事实只有经过税法规则的评价才能变为税法事实,只有税法事实得以实现,征纳双方的经济效益分

---

〔1〕 参见陈少英主编:《中国税收守法基本问题》,中国税务出版社 2006 年版,第 2 ~3 页。

配才得以最终实现。个中道理非常浅显,但知易行难,以纳税人守法为例,当纳税人作为税收法律关系的主体从事税收法律行为时,不仅要面对纷繁复杂、抽象至极的税法规则,还要面对层出不穷、日新月异的经济事实。无论是税法规则还是经济事实,要求所有纳税人精通无异于天方夜谭,以税法规则比对经济事实以寻求税法适用的答案,更是如同"蜀道之难"。在规则和事实之间,唯有税法解释方能寻得两者的最佳结合点,为税法打开实施之门。一般而言,立法者制定了税法,就当然拥有最具效力的税法解释权,这也为《宪法》《立法法》及相关法律所明示。但是,我们也要面对这一现实,立法解释在根本上只是关于税法规则的具体化说明,并非针对个案的适用性解释,基本不太可能触及具体而又琐细的经济事实,也就很难衡量具体实践的合理性。因此征纳双方,特别是纳税人,即便是借助立法解释,在理解税法并将其付诸实施时,很多时候依然是束手无策、无所适从。正因如此,在税法解释实践中,大量税法规则的解释性工作落到行政机关,尤其是国家税务总局身上。久而久之,国家税务总局也就成为税法解释性文件的发布中心,担负起指引征纳双方如何将税法规则运用至经济事实,使税法得以实施的重要使命。〔1〕

二、解释性文件中的"答案"

照理说,国家税务总局相比立法机关,更能领悟税法规则和经济事实之间的内在联系,其发布的解释性规范文件应该更具针对性,更能致力于在具体经济事实中对税法规则进行解释。然而事实并不总如此。国家税务总局发布的解释性文件最终还是要由具体的制定者作出,而制定者并非总有"在场"的经历,也就难以确保其对税法规则的解释都是合理性的阐释。从解释的亲历性角度而言,无论是立法解释、司法解释,还是国家税务总局的行政解释,制定者时常脱离了具体的经济事实。因此,这种解释是否具有实践合理性无从把握。或许基于此类因素的存在,国家税务总局发布的税法解释性文件时常只给"答案",不给"理由"。

譬如,国家税务总局《关于四川省机场集团有限公司向驻场单位转供水电气征税问题的批复》(国税函〔2009〕537 号)中指出:"四川省机场集团有限公司

〔1〕 参见叶金育:《国税总局解释权的证成与运行保障》,载《法学家》2016 年第 4 期。

向驻场单位转供自来水、电、天然气属于销售货物行为,其同时收取的转供能源服务费属于价外费用,应一并征收增值税,不征收营业税[1]。"表面上看,该文内容非常有道理,也完全吻合增值税法理。该文内置两个当然步骤:第一步,机场集团向驻场单位转供自来水、电、天然气(以下简称机场集团行为)构成"销售货物行为",同时收取的转供能源服务费(以下简称能源服务费)构成"价外费用";第二步,既然构成"销售货物行为"和"价外费用",则"一并征收增值税,不征收营业税"。看似严谨的逻辑推演,如果刨根问底,恐怕无法自圆其说。深究国税函〔2009〕537 号,可将其论证思路归纳如下:"机场集团行为 + 能源服务费→销售货物行为 + 价外费用↔征收增值税"。此种课税逻辑省却了两大极为关键的论证过程:其一,机场集团行为和能源服务费构成销售货物行为和价外费用的法律依据是什么,法理何在？其二,即便机场集团行为和能源服务费构成销售货物行为和价外费用,是否就一定意味着构成增值税法上的"销售货物"和"价外费用",即是否满足增值税法上的"应税销售货物行为"和计入销售额的"应税价外费用"。

如果这两个问题能够得到解决,国税函〔2009〕537 号的论证思路则应该是:"机场集团行为 + 能源服务费→销售货物行为 + 价外费用→增值税应税销售行为 + 应税价外费用↔征收增值税",批文的具体内容也应该围绕此论证思路而设计和书写。现实是,国税函〔2009〕537 号直接省却了"销售货物行为 + 价外费用→增值税应税销售行为 + 应税价外费用"这一最核心的论证链条。在论证不足时便作出批复,指引征纳双方从事税收法律行为。从法律规范的逻辑结构上说,国税函〔2009〕537 号之类的解释性文件存在的问题俯首即是。始料未及的是,此类解释性文件却在另一层面简化了文件的内容,提升了规范性文件的可理解性,不经意间施展了"简约法律的力量"。究其根本,在税收征纳实践中,无论是具体的征管机关,还是行政相对人,他们首先在乎的是一个可以据此作出决定的预期"答案"。"答案"越清晰明确,越利于规划经济行为,估算经济事实可能的效益。尔后,才会去考虑这个"答案"的形式合法性与实质合理性。

---

〔1〕 尽管营业税已经全面改征增值税,但该文件并不背离营业税改征增值税的主旨,其内在"答案"与"说理"之间的纠葛与张力依然具有典型意义,故本文依然以此文件作为分析样本展开论述。

以“答案”的确定性观测,越是在具体个案处理中作出与起草的具体解释性文件,普遍约束力越差,甚至不具有约束力,[1]但文件蕴含的“答案”却越清晰、越容易理解,如国税函〔2009〕537 号,抛开内容的科学性,机场集团行为与能源服务费应否征收增值税的结论非常清晰,理解起来也是不费吹灰之力。尽管如此,也要警惕,一旦放任这类解释方式,认可文件内容的设计模式,“答案”固然“清澈可见”,但解释权的运用也就愈发地不受节制和约束。久而久之,纳税人权益维护将愈发艰难。税法解释性文件的起草不能仅仅满足于提供“答案”这一过低要求,纳税人权益维护仍应成为税法解释的中心目标。税法解释性文件内容的清晰、明确,不应通过“行政命令式”的起草模式来实现,从长远来看,仍应立足于通过解释性文件起草技术的提升来实现。虽税法解释远不如税收立法正式,但考虑到解释性文件在实践中的显赫地位,以及对征纳双方的实质影响,起草时还是应该严格要求,着力“说理”而非“说教”为好。较可行的做法是,参照税收立法的标准进行税法解释性文件的起草。该种模式姑且称为“立法式”起草模式。按照“立法式”起草模式进行税法解释,即便最终不能达到税收立法的标准和效果,但高标准之下,低品质结果的概率必将大为降低。

从立法技术上看,一部优秀税法的衡量标准大体可以概括为:“易于理解”“结构合理”“有效性”“整体性”。[2] 解释者在起草税收解释性文件时,可借鉴这些标准,努力提高文件的制定品质。其实,诸如此类的标准已基本为《税务规范性文件制定管理办法》所采纳,该办法第 9 条明确规定:“制定税务规范性文件,应当做到内容具体、明确,内在逻辑严密,语言规范、简洁、准确,避免产生歧义,具有可操作性。”如果税法解释性文件的起草果真能够真切贯彻《税务规范性文件制定管理办法》第 9 条的规定,“立法式”起草模式更加侧重纳税人权益保护,恪守税法解释中的纳税人主义,也就更能彰显文件中的“说理”成分。诚然,每一份解释性文件都按照“立法式”起草模式操作,既可能会耗时费力,又或许会丧失解释性文件迅速应对快速变迁的经济事实的解释优势。但从纳税人主义出发,付出一定的文件制定成本是值得的。况且,按照“立法式”起草模式解

〔1〕 参见徐孟洲主编:《中国税收执法基本问题》,中国税务出版社 2006 年版,第 95 页。

〔2〕 See Victor Thuronyi, ed., *Tax Law Design and Drafting* (*volume* 1), Chapter 3: Drafting Tax Legislation, International Monetary Fund, 1996.

释税法,拟定解释性文件的具体内容,也不见得一定会增加过多的制定成本,关键是税法解释者和文件制定者的主观意识。如果形成内在的共识和自我约束,即使不能完全按照"立法式"模式解释税法、设计解释性文件的具体内容,最起码也可以增强"说理"。只要"理"能说得过去,"答案"就不会离"真相"太远,最终的结果也就不会偏离纳税人主义太远。

例如,根据"立法式"起草模式的要求,国税函〔2009〕537 号的核心内容大致可以修改为"根据现行《增值税暂行条例》第 1 条、第 6 条,《增值税暂行条例实施细则》第 2 条、第 3 条、第 12 条等相关规定,四川省机场集团有限公司向驻场单位转供自来水、电、天然气属于应税销售货物行为,其同时收取的转供能源服务费属于应税价外费用,应一并征收增值税,不征收营业税"。如此改造虽非尽善尽美,但至少打通了国税函〔2009〕537 号最欠缺的课税论证链条,在具体个案中实现了对增值税法上"应税销售行为"和"应税价外费用"的阐释,也同时将国税函〔2009〕537 号与《增值税暂行条例》及其实施细则贯通起来。此类方法如果能够在税法解释实践中获得日积月累的坚持,至少可以防止解释者任意解释税法,随意起草解释性文件。持续为之,便可在"说理"过程中完成对纳税人主义的坚守。一旦纳税人主义在税法解释中得到严格遵守,则真正需要考虑的是"理"是否足够,"说理"也就成了税法解释的中心任务。更深层地说,当税法规则面临解释实践时,采用"立法式"起草模式,绝不只是出于规范结构合理性的考虑,更多的是寻求一种从"实践回归规则"的税法解释之路,实现"解释论"至"立法论"〔1〕的高层回归。换言之,进行税法解释、起草解释性文件,不仅要解决"答案是什么"的低层需求,更重要的是致力"答案应当是什么"的深层解惑。唯有如此,方能展现一份形式合规、实质合理的解释性文件。

三、"答案"转至"说理"的技术解析

继续以修改后的国税函〔2009〕537 号为例,抛去解释性文件所展示的表层内容和行文逻辑结构,税法解释面临的核心和重大疑难问题在于:机场集团行为能否理解为"应税销售行为";能源服务费可否认定为"应税价外费用",这两个

---

〔1〕 参见朱庆育:《民法总论》,北京大学出版社 2013 年版,第 142 页。

问题才是国税函〔2009〕537号应该着力“说理”的对象。就“说理”的深度和说服力而言，修改后的国税函〔2009〕537号较原解释性文件有明显进步，最起码明确了最直接的上位法依据，厘清了文件的适用位阶。如若从体系解释的观点来看，尚有进一步探讨的余地。归根结底，国税函〔2009〕537号讨论的是“机场集团有限公司向驻场单位转供水电气征税问题”，对该问题的解答必须解决上述两大核心难题，而难题的解决又取决于税法对“转供自来水、电、天然气”和同时收取的“转供能源服务费”的交易定性。在税法上定性民商事交易，既要仰仗民商法的技术支持，但又不能过于依赖民商法的资源。通常来说，民商事交易一旦发生，交易性质就客观存在。然而，面对不同的交易类型，征纳双方并不总能达成共识，更多场景需要针对经济交易或经济事实的具体形态，经论争、磨合，进而在适用和解释税法中征纳双方达成共识，完成税法的实施。[1]

若要完成对机场集团行为和能源服务费的税法定性，则须根据转供自来水、电、天然气等关键行为或事实，充分利用民商法对税法的理论驰援，剥茧抽丝，寻找税法解释实践中的唯一解。在合同法上，以两个或多个合同相互间的主从关系为标准，可以将合同分为主合同与从合同。由于从合同以主合同的存在为前提，主合同不成立，从合同就不能有效成立；主合同变更或转让，从合同也不能单独存在；主合同被宣告无效、撤销或者终止，从合同便失去存在的意义，原则上应当归于消灭，当事人另有特别约定的除外。[2] 以此检测国税函〔2009〕537号的请示，总体可将问题归结为一对主从合同，即“主合同：四川省机场集团有限公司向驻场单位转供自来水、电、天然气”；“从合同：转供自来水、电、天然气同时收取的转供能源服务费”。在对这一对主从合同交易进行税法定性时，重心在于对主合同行为的税法解释。主合同相对复杂，其以供用电、水、气合同为基础，同时又融入了“转供”这一法律行为。根据《民法典》第648条和第656条的规定，供用电合同是供电人向用电人供电，用电人支付电费的合同。供用水、供用气、供用热力合同，参照适用供用电合同的有关规定。与此同时，《民法典》第595条规定：“买卖合同是出卖人转移标的物的所有权于买受人，买受人支付价款的合同。”由此可见，在合同法上，供用电、水、气、热力合同并非

---

〔1〕 参见滕祥志：《税法的交易定性理论》，载《法学家》2012年第1期。

〔2〕 参见陈小君主编：《合同法学》，高等教育出版社2009年版，第51页。

销售合同(买卖合同)的一种,故供用电、水、气、热力行为也就不能等同销售货物行为。

关于增值税法是否认同这一结果,尚需深度解读。在"四川省机场集团有限公司向驻场单位转供自来水、电、天然气案"中,合同法和增值税法调整的是同一个交易行为,属于不同部门法的两次进入。当事人签订合同时,最关心的是合同交换的利益目的。仅当合同交易产生收益时,增值税法才可能进场课税。增值税法一旦进场评价,如何面对合同法已经作出的评价,甚为关键。如果增值税法对合同法亦步亦趋,保持步调完全一致,则当事人完全可以精巧设计,以外在虚拟形式掩盖内在的真实交易,从而出现因人为操控而背离税法的"量能课税"原则,最终影响课税的平等性与公平性,甚至减损国家财政收入。基于税收平等负担的要求,增值税法在合同法面前应保持一定的独立性,实现其税法上的固有使命。[1] 另外,考虑到当事人的契约自由、法际之间的相互尊重与协调,以及法的实施等多重因素,增值税法也要尽量尊重合同法对经济交易已经作出的评价,谨慎否决和调整合同法的事先评价,仅当当事人不诚信以避税为目的和动机时,税法才有必要自立规矩、否定合同法已经作出的事先评价。

综上所述,增值税法除非实有必要,原则上不应轻易否定经济交易的合同法评价。至于最终是依从合同法的评价,抑或是另设规则否认合同法的事先评价,皆可由增值税法自行决定。言下之意,如果增值税法撇开合同法另立新规,只要不违背上位法的规定,也不能因其与合同法的评价发生抵牾而将其归入无效境地。毕竟宪法之下,不同部门法本就肩负不同的使命,当然就可以有不同的追求。不同部门法的追求,既可以依仗关联部门法的通力合作而实现,也可以由单一部门法的一己之力独自完成。基于合同法与增值税法的关系,重新回到"四川省机场集团有限公司向驻场单位转供自来水、电、天然气案"中,尚有值得深思之处。从形式上看,在合同法上,供用电、水、气、热力合同与销售合同同属有名合同,分属不同的合同类型,两者之间不存在包容与被包容的关系,共同为《民法典》合同编所规制。然而,《增值税暂行条例实施细则》第 2 条在处理"货物"与"电力、热力、气体"的关系时用的是"包括","包括"二字意味着制定机关直接将"电力、热力、气体"纳入"货物"范畴,进行同质化管理,而非一般的拟制

〔1〕 参见杨小强、叶金育:《合同的税法考量》,山东人民出版社 2007 年版,第 3～8 页。

性管理。结合《增值税暂行条例》第1条和《增值税暂行条例实施细则》第3条，便可得出增值税法上并无独立的“供用电力、热力、气体合同”的结论。增值税法通过税法解释技术，将“电力、热力、气体”解释为“货物”，犹如釜底抽薪，直接架空了供用电、热力、气体合同原本在合同法上的规制对象。

站在增值税法的立场，此举虽忽略了供用电、水、气、热力合同与销售合同的区别，却拓宽了销售合同的范围，突破了电力、热力、气体不受销售合同调整的合同法樊篱，营造了“合同法相异，增值税法相同”的法际评价规则，使供用电力、热力、气体行为由合同法转至增值税法时，与销售货物行为共同分享“销售货物”增值税规则，受其调整。这一理念进一步由《电力产品增值税征收管理办法》(2004年国家税务总局令第10号，以下简称《总局10号令》)所贯彻和补强，典型表现如《总局10号令》第2条[1]直接回避了合同法上“供用电合同”中的“供用”字眼，取而代之的是“生产、销售”。揭开增值税法否定“供用”与“销售”的形式之幕，需要深度思考的是：合同法上，供用电、水、气、热力合同与销售合同是否真的毫无瓜葛，属于没有任何关联、彼此独立的两类有名合同。如果答案是肯定，则增值税法干预、否定合同法的事先评价是为事实。追寻该问题的答案还需回到两者在合同法上的原初状态。

在合同法上，销售合同一直受到各国合同法以及有关国际公约的特别关注，因为它维系着人类社会自分工以来最基本的生存。销售合同最基本的功能和目的就是在主体之间转移标的物的所有权。[2] 与销售合同的功能和目的极为吻合，供用电、水、气、热力合同也有赖于供方向用方供用电、水、气、热力，用方以此支付对价，从而实现电、水、气、热力在供用双方之间的转移。此种转移固然不如一般有体物那般明显，但实质仍可视为标的物所有权的转移。就此而言，供用电、水、气、热力合同也可以看作一种特殊的销售合同。此类合同主要具有以下特征：其一，合同的标的物是特殊的商品；其二，属于格式条款；其三，合同的履行具有连续性。[3] 除这些特征以外，供用电、水、气、热力合同基本吻合销售合同的一般特征。由上可见，增值税法通过税法解释将“电力、热力、气体”纳入“货

---

[1] 《总局10号令》第2条规定：“生产、销售电力产品的单位和个人为电力产品增值税纳税人，并按本办法规定缴纳增值税。”

[2] 参见李永军：《合同法》(第2版)，法律出版社2005年版，第793页。

[3] 参见魏振瀛主编：《民法》(第7版)，北京大学出版社2017年版，第505～506页。

物”范畴,[1]作为增值税的征税范围,虽形式上背离了《民法典》合同编中“供用电、水、气、热力合同”与“销售合同”的区分现况,但实质上却迎合了供用电、水、气、热力合同的“销售”本质。可谓,通过形式的区分深度体现和践行了合同法的事先评价,体现了增值税法对合同法的充分尊重。将“供自来水、电、天然气”解释、证成为增值税法上的“销售货物行为”,国税函〔2009〕537号的课税论证便完成了最重要的一环。

但该案中尚有两个变量需要考察,即“转供”和“价外费用”。在供用电、水、气、热力实践中,一般都存在直供和转供两种模式。以供电为例,在直供场合下,电业部门(一般是各地供电局,即供方)直接向用户供电,用户直接向供方交付电费。而在转供方式下,用户与供方的电业部门不发生直接关系,供用电通过另一中间用电户(该用电户为电业部门直供)而实现。以国税函〔2009〕537号中的供电案情为说明,四川省机场集团有限公司驻场单位(以下简称驻场单位)作为用户,其电力购买可以有以下两种不同的模式(见图1):第一种模式是,直接向当地供电局购买;第二种模式是,向四川省机场集团有限公司(以下简称机场集团)购买。第一种模式为典型的“电力直供”,供用电合同法律关系非常清晰,电业部门供电,驻场单位交付电费。增值税法只需尊重合同法,实现供用电合同从合同法评价到增值税法评价的顺利过渡即可。这一规则已为《总局10号令》所认可,该办法第4条规定:“……供电企业销售电力产品,实行在供电环节预征、由独立核算的供电企业统一结算的办法缴纳增值税……”即电业部门作为纳税人,依照增值税法的相关规定缴纳增值税即可。第二种模式属于并不典型,但广为存在的“电力转供”,国税函〔2009〕537号重点讨论的就是这种供电模式的增值税问题。在电力转供情境中,电业部门与驻场单位之间“横插”的机场集团,使原本简单清晰的供用电合同变得复杂起来。

---

〔1〕 当然,也必须看到《增值税暂行条例实施细则》第2条对“货物”的解释并未将“水”包含其中,其主要原因在于“水”与“电力、热力、气体”不完全一致。虽原《合同法》将这4类纳入同一种有名合同,但从属性上讲,将“水”理解为一种有形动产不至于引起太大争议,而“电力、热力、气体”则完全不一样,如果从严把控,有形动产很难涵盖“电力、热力、气体”。正是因为这一点,增值税法才通过税法解释将“电力、热力、气体”解释为“货物”,而“水”则当然地认定为货物。如此区别对待,恰恰体现了增值税法对合同法规则有选择地借鉴和吸收,而非直接照搬。

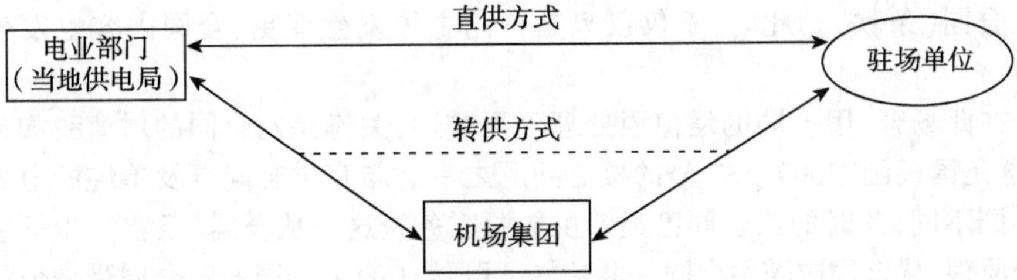

图1　驻场单位供用电模型

根据合同法的基本原理，“转供”一般会牵涉两份既可单独存在，也可发生直接关联的合同。常见运作模式，[1]如电业部门与机场集团签订供用电合同（以下简称甲合同），机场集团按照与电业部门签订的合同，再与驻场单位签订供用电合同（以下简称乙合同），进行合同的接续。此时，直供状态下的供用电合同分裂为两个相对独立的供用电合同，根据甲乙合同条款之间的内在关联，可以区分为两种类型：第一类，可称为“单纯的电力转供合同”，即乙合同在甲合同之外并无附加额外的价外费用。这类电力转供合同从合同法上看，可以视为并不典型的合同转移，即合同的主体发生变更，而合同的内容保持同一性。面对这种电力转供合同，增值税法形式上可以遵循合同法中的合同转移原理，但具体操作上可大为简化，只需关注合同资金流向即可。因此，对其进行评价，更像是对“一份合同”的两次处置，电业部门和机场集团因分属甲乙合同的销售方，故应分别作为甲乙合同的纳税人，依照增值税法的相关规定缴纳增值税。第二类，可称为“内置从合同的电力转供合同”，即乙合同在甲合同之外，同时

---

[1] 在民商法上“转供”的实现方式有多种，代理也是其中的典型运作模式。具体操作上又有显名代理和隐名代理之分。在显名代理场合下，代理人以本人名义与第三人缔结合同，进行代购或者代销，则销售合同的当事人为本人与第三人。此时，增值税纳税义务归属比较明晰，由销售方缴纳，而代理人不用缴纳。在隐名代理情形中，如果代理人不公开本人名义，以自己名义与第三人缔结合同与结算，则销售合同的直接当事人为代理人与第三人，增值税纳税义务便归属于其中的销售方。如果代理人为卖方，则代理人应开具增值税发票给第三人。但复杂的是，当代理人作为买方从第三人处购进货物并将货物转移给本人时，尽管互相的约定为代理，但这可能构成增值税法上的销售，此时代理人变成卖方，应该缴纳增值税。民商法上的代理原理运用至电业部门、机场集团与驻场单位之间的供用电，同样可以收获“转供”的法律效果。但基于行为主旨，不作详细论述。

还收取能源服务费等价外费用,即便是规定在同一份合同中,实质上已然构成主从合同(条款)。此时,不仅仅只是合同主体发生变更,合同内容也发生了变更。

在此场合,甲合同的增值税处理不再赘述,关键是乙合同的增值税如何处理,这是国税函〔2009〕537 号的核心问题之一。与直供合同以及单纯的电力转供合同不同,此时的乙合同已经转供能源服务费这一从合同(条款),根据主从合同原理,从合同应随主合同一并流转。既然作为主合同的乙合同受增值税法调整,作为从合同的能源服务费也应该受增值税法规制。因此,乙合同及其附带的从合同(条款)的增值税法规则可设计为:由机场集团作为纳税人,一并承担履行乙合同所获的电费和转供能源费收入所致的增值税纳税义务。对乙合同的增值税作出如此处理,可依据的是《增值税暂行条例》第 6 条、《增值税暂行条例实施细则》第 12 条、《总局 10 号令》第 4 条等相关规定。这些上位法条款构成了国税函〔2009〕537 号中对“价外费用”保证增值税的重要法源,也使其更加合法化。论证至此,已经超出了国税函〔2009〕537 号的解释本身。

在当下税法解释性文件的起草实践中,解释“答案”的准确性和科学性虽有诸多值得推敲和质疑的地方,但远没有想象得那般糟糕。比解释“答案”更值得关注的是,如何增强税法解释的“说理”,或者说如何在解释性文件的起草中更加凸显“说理性”。因为从某种程度上来说,“法律解释是法律参与的一部分,它尤为关注的是协调或平衡法律的社会性、系统性和经验性”,[1]而这直接关乎纳税人主义在税法解释中的真切贯彻。

四、余论:答案、说理与税法实践

随着我国市场经济的逐步深化,经济日渐繁荣发达,交易愈加复杂多样,税务风险也随之成倍放大。之所以如此,从税法规则本身考察,大概有两方面的原因。一方面,税法规则体系日益庞杂;另一方面,税法规则的不确定性不断增强,反避税的理念不断渗透和弥漫。为应对可能的税务风险、准确征纳税款,让税法规则走向实践,易于征纳双方理解和运用,自然成为征纳双方共同关注的焦点。

---

〔1〕 [英]罗杰·科特雷尔:《法律、文化与社会:社会理论镜像中的法律观念》,郭晓明译,北京大学出版社 2020 年版,第 138 页。

由此,破除和解决税法规则的理解难题,成为税法解释非常重要的一个导向。此种导向虽不能说是当前解释模式形成的决定性因素,但不能否认的是,眼下的解释路径、方式与这种导向有千丝万缕的关联。在这种导向下,税法解释者更多习惯于问题的解决、答案的制造,注重解释性文件的现实可操作性。征纳双方在解释者的牵引下,也渐渐习惯并依赖这种“以问题为出发点,以答案为依归”的实践性解释模式。

毋庸置疑的是,这种寻求“答案”的解释方式具有巨大的诱惑力,其以提供“答案”深得征纳双方“喜爱”,毕竟只有“答案”才能够为征纳双方的实践提供明确性指引和稳定性预期,才能为征税与否提供最基本却又最重要的操作标准。国税函〔2009〕537号中“应一并征收增值税”的结论即例证。承认这种解释模式价值的同时,必须清醒地意识到,如果“问题—答案”成为主宰税法解释和税务规范性文件制定的唯一模式,征纳双方尤其是纳税人对税法规则的理解力和反思力就只可能不增反减。在纳税人权利正受到越来越多关注[1]的时下中国,的确不应将税法解释简单定位为制造“答案”的方式和路径,更宜将其放置于税法实施与税收法治建设的关键链条上去考量。

从税法实施和税收法治建设层面考察,税法解释固然要面向实践,但若只是盯着实践将会迷失航道,减损税法解释的功效。一言以蔽之,税法解释应当在税法规则与实践之间寻求妥当的平衡,打通和建构“规则到实践再到规则”的循环链条。一旦该链条得以贯通,规则便可通过解释顺利进入实践,实践中的疑难问题又可通过解释形成规范性文件,最终为规则提供养分。不难发现,税法解释成为该链条运转和维系的关键。要想真正实现“规则到实践再到规则”的循环,谨慎解释税法、科学起草解释性文件甚为关键,而这些都离不开纳税人的监督与制衡。只有在纳税人的积极监督与主动参与中,高质量的解释性文件才可能不断被制造出来,纳税人主义也就在解释性文件的不断流转中生根发芽、深入人心,逐步成为税法解释的基本立场。而这都要求解释者在起草解释性文件时,不能停留在简单的“答案”层面,而应格外关注“答案”产生的“说理”;既要做到“答

〔1〕 参见丁一:《纳税人权利研究》,中国社会科学出版社2013年版,第3页。

案"无误,又要实现"说理"透彻。亦如裁判文书的说理价值[1]一般,能否恰当、充分地释法说理,可谓是裁判文书能否展示司法公正、彰显司法权威、反映司法能力等的核心和灵魂,[2]是连接案件证据认证、事实认定和法律适用的桥梁。[3]

---

〔1〕 按照最高人民法院《关于加强和规范裁判文书释法说理的指导意见》第1条列示,裁判文书释法说理的目的是通过阐明裁判结论的形成过程和正当性理由,提高裁判的可接受性,实现法律效果和社会效果的有机统一;其主要价值体现在增强裁判行为公正度、透明度,规范审判权行使,提升司法公信力和司法权威,发挥裁判的定分止争和价值引领作用,弘扬社会主义核心价值观,努力让人民群众在每一个司法案件中感受到公平正义,切实维护诉讼当事人合法权益,促进社会和谐稳定。

〔2〕 参见刘树德、潘自强:《裁判文书说理视角下的"但书"研究——基于157份无罪裁判文书的分析》,载《中国应用法学》2020年第1期。

〔3〕 参见杨惠惠、邵新:《裁判文书证据说理的实证分析与规诫提炼——以法发〔2018〕10号为中心》,载《法律适用》2020年第6期。

税收撤销权法律制度的重塑与再造*

姚子健**

摘　要：我国《税收征收管理法》第50条规定的税收撤销权法律制度的适用频率过低，对纳税人的财产处分权影响有限。在当前时代背景下，仍需要税收撤销权发挥其应有作用。一方面，要明确税收撤销权制度与行政强制措施、税收预期违约制度、纳税担保制度、强制执行制度之间的关系；另一方面，通过参考《民法典》的相关规定对税收撤销权的构成要件加以重塑与再造，明确其法律效力。由此，可在维护民事交易自由、保护公民合法财产权益的同时，最大限度地发挥税收撤销权法律制度保障税款征收之功用。

关键词：《税收征收管理法》；税收撤销权；《民法典》；债权人撤销权

一、问题的提出

关于撤销权，在民事法律制度中可以区分为债权人的撤销权与合同一方当事人的撤销权。前者存在两重法律关系，即债权人与债务人之间的法律关系，债务人与受益人之间的法律关系；后者仅存在一层合同法律关系。前者系以保全债权为目的，后者则为对瑕疵意思表示之救济。

债权人撤销权制度起源于罗马法，其创设初衷在于解决债务人破产情况下债权保护力度不足的问题。随着后世对撤销权的不断继承与发展，撤销权丧失了集团性，演变为一种对债权的保全权利。债权人撤销权具有“侵略性”，因其对现有交易秩序与交易安全的破坏而必须予以严控。[1] 我国《民法典》第538条至第542条对撤销权制度作出了规定。由于债权人行使撤销权必须通过人民法院为之，因此债权人撤销权本身系一种形成诉权。

---

* 国家社会科学基金重大专项“税收立法的核心价值及其体系化研究”（项目编号：19VHJ008）阶段性成果。

** 北京大学法学院经济法学博士研究生。

〔1〕 参见崔建远：《论债权人撤销权的构成》，载《清华法学》2020年第3期。

立足于两权分离理论,公民拥有财产权,国家拥有财政权。公民对自身财产的处分不得损害国家财政权,公民不当地损害国家财政权的处分财产行为应当被撤销。这成为作为国家代理人的税务机关拥有税收撤销权的理论基础。

而将债权人撤销权制度引入税收征收领域,确实可以有效提升税款征收的可能性。我国《税收征收管理法》第50条赋予了税务机关税收撤销权,税务机关可以依照民事法律规范行使税收撤销权。[1] 目前,我国税收撤销权法律制度存在问题,需予以重塑与再造。首先,我国税收撤销权在实践中的行使频率过低。截至2022年7月1日,笔者通过在北大法宝与中国裁判文书网上以《税收征收管理法》第50条作为主要裁判依据进行检索,发现并无撤销权纠纷案件。另有税务机关与纳税人的撤销权纠纷,法院仅将原《合同法》第74条作为主要裁判依据,[2]并未考虑到《税收征收管理法》第50条的相关规定,忽略了税收之债的特殊性,将税收撤销权案件视作普通民事撤销权案件处理,[3]甚至由此引发了有关税收撤销权法律制度存废的讨论。[4] 事实上,基于我国税制转型期间产生的种种问题以及税收撤销权独特的制度禀赋,税收撤销权法律制度无可替代,只是需要重新审视该项制度的使用价值。其次,与一般债权有所不同,为

---

[1] 《税收征收管理法》第50条规定:“欠缴税款的纳税人因怠于行使到期债权,或者放弃到期债权,或者无偿转让财产,或者以明显不合理的低价转让财产而受让人知道该情形,对国家税收造成损害的,税务机关可以依照合同法第七十三条、第七十四条的规定行使代位权、撤销权。税务机关依照前款规定行使代位权、撤销权的,不免除欠缴税款的纳税人尚未履行的纳税义务和应承担的法律责任。”

[2] 原《合同法》第74条规定:“因债务人放弃其到期债权或者无偿转让财产,对债权人造成损害的,债权人可以请求人民法院撤销债务人的行为。债务人以明显不合理的低价转让财产,对债权人造成损害,并且受让人知道该情形的,债权人也可以请求人民法院撤销债务人的行为。撤销权的行使范围以债权人的债权为限。债权人行使撤销权的必要费用,由债务人负担。”

[3] 参见“浙江省原瑞安市国家税务局诉温州信燕房地产开发有限公司债权人撤销权纠纷案”,浙江省瑞安市中级人民法院(2014)温瑞民初字第4176号民事判决书。

[4] 从世界范围看,规定税收撤销权法律制度的国家并不多见。在日本的税法实践中,明确税收撤销权可适用日本《民法典》第424条关于债权人取消权之规定。德国、美国等国家均无相关规定。这由税收撤销权本身的侵略性以及其他国家具备完善的替代性税收保障法律制度所致。在我国税收撤销权适用频率较低的背景下,是否有必要继续保留税收撤销权制度值得深入探讨。

确保作为公法之债的税收得以实现,税法引入了一系列税收征收保障制度,[1]囿于税法规定的复杂与混乱,各种制度间纠缠不清,需进一步明确不同制度间的差异性,实现合理的适用与衔接。最后,我国《民法典》已经出台,《民法典》的诸多规定与原有规定相比有了较大改进。有必要修订《税收征收管理法》的相关规定,以适度承接《民法典》中的规范,否则将导致《税收征收管理法》的适用困难。首当其冲的即为《税收征收管理法》第50条的规定,其依照适用的《合同法》已经被废止。[2] 进一步深探,我国《税收征收管理法》第50条并非准用性规范,而是一种忽略了税收之债特殊性的"依照适用性"规范。有必要以《民法典》的出台为契机,变更现有法条适用的框架模式,关注税收之债与普通债权的不同之处,进一步明确税收撤销权的构成要件与法律效力。

造成税收撤销权法律制度种种问题的根源即在于税收法律关系的差异性与层次性。有学者已经注意到,税收法律关系的"债权债务关系说"其实并不合适,将未经转化的撤销权法律制度直接引入税法诱发了体系排异,使我国《税收征管理法》第50条的规定沦为具文。[3] 税收之债的法律关系其实仅存在于税收征纳实体关系中,税收征纳程序关系则更多体现了"权力服从说"的特征。[4] 因此,在税款征收阶段,可能同时触发保障税款征收的多种债权手段与强制性手段,税收撤销权将与其他债权手段以及强制性手段纠缠不清。在具有强制性的税款征收手段作用显著、其他债权性质的征收手段适用简易的情况下,适用方法复杂的税收撤销权自然易被遗忘。完全参照适用民法规范的法律规定方式也忽略了税收债权债务关系与普通债权债务关系之间的差异,无法对税务

---

[1] 为了确保税收征纳活动的顺利进行,特别是为了确保应纳税款的及时、足额入库,必须建立税款征收保障制度。税款征收保障制度主要包括纳税担保制度、税收保全制度、强制执行制度、税务检查制度、海关稽查制度等。参见张守文:《财税法学》(第6版),中国人民大学出版社2018年版,第296页。

[2] 相关讨论,参见贾先川、米伊尔别克·赛力克:《论民法典时代税法对民法规范的适度承接》,载《税务研究》2021年第10期。

[3] 参见侯卓:《"债务关系说"的批判性反思——兼论〈税收征收管理法〉修改如何对待债法性规范》,载《法学》2019年第9期。

[4] 税收法律关系可以区分为税收体制关系与税收征纳关系,税收征纳关系可进一步区分为税收征纳实体关系与税收征纳程序关系,其中税收征纳实体关系呈现"债权债务说"之特征,而税收征纳程序关系则呈现"权力说"之特征。参见张守文:《略论纳税主体的纳税义务》,载《税务研究》2000年第8期。

机关、纳税人形成明确指引,阻碍了人民法院的法律适用。因此,需要在把握公法之债关系特性的基础上,对我国税收撤销权法律制度加以改进。

二、税收撤销权制度改进的宗旨贯彻与价值引领

(一)《税收征收管理法》核心宗旨的提炼

在“价值—规范”的分析框架下,需要同时关注价值对规范的重要影响以及规范作为价值的介质和实现工具所发挥的关键作用。[1]《税收征收管理法》隶属于税法的范畴,其核心宗旨需从税法本身的属性出发加以提炼。在广义的财权体系中,基于提供公共物品的需要,国家享有财政权,而公民则享有基本的财产权。税法不仅要以维护国家财政权为己任,更要实现对公民财产权的保护,并在解决国家财政权与公民财产权矛盾的过程中实现二者之间的平衡。基于国家财政权与公民财产权的“两权分离”,财税法得以产生与发展,财税法制得以构建,对财税法的研究得以深入。[2] 从图1可见,由此可以推导出《税收征收管理法》的核心宗旨为保障国家税收收入与保护纳税人合法权益。两大宗旨具有对立统一的特性,在矛盾运动中最终将形成良好的税收征管秩序。良好的税收征管秩序不仅要求税务机关与纳税人之间的权利义务关系明确,更要求二者之间形成和谐的征纳关系,打造良好的税收营商环境。对税收撤销权法律制度加以重塑与再造,同样需贯彻《税收征收管理法》保障国家税收收入与保护纳税人合法权益的宗旨。从这个意义上讲,税收撤销权系减损公民财产权以保障国家财政权的手段,为实现两权之平衡,势必待处于公民财产权减损国家财政权之境地时,方可适用。

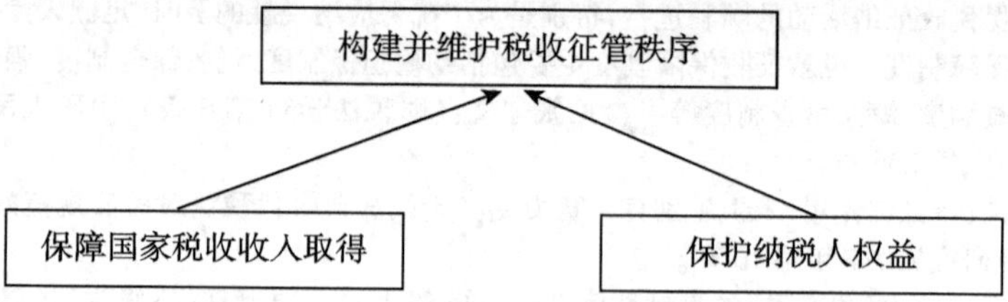

图1　税收征收管理法核心宗旨推导

---

〔1〕 参见张守文:《经济法中的法理及其类型化》,载《法制与社会发展》2020年第3期。

〔2〕 参见张守文:《财税法疏议》,北京大学出版社2016年版,第33~46页。

(二)公平与效率价值的权衡

公平、效率与秩序属于经济法外在的主观评判价值,已逐渐成为人们评判法律功用的价值尺度。[1]“无论是创制新的制定法还是解释现有制定法,均离不开对宗旨的价值重述与制度展开”,[2]价值平衡是经济法学重要的研究方法。在不同历史时期,对于不同价值的权衡亦有所不同,由此形成了不同成对价值之间不同的平衡状态。随着时代的变革与进步,也需不断调整以实现不同成对价值之间的再平衡。

对于税收撤销权法律制度重塑与再造的问题,税收撤销权在其行使方式、构成要件、证明标准与举证责任方面体现了经济法的公平价值。对于交易是否满足可撤销条件,税务机关与纳税人间可能产生争议。解决双方之间的争议需考察多个构成要件,应遵循正当、合理的程序性安排以贯彻程序正义,从而保障实体结果的有用性与有效性。[3]但任何法律制度的生命力均在于实施,当现有税收撤销权法律制度的效率价值丧失导致其适用频率过低时,则有必要重新审视其在推进公平价值实现中的效率性,为其减负赋能,使价值平衡向着提升效率的方向移进。

(三)自由与秩序价值的权衡

公民财产权与国家财政权的良好运行分别代表两种秩序:社会自由交易的秩序与税收征管秩序。两种秩序运转的平稳与安定系并行不悖的关系。税收撤销权的行使将对民事交易自由产生限制作用,适用时需要秉持审慎态度。但税收撤销权本身只是对公民滥用自身财产权的限制,并不会扰乱社会自由的交易秩序。“自由自产生之日起就受到与之相应的秩序的‘规训’”,[4]社会交易的自由本身受制于税收征管秩序,二者将形成均衡与和谐的状态,其表现为社会交易秩序与税收征管秩序同时良性运转。

当前,税收撤销权的适用次数过少,这虽极大地维护了社会的交易秩序,也同时导致纳税人处置自身财产的肆意,从而侵害了国家财政权,扰乱了税收征管秩序。因此有必要鼓励税收撤销权的行使,使价值平衡向着维护税收征管秩序,

---

〔1〕 参见张守文:《经济法原理》,北京大学出版社2013年版,第62页。

〔2〕 叶姗:《重识经济法学的研究方法》,载陈云良主编:《经济法论丛》2018年第1期(总第31期),社会科学文献出版社2018年版。

〔3〕 参见齐树洁、张冬梅:《试论民事程序法的意义》,载《法学评论》2000年第1期。

〔4〕 张旅平、赵立玮:《自由与秩序:西方社会管理思想的演进》,载《社会学研究》2012年第3期。

抑制市民社会交易过分自由的方向移进。

三、我国税收撤销权法律制度的“废”与“存”

(一)税收撤销权法律制度适用频率过低的原因

1. 税收撤销权对民事交易安全的冲击

在民事撤销权诉讼中,依据财产处分的有偿与无偿而拥有不同的构成要件。在无偿转让财产的情形下,债务人与受益人的主观目的,在所不问;而在有偿转让财产权的情形下,需考察债务人与受益人的主观恶意,即要求债务人明知且受益人知道或者应当知道该交易有故意规避债务之目的,在实践操作中往往需要法官依据债务人、受益人的行为及事实进行“推定”。[1] 由于税收撤销权参考的是民事债权人撤销权制度,在税务机关行使税收撤销权时同样存在以上问题:在有偿转让的情形下,纳税人与受益人的主观情况由法官把握,这会导致纳税人与受益人因无法预见双方之间订立合同的效力而产生隐忧。税务机关深谙此理,当存在替代性方案可以解决欠税问题时,税务机关不会轻易使用税收撤销权。

2. 替代性制度类型多样且更有效便利

与普通债权人不同,税务机关作为公权机关在掌握税源信息后,具有监控纳税人财产状况的优势。即使纳税人并未欠税,只是存在欠税迹象,税务机关都会对其加强监管。例如,税务机关会对纳税人处理财产的行为进行记录,及时向纳税人发送警示信息提示风险,并采取多种手段确保税款征收入库。

3. 以诉讼方式行使税收撤销权的问题

虽然税务机关与一般债权人相比拥有更加强大的证据收集能力,但税务机关行使税收撤销权需以民事诉讼方式为之,且适用民事法律的相关规定,需达到较高的证明标准,对于税收撤销权构成要件的证明亦具有较强的技术性。出于败诉风险的考量,即使纳税人确实存在不当处分财产的行为,税务机关依旧不会轻易选择提起撤销权诉讼。依照《税收征收管理法》第 50 条之规定,税务机关“可以”行使税收撤销权,而非“应当”行使税收撤销权。即使税务机关对撤销权

---

〔1〕 参见师安宁:《债权人撤销权之诉十大疑难问题辨析(一)》,载《人民法院报》2015 年 2 月 2 日,第 7 版。

“当用不用”,也不会因渎职而被追究责任。

(二)当前保留税收撤销权法律制度的理由

1. 纳税人主动纳税意识的缺乏

我国正面临税制的转型与改革。经济样态的多样化,促使税务机关将重点关注的纳税人群体从企业扩展到个人,税款的征收入库也从国家主导征收向私主体主动履行转变。在税制改革期间,由于纳税人的主动纳税意识不强,逃、避税的动机普遍存在,且手段更加丰富,再加上纳税人由于缺乏税收专业知识的积累而导致纳税能力欠缺,这都需要税务机关征管手段的及时跟进。以《个人所得税法》为例,从分类所得税制向分类与综合相结合所得税制的变化导致税款的征收方式已经由代扣代缴为主的模式转向预扣预缴与自行申报纳税相结合、年末汇算清缴的模式。在不断引导纳税人自行申报,提高纳税人遵从度的同时,也需进一步发挥欠税保障制度特别是税收撤销权的实际效用,防止纳税人肆意处分个人财产损害国家财政权。

2. 税务机关信息权体系有待进一步完善

税务机关与纳税人间存在天然的信息不对称,税务机关可能完全无法知晓税收之债的发生及其内容,这也成为税收之债与普通债权的重要差异。为化解双方之间天然不对等的信息地位,需要构建完善的税务机关信息权体系。《税收征收管理法》第 54 条规定了 6 种税务检查方式:查询账簿;现场检查;要求纳税人自行提供有关资料;要求相关当事人说明情况;托运、邮寄凭证检查;银行账户查询。2014 年国务院法制办发布的《税收征收管理法(征求意见稿)》第 88 条中又增加了 5 种:网络交易平台检查;财务受托人检查;对取得虚假发票的单位和个人进行检查;到用于生产经营但却未登记的场所查询;到相关部门查询信息。不同的检查方式意味着不同的信息获取途径,它们之间不具有相互替代性。《税收征收管理法》有意扩充税务机关获取信息的途径,以赋予税务机关信息权的方式提升其信息能力,由此也反映出当前阶段税务机关信息能力的不足。税务机关本就存在对实际税收征收管理问题反馈滞后的问题,在税收违法行为的隐蔽性日益增强的当下尤其如此。而对税务机关获取课税信息的赋权是一个异常复杂的问题,其同时涉及对纳税人自有信息权及相关信息拥有者信息利益与守诺利益的保护,在短期内很难提出为各方接受的方案。若税务机关未能及时掌握课税信息,纳税人擅自处分自身财产以致威胁国家财政权,即需税收撤销权发挥作用。

3. 税收撤销权的独特功能

保障税款征收的相关税收法律制度均有发挥各自作用的特定场合：税收代位权制度在纳税人怠于履行债务的场合发挥作用；查封、扣押、冻结措施在防止纳税人不当处置财产的过程中发挥作用；预期违约制度适用于纳税人存在逃避纳税义务迹象之时。但当纳税人已作出可撤销行为且税务机关未能及发现并导致纳税人无财产承担纳税义务时，有且仅有行使撤销权可追回纳税人财产，这是其无法替代的制度禀赋。

必须说明的是，依据我国《税收征收管理法》第 65 条之规定，当"纳税人欠缴应纳税款，采取转移或者隐匿财产的手段，妨碍税务机关追缴欠缴的税款的，由税务机关追缴欠缴的税款、滞纳金，并处欠缴税款百分之五十以上五倍以下的罚款……"。致使税务机关无法追缴税款时，将依我国《刑法》第 203 条规定的逃避追缴欠税罪追究纳税人的刑事责任。[1] 但逃避追缴欠税罪依旧不能代替税收撤销权的制度禀赋。首先，逃避追缴欠税罪的手段要求是"转移或隐匿财产"，而依据《民法典》有关撤销权的相关规定，税收撤销权的行使范围更广，不仅包含无偿转让财产，还包含放弃债权、恶意延长到期债权履行期限、放弃债权担保等形式，不仅涵盖了积极对抗的情形，也包括了消极对待的情形。其次，要认定逃避追缴欠税罪需要满足税务机关无法追缴税款的结果，如果取消税收撤销权制度，当欠税人存在转移财产的情形时税务机关就无权追回，纳税人被判处逃避追缴欠税罪的可能性也会增加，有违刑法的谦抑性。最后，刑事责任只能科处纳税人刑罚，并不能保证税收的实现，同时它也可能使纳税人失去纳税能力。

综上所述，即使因多种原因导致我国税收撤销权法律制度的适用频率偏低，但由于税制改革转型的需要以及其他税款征收保障制度的功能不足，针对纳税人不当处分财产而设计的税收撤销权仍然具有重要意义。因此，有必要厘清税收撤销权法律制度与相关法律制度的关系，并以《民法典》中有关债权人撤销权的法律规定为范本，重塑税收撤销权的构成要件。

---

[1] 《刑法》第 203 条规定："纳税人欠缴应纳税款，采取转移或者隐匿财产的手段，致使税务机关无法追缴欠缴的税款，数额在一万元以上不满十万元的，处三年以下有期徒刑或者拘役，并处或者单处欠缴税款一倍以上五倍以下罚金；数额在十万元以上的，处三年以上七年以下有期徒刑，并处欠缴税款一倍以上五倍以下罚金。"

四、税收撤销权制度与相关法律制度的衔接与组合

相对来说，税收撤销权的行使有特定的技术性要求，税务机关往往倾向于选择替代性法律制度来保障税款的征收。然而如前所述，税收撤销权的制度禀赋不可取代，其他保障税收征收的制度也有各自的局限。这一局面的形成，自然和《税收征收管理法》的不完善有关。因此，一方面，需要处理好《税收征收管理法》各现有制度之间的衔接关系；另一方面，也需要同时关注税收撤销权与税收保全、纳税担保、税收强制执行等法律制度相结合产生的反应，以充分发挥税收撤销权制度的功能。

（一）税收撤销权制度与查封、扣押、冻结措施

税收保全制度，是指为了维护正常的税收秩序，预防纳税人逃避税款缴纳义务，以使税收收入得以保全而制定的各项制度，具体包含责令限期缴纳税款、责成提供纳税担保、通知冻结等额存款、扣押查封等额财产等措施。[1] 税收预期违约制度中的责令限期纳税与纳税担保具有较强的私法属性，将在下一部分展开论述。这里主要针对查封、扣押、冻结这类公法性质的保全措施与撤销权间的关系展开论述。

《税收征收管理法》第38条规定的保全措施系为避免今后税收之债无法履行而限制纳税人肆意处分财产的行政强制措施，其目的是避免危害发生、控制危险扩大。该条规定的"税务机关有根据认为从事生产、经营的纳税人有逃避纳税义务行为"本身较模糊，缺乏对"有根据""逃避纳税义务"等具体认定标准的说明，在实践中税务机关对该条的执法具有随意性。为限制税务机关的权力，避免税务机关肆意行使查封、扣押、冻结措施损害公民的财产权，更宜将体现行政强制权的税收保全权交由更具裁定保全经验的人民法院行使。纳税人正在实施税收撤销权构成要件中的可撤销行为时，满足《税收征收管理法》第38条规定的"税务机关有根据认为从事生产、经营的纳税人有逃避纳税义务行为"条件，若税务机关及时发现了纳税人的可撤销行为，应向人民法院申请采取查封、扣押、冻结措施。

公法性质的查封、扣押、冻结措施要发挥作用，要求税务机关及时发现纳税

〔1〕 参见张守文：《财税法学》（第6版），中国人民大学出版社2018年版，第300页。

人的可撤销行为,且纳税人仍存在足够的责任财产。如果税务机关未及时发现纳税人的可撤销行为,纳税人已转移财产,则应选择具有私法性质的税收保全路径,或是行使税收撤销权。

(二)税收撤销权制度与税收预期违约制度、纳税担保制度

德国《租税通则》第 38 条规定:“租税债务关系之请求权,于法律据以课赋给付义务之构成要件实现时,即行成立。”德国税法的这一立场,得到了学界的普遍认同。这意味着税法所规定的课税要件全部具备,税收之债成立,即使纳税期限尚未届至,抽象的纳税义务也已经发生。此时,若税务机关发现纳税人已实施处分财产行为损害税收之债的,税务机关可以行使税收撤销权。按照现行法律规定,实际上有 3 种不同的处理思路:一是税务机关行使税收撤销权,并无对象上的特殊限制;二是适用《税收征收管理法》第 38 条规定的税收预期违约制度,责令纳税人于纳税期前缴纳税款;三是根据《税收征收管理法》第 38 条之规定责成纳税人提供纳税担保。以上 3 条路径,因责成提供纳税担保对纳税人与受益人财产的影响较小,具有优先性,而有关责令限期纳税与行使税收撤销权,则难辨先后。在错误行使的情况下,责令限期纳税将侵害纳税人的期限利益,而税收撤销权则将侵害纳税人与受益人间的交易自由。在实践中,由于税务机关对税收撤销权的构成要件把握不清,其往往会选择使用责令限期纳税的方式。但当纳税人不能提供纳税担保,限期内又无足够的责任财产缴纳税款时,即需税收撤销权发挥作用。可见,以上 3 条路径并非只是替代性关系,它们在纳税人出现不同情况时可发挥各自的特殊作用(见图 2)。

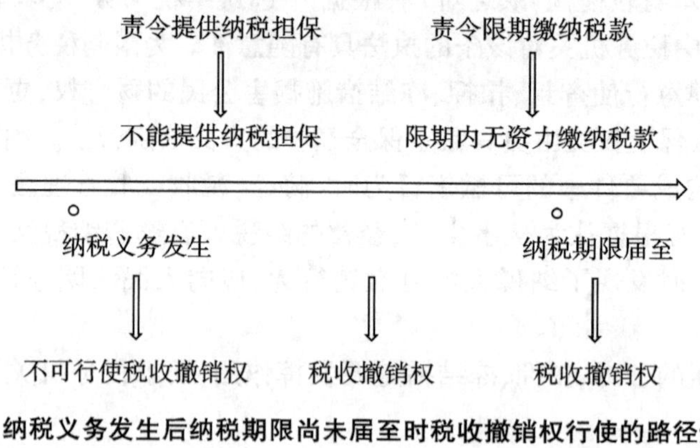

图 2　纳税义务发生后纳税期限尚未届至时税收撤销权行使的路径选择

（三）税收撤销权制度与税收强制执行制度

在纳税期限已届至而尚未步入税收强制执行阶段时，纳税人仍不履行纳税义务而实施处置财产行为的，税务机关应优先考察纳税人是否属于无资力状态，是否具有主观恶意等撤销权构成要件。此时不应选择径行适用税收强制执行制度。若纳税人处于无资力状态，开启税收强制执行程序并无实质意义，税务机关应优先行使税收撤销权。若税务机关径行开启税收强制执行程序后，才发现纳税人无可供执行的财产但满足可撤销条件，按照现行法律规定，应结束税收强制执行程序，由税务机关提起撤销权诉讼，并另行证明撤销权诉讼的构成要件（如纳税人处于无资力状态等）。这将会导致构成要件方面的重复证明以及程序上的"绕路"，降低税收撤销权行使的效率。

《税收征收管理法》明确赋予了税务机关对生产、经营性主体的税收强制执行权。由于相关法律对非生产、经营性主体的税收强制执行规定的缺失，各地做法并不一致，有些地区需要税务机关申请人民法院强制执行，有些地区的法院则认为税务机关拥有自力执行权而不接受申请执行。税务机关的自力强制执行被视为行政强制执行，其司法属性因被忽略而长期不发达，由此导致近年来税务机关强制执行的频率较低。[1] 同时，申请法院强制执行也存在法律适用依据不明确的问题，税收强制执行在总体上的规范性较差。税收强制执行本是解决欠税不缴、震慑违法行为的重要手段，而当前税收强制执行制度存在的各种问题将同时导致欠税人以实施可撤销行为的方式逃避纳税义务。为解决此问题，需充分发挥税收强制执行权的作用。由于税收强制执行内容的异质性，法院在强制执行上的明显优势以及强化税收司法，保护纳税人合法权益，构建和谐税收征纳关系的要求，将税收强制执行权完全交由人民法院行使更加合理。[2] 由此，可能同时迎来对其进行司法化改革的契机。参考民事强制执行制度对税收强制执行权加以司法化改造，可将税收强制执行权由行政强制执行权转变为实现债

---

〔1〕 我国欠税企业真正被税务机关强制执行的不足10%，与之前税务机关没有强制执行权的时期相比，案件执行率上升幅度不大，税收强制执行措施的适用频率较低。参见哈尔滨税务学会课题组：《行政强制法背景下的税收强制执行状况》，载《税务研究》2014年第5期。

〔2〕 参见郭昌盛：《我国税务强制执行权的历史嬗变、实践困境及完善路径——以〈税收征管法〉修订为契机》，载《中国政法大学学报》2019年第2期。

权的民事强制执行权,[1]这将为执行阶段税务机关税收撤销权的行使奠定基础。

在将税收强制执行权交由人民法院行使后,若能构建税务机关行使税收撤销权的特别程序,则可避免对构成要件的重复证明以及程序上的"绕路",从而进一步提升税收征管效率。同时,人民法院行使税收强制执行权的模式也可避免税务机关滥用撤销权。事实上,将撤销权引入执行程序的方案已有人初步提出,[2]只是未获得广泛关注与普遍接受。

基于以上论述,笔者认为,在人民法院行使税收撤销权时,可以增加无偿转让财产前提下税务机关行使税收撤销权的诉讼的前置程序。在步入申请人民法院强制执行阶段后,纳税人无可供执行的财产而实施无偿转让财产行为的,经税务机关向人民法院提出申请后,可由人民法院向纳税人及受益人说明其行为可能构成可撤销行为,若经实质性认定,纳税人将承担相关行政责任与刑事责任。[3] 若纳税人与受益人未提出异议,则税务机关可径行申请人民法院追加转让财产为执行财产。同时,由于当前交易性质的复杂性,有些看似无偿的交易有可能为纳税人带来长远的经济利益,因此应当赋予纳税人与受益人提出异议的权利。当纳税人或受益人提出异议,税务机关则必须选择以诉讼方式行使税收撤销权。而在纳税人有偿转让财产的场合,由于法官需要通过纳税人与受益人行为等多种情况判断其主观状态,不得绕开诉讼程序,即不可牺牲公平价值以提高税款征收效率,不得采取诉讼的前置程序。

---

[1] 参见姚子健:《论我国税务机关准司法权的重塑与再造》,北京大学2021年硕士学位论文,第29~41页。

[2] 详细讨论,参见董军、谭泽泓:《民事执行中追加被执行人财产之制度构建——以债权人撤销权为理论基础》,载胡云腾主编:《法院改革与民商事审判问题研究——全国法院第29届学术讨论会获奖论文集》(上册),人民法院出版社2018年版,第714页。

[3] 根据《税收征收管理法》第50条第2款之规定,税务机关行使代位权、撤销权的,不免除欠缴税款的纳税人尚未履行的纳税义务和应承担的法律责任。另外,如前所述,《税收征收管理法》第65条规定了纳税人恶意欠税的行政责任,致使税务机关无法追回财产的,还可能构成《刑法》第203条规定的逃避追缴欠税罪。

五、《民法典》背景下税收撤销权的构成要件与法律效力

(一)从"依照"适用性规范到准用性规范

《税收征收管理法》第50条规定,当纳税人出现相关行为危及国家税收时,税务机关可以依照原《合同法》第74条的规定行使撤销权。法律条文运用的概念用语系"依照",本质上该法条其实并不属于准用性规范。依据法律适用的三段论方法,准用性规范系将针对事实a适用的法律A,适用于与a具有相似性但又有差别的b事实的法条。[1] 准用性规范强调变通适用,需执法者加以价值判断与裁量选择。而"依照适用"规范则表明法律适用者需直接依据相关法律条文办理,强调适用方法的完全复制,不加变通。适用者与被适用者的行为模式与法律后果可完全等同视之。[2] 由此可见,我国《税收征收管理法》第50条规定的税收撤销权法律制度是一种忽略了税收之债与普通债权差异性,完全照搬的"依照—适用"规范。

近年来,公法之债已日益强调平等性,但这并不意味着公法之债与普通债权债务关系可以等而视之。债权人的撤销权作为债权人应对债务人诈害债权之手段,在税收征管领域也成为税务机关对抗纳税人诈害税收之债的手段。但税收之债的产生、变更、消灭与违约均与普通债权有所不同,税务机关甚至可能对债务的发生毫不知情,由此导致诈害税收之债与诈害普通债权的构成要件的差异性。因此,有必要对税务机关税收撤销权的构成要件加以重塑与再造,不能完全"依照"《民法典》的适用性规范,而必须把握税收征管的特殊之处,以税务机关与纳税人之间的公法之债为基本出发点展开分析,构建参考《民法典》规定但又保持税法特性的准用性规范。此种立法方式可达成提高立法效率,追求税制简明之目的,并可对纳税人与税务机关形成明确的法律指引,确保税务机关与人民法院法律适用的准确与适当。

准用性法条是基于弱式类比推理设定的,[3] 准用性规则与同样属于类比推理方法项下的"类推适用"存在相似之处,均为关联性思维的具体体现。如同

---

[1] 参见[日]林修三:《法令用语的常识》,日本评论社1994年版,第25页。

[2] 参见刘风景:《准用性法条设置的理据与方法》,载《法商研究》2015年第5期。

[3] 参见刘风景:《准用性法条设置的理据与方法》,载《法商研究》2015年第5期。

“参引”可以进一步区分为“法律参引”与“法律效果参引”一般,[1]准用性法条的适用不仅需要法律效果的类比,更需要规范事实构成方面的类比。税收撤销权法律制度的具体适用,需要将税收之债的撤销事实与普通民事债权的撤销事实加以类比,把握公法之债本身的特性,尤其需要注意税法本身设置的其他特殊规定产生的对撤销权构成要件的影响。此外,还需要将税收之债撤销的法律后果与普通民事债权的撤销后果加以类比,明确税收撤销权的法律效力。

(二)纳税人可撤销行为的认定

关于纳税人可撤销行为的认定,同样应当区分有偿处分财产与无偿处分财产的情形。依据我国《民法典》第538条之规定,[2]当纳税人存在放弃债权、放弃债权担保、无偿转让财产、恶意延长到期债权履行期限等行为,导致纳税期限届满后纳税人无足够责任财产从而危害税收债权时,税务机关可以行使撤销权。其中,恶意延长到期债权指向的是纳税人的恶意,更加关注延长债务导致的税收之债无法清偿的结果,而非构成认定撤销权是否行使的主观要件。同理,关于纳税人放弃债权担保的情形,属于“结果犯”,而非“行为犯”,同样需考察纳税人放弃担保的行为是否导致税收之债无法实现的后果。

根据我国《民法典》第539条之规定,[3]有偿转让财产的行为主要包括以明显不合理的低价转让财产、以明显不合理的高价受让他人财产或者为他人的债务提供担保。有关明显不合理的低价的认定应当依纳税人与受益人之间的合意,而非依交易物的客观价值。纳税人以其他方式减少责任财产损害税收之债的行为同样可能成为撤销权的对象。[4] 而有关纳税人为他人债务提供担保的行为,依据《民法典》新增之规定,在税收领域需特别关注税收优先权的存在。根据《税收

---

[1] 参见张弓长:《〈民法典〉中的“参照适用”》,载《清华法学》2020年第4期。

[2] 《民法典》第538条规定:“债务人以放弃其债权、放弃债权担保、无偿转让财产等方式无偿处分财产权益,或者恶意延长其到期债权的履行期限,影响债权人的债权实现的,债权人可以请求人民法院撤销债务人的行为。”

[3] 《民法典》第539条规定:“债务人以明显不合理的低价转让财产、以明显不合理的高价受让他人财产或者为他人的债务提供担保,影响债权人的债权实现,债务人的相对人知道或者应当知道该情形的,债权人可以请求人民法院撤销债务人的行为。”

[4] 参见崔建远:《论债权人撤销权的构成》,载《清华法学》2020年第3期。

征收管理法》第45条第1款之规定,[1]欠税后设定的抵押权、质权与留置权无法优先于税收之债,此时纳税人设定担保的行为其实无须撤销,税收之债可得优先受偿。然而,由于欠税公告制度功能的局限性,担保物权人实际上很难知悉纳税人的欠税情况。对此,有学者提出,取消一般性税收优先权,仅保留费用性税收优先权。[2] 若取消税收优先权,则纳税人欠税后对外设定的、危害税收之债实现的担保行为,在满足纳税人与受益人主观恶意的前提下,应当属于可撤销行为。

(三)有偿转让财产时纳税人与受益人主观要件的认定

有偿转让财产时,即以明显不合理的低价转让财产、以明显不合理的高价受让他人财产或者为他人的债务提供担保的情况下,按照《民法典》的规定,需要考察债务人与受益人的主观状态。其中债务人的恶意系指其实施诈害行为属于"明知",即债务人知晓其行为可能增加其无资力状态。[3] 具体到税收撤销权,可从纳税人在不同阶段的各种行为状态考察其主观情况。举例而言,当纳税人在偷、逃税行为后实施可撤销行为导致无资力状态被税务机关发现时,可以推定为纳税人恶意。偷、逃税行为本身具有欺诈性,在实施不进行纳税申报或进行虚假纳税申报的逃税行为后又实施可撤销行为,则可撤销行为将与偷逃税行为产生牵连性,从而可以认定纳税人的主观恶意。又如,我国《税收征收管理法》第49条规定,[4]欠缴税款数额较大的纳税人负有报告财产变动的法定义务,欠税后税务机关也会告知欠缴税款数额较大的纳税人需及时告知财产变动情况,若纳税人擅自处置财产,自然可以推定其主观恶意。值得说明的是,不可以仅凭纳税期限已届至且纳税人实施可撤销行为导致无资力状态简单推定纳税人恶意,否则将导致忽略对纳税人主观恶意构成要件的考察。但要求税务机关证明纳税人存在主观恶意确实强人所难,因此应由纳税人举示相关证据,证明其转让财产时尚相信自己拥有足够责任财产承担纳税义务,从而否定主观要件以阻止税收

---

[1] 《税收征收管理法》第45条第1款规定:"税务机关征收税款,税收优先于无担保债权,法律另有规定的除外;纳税人欠缴的税款发生在纳税人以其财产设定抵押、质押或者纳税人的财产被留置之前的,税收应当先于抵押权、质权、留置权执行。"

[2] 参见熊伟、王宗涛:《中国税收优先权制度的存废之辩》,载《法学评论》2013年第2期。

[3] 参见崔建远:《论债权人撤销权的构成》,载《清华法学》2020年第3期。

[4] 根据《税收征收管理法》第49条之规定,欠缴税款数额较大的纳税人在处分其不动产或者大额资产之前负有向税务机关报告的义务。

撤销权。当然,是否真正拥有足够责任财产系"阻碍债权实现构成要件"所需考察的内容。

受益人恶意的主观状态在《民法典》中被概括为"知道或应当知道",与原《合同法》第74条相比,增加了"应当知道"之情形,也就是说《民法典》扩大了受益人主观恶意状态认定的范围。有关受益人的恶意,应当要求受益人主观上知道或应当知道纳税人的有偿转让行为影响了税收之债的实现。如前所述,我国虽然存在欠税公告制度,但目前仍不可寄希望于欠税公告制度使受益人了解纳税人的情况。"应当知道"系存在客观上知道的条件与可能,欠税公告制度的确提供了受益人知晓纳税人欠税状态的条件与可能,但其影响力太过局限,而撤销权的后果又太过严重,税务机关单纯以欠税公告为证据认定受益人满足"应当知道"之要件未免有些武断。

要解决这一问题,一方面,需要通过普法以提升纳税人的纳税意识。在正常的民事交易过程中,交易双方往往仅关注本次交易的纳税义务,很少过问对方的税务情况。纳税意识的深入,需要税务机关的引导,如通过税务机关提醒交易双方主动提供或者了解彼此的税务情况等。另一方面,需对相关税收法律制度加以完善,提升税收法治建设水平,努力使交易方的税务状况逐渐成为影响交易成功与否的重要因素。目前,可以考虑将欠税公告转换为司法公告的方式,确保纳税人的欠税行为可为其他交易人广泛知晓。

(四)阻碍债权实现构成要件的认定

在撤销权诉讼中,要认定债务人的行为影响债权实现,需要从财产、时空、交易方式等多种角度出发。[1] 在税收撤销权的行使过程中,要认定阻碍债权实现的构成要件,同样需要关注多种因素。

如前所述,按照税收撤销权行使的不同阶段,阻碍债权实现构成要件的认定亦有所不同。当纳税期限尚未届至时,税务机关行使税收撤销权需考察纳税人的财产状况。此时纳税人也应承担一部分举证责任,即证明自身存在可清偿税收之债的其他财产。[2] 而在纳税期限已届至时,不可简单以纳税人不履行纳税义务为由认定其行为阻碍债权实现而行使税收撤销权。因纳税人不履行纳税义务可能并非因其无资力造成,而是由其主观不愿履行所致,此时应由税收强制执

〔1〕 参见崔建远:《论债权人撤销权的构成》,载《清华法学》2020年第3期。
〔2〕 参见熊伟、王华:《论税收撤销权中的第三人利益保护》,载《法学评论》2005年第1期。

行解决而不得径行行使税收撤销权。基于以上分析，在纳税期限已届至时，仍需区分是否启动税收强制执行程序。在尚未启动税收强制执行程序时，需考察纳税人是否处于无资力状态；在已启动税收强制执行程序时，如纳税人无可供执行的责任财产，则其一定满足阻碍债权实现的构成要件。

需要说明的是，税务机关行使税收撤销权的时间与纳税人处分财产的时间可能存在时间差。在纳税人出现可撤销行为时，税务机关往往不会径行选择行使税收撤销权，而是倾向采取纳税担保、责令限期纳税、税收强制执行措施等手段。而认定纳税人构成无资力情况的时间点应当与纳税人实施可撤销行为的时间点相互重叠。若纳税人存在可撤销行为时尚未处于无资力状态，后续在保全、强制执行过程中发现纳税人存在足够的责任财产时，税务机关行使税收撤销权的基础即已丧失。此时，纳税人不履行纳税义务系出于其主观上的不愿履行而非客观上的不能履行，应通过强制执行的方式完成税款的征收。若纳税人存在可撤销行为时未处于无资力状态，后续经税务机关责令限期纳税，纳税人仍不纳税，后又采取税收强制执行措施才发现纳税人无可供执行财产的，不可认定为纳税人的行为阻碍债权实现，因为纳税人实施可撤销行为的时间节点并非税务机关考察纳税人财产情况的时间点。由于经历了责令纳税与税收强制执行期间，税务机关考察纳税人资力状态的难度增大。即使可以认定，撤销权也可能无法发挥应有作用，因为受益人很有可能已将纳税人财产再行处分，而后续受让人已善意取得了撤销权标的。以上也反映出不同法律制度安排之间功能的差异，进一步说明了税收撤销权的独特制度禀赋和行使策略：行使税收撤销权不宜过于保守，当用则用。

除上述基本构成要件外，根据《民法典》第540条之规定，撤销权的行使范围仅限于债权人的债权。另根据该法第541条之规定，撤销权需要满足一定的期限要求。同样税务机关行使税收撤销权也应满足撤销范围与期限的要求。

（五）行使税收撤销权的法律效力

《民法典》第542条规定，债务人影响债权人的债权实现的行为被撤销的，自始没有法律约束力。然而，此处的“没有法律约束力”仍有必要深究。

债权人撤销权并未突破债权的相对性，债权人基于欺诈性转让而行使撤销权的法律效果应被界定为“对债权人没有法律效力”，而并非否认债务人与受益人间的法律关系，也就是说，撤销权的行使并不导致债务人与受益人之间的负担行为无效。[1] 将债权人撤销权的法律效力理解为对债权人没有法律效力具有重要意义,本质上体现了撤销权在维护债权人权益的同时也需促进正常交易的自由,防止撤销权对民事交易产生过分的掣肘。

税收撤销权行使达成的法律效果同样适用《民法典》第 542 条之规定。税务机关行使税收撤销权后,仅仅是纳税人与受益人间的行为对税务机关不产生法律效力,税务机关仍有权要求纳税人以其转让的财产清偿税收债务。但纳税人与受益人间的法律关系依旧成立。如否认纳税人与受益人间的法律关系,当税务机关行使税收撤销权时,受益人不得请求纳税人赔偿或在后续纳税人履行能力恢复后继续履行合同,会导致受益人的合法权益受损。将税收撤销权的法律效力定位为撤销后对税务机关不发生法律效力,可以进一步强化对受益人合法权益的保护,从而将税收撤销权行使带来的负面影响降至最低。此外,需要注意,根据我国《民法典》第 311 条之规定,当受益人将纳税人转让的撤销权标的再行转让给其他受让人,满足善意取得的构成要件的,税务机关将无权请求财产的最终受让人返还财产以清偿税收之债。

六、总　　结

目前,我国税收撤销权法律制度的适用频率偏低,这是由多种原因造成的,其核心因素是对税收法律关系的特征把握不当。将债权人撤销权引入税收领域是由税收征纳实体关系中纳税人与税务机关间的公法之债法律关系所致。然而税收之债与普通债权存在较大差异,税务机关、纳税人与人民法院之间的法律关系亦尚存不清晰之处,需进一步厘清其与相关税款征收保障制度间的关系。《民法典》规定的债权人撤销权制度,可为税收撤销权的行使提供法律依据。本文结合税收之债的特殊性分析了税收撤销权的构成要件,旨在为税务机关行使税收撤销权与人民法院的法律适用扫清障碍,并指引纳税人合法处分自身财产,从而进一步保障税款的征收,维护公民合法的财产权益。

---

〔1〕 参见许德风:《民法典中的债权人撤销权行使的法律效果》,载《人民法院报》2020 年 7 月 30 日,第 6 版。

实务评注

非法代开增值税专用发票案件的定性

李　萃*

摘　要：对基于真实交易代开增值税专用发票的行为，各地税务部门和司法机关在执法、司法过程中，出现了同类案件定性不一，处罚畸轻畸重，甚至是罪与非罪的悬殊差别。本文结合增值税“价外税”的特点和增值税计税原理的底层逻辑，选取近几年司法判例，通过对比分析的方法，揭示了销售方和购买方纳税人让他人为自己代开增值税专用发票，以及挂靠经营方式下代开发票行为的社会危害性。在此基础上，深入分析了现行法律文件中有关非法代开增值税专用发票的规定存在的问题，并就如何完善提出建议。

关键词：增值税专用发票；代开发票；挂靠；如实代开

一、关于非法代开发票的基本法律问题

（一）非法代开发票之概念界定

《发票管理办法》第16条规定：“需要临时使用发票的单位和个人，可以凭购销商品、提供或者接受服务以及从事其他经营活动的书面证明、经办人身份证明，直接向经营地税务机关申请代开发票。依照税收法律、行政法规规定应当缴纳税款的，税务机关应当先征收税款，再开具发票。税务机关根据发票管理的需要，可以按照国务院税务主管部门的规定委托其他单位代开发票。禁止非法代开发票。”第24条规定：“任何单位和个人不得转借、转让、代开发票。”可见，只有税务机关和受税务机关委托的单位才可依法代开发票，其他任何单位和个人都不得代开发票。换言之，除税务机关和受税务机关委托的单位以外，其他任何单位和个人代为开具发票的行为均属违法行为。

同时，依据《发票管理办法》第22条规定：“任何单位和个人不得有下列虚开发票行为：（一）为他人、为自己开具与实际经营业务情况不符的发票；（二）让

* 国家税务总局河北省税务局信息中心副主任，法学硕士。

他人为自己开具与实际经营业务情况不符的发票;(三)介绍他人开具与实际经营业务情况不符的发票。”其中的“与实际经营业务不符”,根据最高人民法院司法解释,[1]是指“数量或者金额不实”;开票主体与销货主体不符则属于“让他人为自己代开发票”之情形。

本文认为,“非法代开发票”,是指行为人进行了实际经营活动,但让未经税务机关授权的其他单位和个人代为开具发票,所开发票除购、销方主体不符合真实情况外,其他方面诸如货物品名、数量、价格等均属实的行为。或者说,非法代开发票本身亦包含主体非法但数量金额“如实”两方面的含义。[2]

(二)非法代开发票之增值税纳税分析

当前,理论和实务界部分观点认为在非法代开发票案件中,尽管开票方不是真正的销售方,但开票方据实代开发票并申报纳税,并未造成国家税款流失。这种观点值得商榷。本文从增值税计税原理分析如下:

增值税是以应税货物、劳务、服务流转过程中的增值额为计税依据而征收的流转税。在“以票控税”的背景下,增值税实行税款抵扣制度,计算本环节应纳增值税时,对前一交易环节已纳增值税予以抵扣,税款随着货物的销售逐环节转移,最终由消费者承担全部税款(见图1,以13%的适用税率为例)。从图1可见,每一流转环节所对应的增值税均通过“增值税专用发票”这一载体记录,并向下一个流通环节传递。在此过程中,增值税专用发票具有双重身份、发挥多重作用,[3]既是记录销售方当期应申报增值税款的销项发票(记账联),又是购买方未来据以认证抵扣的进项发票(抵扣联)。

---

[1] 根据最高人民法院《关于适用〈全国人民代表大会常务委员会关于惩治虚开、伪造和非法出售增值税专用发票犯罪的决定〉的若干问题的解释》第1条之规定,具有下列行为之一的,属于“虚开增值税专用发票”:(1)没有货物购销或者没有提供或接受应税劳务而为他人、为自己、让他人为自己、介绍他人开具增值税专用发票;(2)有货物购销或者提供或接受了应税劳务但为他人、为自己、让他人为自己、介绍他人开具数量或者金额不实的增值税专用发票;(3)进行了实际经营活动,但让他人为自己代开增值税专用发票。

[2] 参见董飞武:《“加实代开”增值税专用发票行为入罪问题研究》,载《税务与经济》2019年第6期。

[3] 增值税专用发票基本联次为三联,发票具有复写功能,一次开具,三联的内容一致。第一联是记账联,是销货方的记账凭证,即销货方作为销售货物的原始凭证,在票面上的“税额”指的是“销项税额”,“金额”是指销售货物的“不含税金额价格”;第二联是抵扣联,购货方作为扣税凭证;第三联是发票联,购货方作为付款的记账凭证。

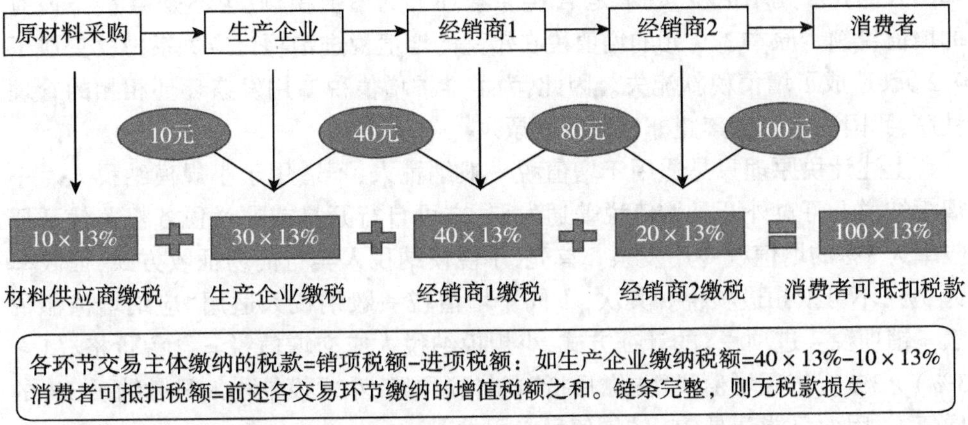

图1　增值税流转各环节交易主体缴纳的税款

根据增值税价外税的特性，经销商1实际应向生产企业支付45.2元，其中40元是原材料成交价格；5.2元（40×13%＝5.2）是价外增值税额。对生产企业来说，5.2元是其应当申报的增值税销项税；对经销商1来说，5.2元是其取得的可认证抵扣的增值税进项税。究其实质是流转环节增值税"先交后抵"，即经销商1把5.2元的进项税（连同原材料价款）先交给生产企业，由生产企业办理纳税申报（销项税），而后经销商1计算其自身应纳增值税时，再从当期销项税额中抵扣前期交给生产企业的5.2元进项税。

按此道理，计算生产企业当期应纳增值税＝当期销项税额－当期进项税额，即5.2－1.3＝3.9元，正是生产企业该应税项目实现增值额30元的应纳税款，30×13%＝3.9元。理论上，1.3元的进项税与5.2元销项税必须对应同一个应税项目，唯此3.9元才是该应税项目的增值税额[1]（假定该增值税链条为A）。

如果允许第三方代替生产企业为经销商1开具5.2元的增值税专用发票，相当于把另一增值税链条（假定该增值税链条为B）上的5.2元增值税纳入A链条，而5.2元在B链条上本无对应的进项税，但第三方拥有其他应税项目形成的留抵税额或进项税额（暂不讨论其进项税额的合法性），假设是5元，那么计

〔1〕在实际操作中，由于纳税人的生产经营是持续进项的，销售和购进都是滚动计算，无法做到应税项目的逐一对应匹配。但这种差异只是时间性差异，从一个完整的经营周期来看，全部应税项目的进、销项总额是对应匹配的。

算出来的0.2元增值税,既不是A链条该环节的增值税额,也不是B链条该有的增值税额。原本3.9元的增值税在错乱的增值税进销项对应关系中就变成了0.2元,造成了增值税款流失。因此,为了维护增值税专用发票环环相扣的管理秩序,我国法律明确禁止非法代开发票。

上述计税原理只是适用于增值税一般纳税人,不适用于小规模纳税人。小规模纳税人可对外开具增值税普通发票,亦可自行开具或通过税务机关代开征收率为3%的增值税专用发票。首先,小规模纳税人实行简易征收方式,征收率为3%,不可抵扣进项税。其次,不同于增值税一般纳税人适用“应纳增值额税额=销项税-进项税”的计征方式,小规模纳税人应交增值税=含税价格/(1+3%)×3%。依照增值税“先缴后抵”的计税原则,小规模纳税人只缴纳了3%的增值税,因而只能开具3%的增值税专用发票。

(三)非法代开发票的法律定性及法律责任

《发票管理办法》第37条规定:“违反本办法第二十二条第二款的规定虚开发票的,由税务机关没收违法所得;虚开金额在1万元以下的,可以并处5万元以下的罚款;虚开金额超过1万元的,并处5万元以上50万元以下的罚款;构成犯罪的,依法追究刑事责任。非法代开发票的,依照前款规定处罚。”根据这一规定,至少在行政法意义上,据实代开发票只是在处断上依照虚开发票处罚,但并不意味着其性质等同虚开发票。

但依据1996年最高人民法院发布的《关于适用〈全国人民代表大会常务委员会关于惩治虚开、伪造和非法出售增值税专用发票犯罪的决定〉的若干问题的解释》之规定,进行了实际经营活动,但让他人为自己代开增值税专用发票属于虚开增值税专用发票。虚开增值税专用发票,涉案税款数额达到5万元以上的,应当依法定罪处罚。

按照现有法律、法规,代开增值税专用发票虽在法律条文表述上有别于虚开增值税专用发票,但两者承担的法律后果和法律责任是一致的。值得注意的是,该司法解释未明确说明“让他人为自己代开增值税专用发票”是对“他人”定性为虚开,还是将“自己”定性为虚开,抑或是两者都认定为虚开。从字面来看,似乎只涉及“他人”和“自己”两个主体,但在实践中,由于“自己”既可以是购买方,又可以是销售方,因此在市场交易过程中可能进一步分解为三类主体,即购买方、销售方和代开票方。[1] 根据笔者搜集的近几年"让他人为自己代开增值税专用发票案件"来看,法院所作出的裁决大多是针对从事了实际经营业务的购买方和销售方,而购买方和销售方的罪名及法律责任又直接影响着代开票方。接下来,本文将尝试从"销售方"和"购买方"两个角度,对"让他人为自己代开增值税专用发票"的案件进行评析。至于"代开票方"的行为定性及法律责任往往受制于实际从事经营的"销售方"和"购买方",且其开票后一般都会办理纳税申报,难以直接对其实施行政处理、处罚,在司法实务中亦鲜见直接追究代开票方法律责任的案例。

二、销售方让他人为自己代开增值税专用发票案例评析

(一)案例简述

案例1 "张某强虚开增值税专用发票案"(2018 年 12 月 4 日,最高人民法院对外发布的第二批保护产权和企业家合法权益 6 个典型案例之一)

2004 年,张某强与他人合伙成立个体企业某龙骨厂,张某强负责生产经营活动。因某龙骨厂系小规模纳税人,无法为购货单位开具增值税专用发票,张某强遂以他人开办的鑫源公司名义对外签订销售合同。2006 ~ 2007 年,张某强先后与 6 家公司签订轻钢龙骨销售合同,购货单位均将货款汇入鑫源公司账户,鑫源公司共为上述 6 家公司开具增值税专用发票共计 53 张,价税合计 4,457,701.36 元,税额 647,700.18 元。基于以上事实,某州市人民检察院指控张某强犯虚开增值税专用发票罪。某州市人民法院一审认定张某强构成虚开增值税专用发票罪,在法定刑以下判处张某强有期徒刑 3 年,缓刑 5 年,并处罚金人民币 5 万元。

张某强在法定期限内没有上诉,检察院未抗诉。某州市人民法院依法逐级报请最高人民法院核准。最高人民法院经复核认为,张某强以其他单位名义对

[1] 本文所称购买方、销售方和代开票方,都是基于特定交易环境相对而言的,其中购买方、销售方均是从事实际经营的销售方和购买方,开票方是名义上或形式上的销售方。主张这种分类的主要考虑是:判定某一主体的法律责任,应基于该主体实施的行为及后果,条分缕析逐一判断。脱离具体交易环境,泛泛讨论某一主体整个经营过程中增值税发票的进项抵扣、销项申报等问题,不利于发现其中隐藏的税收问题,也不利于有针对性地解决问题。这也是当前一些观点认为,只要代开的发票进行了纳税申报,就没有造成税款损失的原因之一。

外签订销售合同,由该单位收取货款、开具增值税专用发票,不具有骗取国家税款之目的,未造成国家税款损失,其行为不构成虚开增值税专用发票罪,某州市人民法院认定张某强构成虚开增值税专用发票罪属适用法律错误。据此,最高人民法院裁定:不核准并撤销某州市人民法院一审刑事判决,将该案发回重审。该案经某州市人民法院重审后,依法宣告张某强无罪。

案例2 四川省广元市利州区人民法院刑事判决书,(2019)川0802刑初4号

李某刚系西弘服务部业主,该服务部为小规模纳税人,其先后与新广兴物流、广元中铝、国大公司建立货物运输关系,成为3家公司的货运承揽人。后因国家实行"营改增"改革,上述3家公司于2016年年初要求李某刚为3家公司开具税率为11%的货物运输业增值税专用发票。因西弘服务部属于小规模纳税人,不能开具税率为11%的增值税专用发票,李某刚为继续承揽上述3家公司的货运业务,便找到中间人徐某英帮助其提供增值税专用发票用于结算运费。经联系,徐某英帮忙促成文波物流公司(一般纳税人)向新广兴物流、广元中铝、国大公司开具税率为11%的货物运输业增值税专用发票,由李某刚向文波物流交纳票面金额7%的管理费,中间人徐某英按票面金额的0.5%(含在7%中)提取介绍费。之后李某刚与3家托运单位发生实际运输业务,需要结算运费时,李某刚每次将受票单位名称、日期、金额、纳税人识别代码等信息通过手机发送给徐某英,文波物流将开好的增值税专用发票、委托李某刚向托运人收取运费的委托书及文波物流和新广兴物流签订的公路运输合同(文波物流和广元中铝、国大公司之间未签订书面公路运输合同)通过邮寄的方式交给李某刚。李某刚再将税率为11%的货物运输业增值税专用发票等手续交到上述3家托运单位结算运费,托运单位依据文波物流出具的委托书将运输费直接支付给李某刚。文波物流为上述3家公司开具增值税专用发票19份,价税合计1,137,691.56元,上述3家托运单位收到上述增值税专用发票后,已申报抵扣税额125,146.06元。

法院认为,根据文波物流与新广兴物流签订的合同,结合当事人供述和证人证言,认为李某刚与文波物流已达成口头协议,双方形成了挂靠和被挂靠关系。李某刚对此不承担刑事责任,中间人徐某英也不承担刑事责任。文波物流与国大公司、广元中铝均未签订运输合同,说明李某刚与上述两家公司的运输业务均以自己的名义进行,李某刚仅在结账时让文波物流代开了增值税专用发票,二者

关系属于代开增值税专用发票关系,不属于挂靠关系,李某刚的西弘服务部应作为纳税人向国家纳税。

法院判决:李某刚违反国家对增值税专用发票管理规定,非法购买增值税专用发票,票面金额累计超过10万元,其行为构成非法购买增值税专用发票罪,判处有期徒刑7个月,宣告缓刑1年,并处罚金人民币6万元;徐某英协助李某刚非法购买增值税专用发票,应当以非法购买增值税专用发票罪共犯论处,判处拘役5个月,宣告缓刑6个月,并处罚金人民币5万元。

(二)案例评析

自2013年全国范围内推行"营改增"试点以来,卖方让第三方代开发票的案件呈现爆发式增长态势。在执法实践中对此类案件的定性处理一直存在较大争议。最高人民法院曾就公安部经侦局提出的《关于如何认定以"挂靠"有关公司名义实施经营活动并让有关公司为自己虚开增值税专用发票行为的性质》进行复函(法研〔2015〕58号,[1]以下简称法研〔2015〕58号复函)。该复函以是否存在挂靠关系为标准,将代开增值税专用发票行为分为两种类型,分别给出了不同的指导意见:存在"挂靠"关系的代开发票行为不具有行政违法性,当然无罪;不存在挂靠关系的代开发票行为,具有行政违法性,但是否应入罪,要结合行为人是否以骗取抵扣税款为目的,是否造成税款损失的结果,判断是否构成虚开增值税专用发票罪;符合逃税罪等其他犯罪构成条件的,可以其他犯罪论处。

案例1便是最高人民法院基于该复函意见进行的一次司法实践。案例2李某刚以新广兴物流公司名义对外签订销售合同,收取货款、开具增值税专用发票,其交易过程中合同流、资金流、发票流完全一致,法院认为被告人和开票方在事实上形成了挂靠关系或口头上达成了挂靠合意,属于合法行为;而李某刚让国大公司、广元中铝代开发票时,没有以国大公司、广元中铝的名义对外签订合同,因而李某刚和开票方之间没有形成挂靠关系,属于非法买卖发票。抛开两案件

〔1〕 法研〔2015〕58号复函的主要内容如下:(1)挂靠方以挂靠形式向受票方实际销售货物,被挂靠方向受票方开具增值税专用发票的,不属于《刑法》第205条规定的"虚开增值税专用发票"。(2)行为人利用他人的名义从事经营活动,并以他人名义开具增值税专用发票的,即便行为人与该他人之间不存在挂靠关系,但如行为人进行了实际的经营活动,主观上并无骗取抵扣税款的故意,客观上也未造成国家增值税款损失的,不宜认定为《刑法》第205条规定的"虚开增值税专用发票";符合逃税罪等其他犯罪构成条件的,可以其他犯罪论处。

被告人在法律形式方面的差异,其业务本质完全一致,即两案件被告人经营的企业均是小规模纳税人,无法开具增值税专用发票,下游客户又以开具17%或11%税率的增值税专用发票作为缔约条件,以致两案件被告人“不得不”让第三方为自己代开增值税专用发票。之所以判决结果截然不同,原因在于两案件被告人在交易过程中是否以开票方的名义对外签订销售合同、收取货款、开具增值税专用发票,即是否符合“三流一致”。

笔者认为,这种观点过于强调交易的外在法律形式,却忽视了业务实质。

其一,在法律形式方面,目前,我国法律尚未对何为“挂靠经营”以及如何判定“存在挂靠关系”作出规定。法院直接援引复函,以是否存在挂靠关系为标准划分罪与非罪,缺乏确定性、规范性和可操作性。与新广兴物流公司为李某刚代开发票相比,国大公司、广元中铝为李某刚代开发票,仅缺少一个书面运输合同,其他方面完全一致。法院判决李某刚和国大公司、广元中铝分别构成非法购买、出售增值税专用发票罪,是否符合罪责刑相适应原则值得商榷。

其二,在业务实质方面,无论法律形式上是否“三流一致”,应该重点分析上述代开发票行为是否在实质上造成了国家税款损失。案例2中,公诉机关认为,被挂靠方文波物流公司代开发票是为赚取开票手续费(服务费),其缴纳销项税时必然会骗取抵扣税款而导致税收流失。但法院未予采纳,理由如下:“文波物流在缴纳销项税时是否使用进项税予以抵扣以及进项税是否存在虚开而导致税收流失,公诉机关未举出证据证实。即使文波物流存在骗税行为,也要审查是什么原因导致,是否与该案被告人具有关联性,公诉机关以一般纳税人应当纳税的标准衡量非一般纳税人被告人李某刚,据以判断李某刚在与新广兴物流的交易中导致了11%的增值税流失的理由显然不能成立。”这说明公诉机关亦认为,存在挂靠关系的文波物流公司为李某刚代开增值税专用发票,会造成税款损失,只是这种损失难以取证。

案例1的案情相对简明,且是最高人民法院发布的指导案例,笔者以此为例,分析税款损失以及与被告人的关联性。

张某强以鑫源公司名义开展业务,鑫源公司为其代开17%税率的增值税专用发票。张某强支付8%左右的开票手续费,如不考虑进项抵扣,鑫源公司至少将会承担9%的税率差损失,这显然不符合市场经济规律。那么,唯一合理的解释就是,鑫源公司以其自身合法或非法取得的进项税冲抵销项税,使9%的税率差额至少被冲抵为零,才可能从中获利。实际上,鑫源公司确有足够的进项税,冲抵了17%的销项税,而这部分进项税与张某强所售货物无任何关联性。这相当于某产品购入时本身不可能取得进项税,于是用其他产品的进项税冲抵,该产品的增值税额计算永久处于错配状态,在增值税抵扣链条上形成了一个无法弥补的"漏洞"。按照现行规定,[1]张某强以鑫源公司名义对外经营,已通过鑫源公司申报缴纳增值税,不再负有增值税纳税义务,下游客户取得鑫源公司代开的增值税进项发票后可据此抵扣17%的进项税。

可见,对于张某强经营的龙骨厂所实现的增值额,张某强和鑫源公司实际上都没有履行增值税的纳税义务,反而为下游客户提供了17%税率的抵扣税额。

上述原理分析虽能证明存在税款损失,却难以取得证据,这是因为:(1)"漏洞"随着纳税人的认证、抵扣周期滚动计算,难以标识;(2)不能准确区分到底是张某强,还是鑫源公司,抑或是两者共同的责任导致税款损失。按照刑事审判的疑罪从无原则,尽管该行为不构成犯罪,但不宜否定其行政违法性,两案被告人让他人为自己代开增值税专用发票的行为理应受到行政处罚。

三、购买方让他人为自己代开增值税专用发票案例评析

(一)案例简述

案例3　江苏省泰州市中级人民法院刑事判决书,(2015)泰中刑二终字第00150号

南京阳山公司(以下简称阳山公司)从农户手中购买原材料石英石,无法取得原材料进项增值税专用发票,该公司总经理杜某中便与罗某春商定,由罗某春注册成立两个贸易公司为其提供增值税专用发票用以抵扣。发票开具及货款支付流程如下:阳山公司陈某丙根据杜某中安排,向农户采购石英石。罗某春根据杜某中告知的采购价格、吨数拟定买卖合同并开具发票,盖好章传真给杜某中。杜某中收到发票后,根据合同、发票金额打款给罗某春的两家公司,罗某春收到

---

〔1〕财政部、国家税务总局《关于全面推开营业税改征增值税试点的通知》中附件1《营业税改征增值税试点实施办法》第2条规定:"单位以承包、承租、挂靠方式经营的,承包人、承租人、挂靠人(以下统称承包人)以发包人、出租人、被挂靠人(以下统称发包人)名义对外经营并由发包人承担相关法律责任的,以该发包人为纳税人。否则,以承包人为纳税人。"

货款后扣除票面金额 14.53% 的“管理费”后,转回至陈某丙,陈某丙支取现金与农户结算。经查,在此期间,罗某春的两个公司分别向杜某中控制的南京阳山等 3 家公司合计开出销售石英石的增值税专用发票 90 份,价税合计人民币 9,222,200 元,税额合计人民币 1,339,977.87 元,这些发票都已申报纳税,阳山公司均已认证抵扣。

一审法院认为,阳山公司与罗某春经营的公司订立了石英石买卖合同,存在石英石货款往来,亦有证人证实陈某丙曾带农户向罗某春公司催要货款,故现有证据不足以认定被告人杜某中的公司与罗某春的公司没有真实业务往来的事实,公诉机关指控虚开增值税专用发票罪事实不清、证据不足。认定杜某中、罗某春及其任职公司均不构成虚开增值税专用发票罪。后公诉机关提出抗诉。

二审法院认为,杜某中让罗某春经营公司代开增值税专用发票的主要目的,是为解决其公司向农户购买石英石无法开具增值税专用发票的问题,且其公司实际向农户采购了与票面记载数量相同的石英石,并按照票面的含税金额支付了货款,故从全案情况来看,存在真实的货物交易,物流、资金流和票据流,三流合一,且现有证据并不能证实杜某中让罗某春开具增值税专用发票的行为给国家税收造成了损失或破坏了国家税收征管秩序,因此杜某中、罗某春及原审被告单位均不构成虚开增值税专用发票罪,一审法院认定事实清楚,但适用法律有误,予以纠正。

案例 4　浙江省绍兴市上虞区人民法院刑事判决书,(2018)浙 0604 刑初 321 号

绍兴金某木业有限公司(直接负责人陈某芬)是经销木材加工的增值税一般纳税人,主要原材料为新木材(占 70%)和旧木材(占 30%),除自己加工家具外,也委托附近的家庭小作坊(个体户或小规模纳税人)代加工家具。由于旧木材和家庭作坊的加工费无法取得进项增值税专用发票,为解决绍兴金某木业有限公司进项税抵扣不足问题,陈某芬通过袁某松介绍(袁某松收取 5% 开票费),自 2015 年 7 月至 2016 年 11 月期间,从安徽省颍上县顺顺木材加工厂等 4 家公司(经安徽当地稽查部门证实均为“空壳公司”)取得增值税专用发票 137 份,合计金额 12,499,388.67 元,税额 2,124,896.03 元,价税合计 14,624,284.7 元。上述增值税专用发票已由绍兴金某木业有限公司于 2015 年 7 月至 2016 年 11 月向税务机关认证抵扣。

陈某芬的辩护人提出，根据法研〔2015〕58号复函[1]精神，该案不是虚开而是代开，代开不应认定为犯罪；同时，提出绍兴金某木业有限公司营业额为3000多万元，木材需求量必定达到1000万元以上，计算少缴税款时应允许倒推出金某木业公司可以抵扣的进项税。

法院认为，绍兴金某木业有限公司在与顺顺木材加工厂等4家公司没有实际货物购销的情况下，让他人虚开增值税专用发票，符合《发票管理办法》第22条及最高人民法院《关于适用〈全国人民代表大会常务委员会关于惩治虚开、伪造和非法出售增值税专用发票犯罪的决定〉的若干问题的解释》第1条之规定，应当认定为虚开。该行政规章和司法解释至今未被有权机关明令废止，且该案既非"挂靠"，也非"利用他人的名义从事经营活动"，辩护人主张该案系"代开"的辩称于法无据，不能成立。

法院判决，陈某芬系绍兴金某木业有限公司直接负责的主管人员，袁某松为他人介绍虚开增值税专用发票，虚开税款数额较大，其行为均已构成虚开增值税专用发票罪，判处被告人陈某芬犯虚开增值税专用发票罪，判处有期徒刑9年；袁某松犯虚开增值税专用发票罪，判处有期徒刑7年6个月，并处罚金人民币40万元。

（二）案例评析

案例3和案例4判决结果有如此悬殊之差异，主要是因为两个法院对"业务

---

〔1〕 最高人民法院研究室在法研〔2015〕58号复函中解释了关于第2条内容的考虑："（1）虚开增值税发票罪的危害实质在于通过虚开行为骗取抵扣税款，对于有实际交易存在的代开行为，如行为人主观上并无骗取抵扣税款的故意，客观上未造成国家增值税款损失的，不宜以虚开增值税专用发票罪论处。虚开增值税专用发票罪的法定最高刑为无期徒刑，系严重犯罪，如将该罪理解为行为犯，只要虚开增值税专用发票，侵犯增值税专用发票管理秩序的，既构成犯罪并要判处重刑，也不符合罪刑责相适应原则。（2）1996年10月17日《关于适用〈全国人民代表大会常务委员会关于惩治虚开、伪造和非法出售增值税专用发票犯罪的决定〉的若干问题的解释》虽然未被废止，但该解释制定于1997年刑法施行前，根据我院《关于认真学习宣传贯彻修订的〈中华人民共和国刑法〉的通知》（法发〔1997〕3号）第五条'修订的刑法实施后，对已明令废止的全国人大常委会有关决定和补充规定，最高人民法院原作出的有关司法解释不再适用，但是如果修订的刑法有关条文实质内容没有变化的，人民法院在刑事审判工作中，在没有新的司法解释前，可参照执行。其他对于与修订的刑法规定相抵触的司法解释，不再适用'的规定，应当根据现行刑法第二百零五条关于虚开增值税专用发票罪的规定，合理选择该解释中可以继续参照适用的条文。其中，该解释中关于'进行了实际经营活动，但让他人为自己代开增值税专用发票'也属于虚开的规定，与虚开增值税专用发票罪的规定不符，不应继续适用；如继续适用该解释的上述规定，则对于挂靠代开案件也要以犯罪论处，显然有失妥当。"

真实性”和“造成税款损失”的违法事实认定不同。

第一,关于业务真实性,在案例3中,法院认为,杜某中的公司实际向农户采购了与票面记载数量相同的石英石,并按票面含税金额支付了货款,物流、资金流和票据流一致。从全案情况来看,存在真实货物交易。案例4中,法院认为,陈某芬的绍兴金某木业公司与为其开具发票的4家安徽企业之间未发生实际经营业务,绍兴金某木业公司从其他农户或家庭作坊购进木材、加工劳务与该案无关。凭绍兴金某木业公司的营业额不能反推出其购进新木的数量,更不能反推出金某木业公司未虚开增值税专用发票的结论。

笔者认为,案例3的认定更合理。判断是否有实际经营业务,不能仅审查开票方和被告人之间是否有实际经营业务,而应该看被告人是否实际购入货物,将购、销方和开票方作为一个完整的交易链条来判定是否有实际业务。

第二,关于税款损失,在案例3中,法院认为,阳山公司按票面含税金额支付了货款,且现有证据并不能证实杜某中让罗某春开具增值税专用发票的行为给国家税收造成了损失。案例4中,法院认为,绍兴金某木业公司让他人为自己虚开增值税专用发票并申报抵扣的进项税额,就是国家流失的税款,且对被告辩护人主张的倒推购进环节进项税的主张不予支持。

但在笔者看来,两案件被告人非法取得增值税专用发票用以抵扣的行为,均造成了国家税款损失,理由如下:其一,两案件被告人从实际供货的农民或个体工商户(小规模纳税人)手中以不含税价格购入原材料,未被代收代缴17%的增值税。按照前述“先缴后抵,不缴不抵”原则,被告人不应抵扣17%的进项税。其二,案例3中罗某春的两家公司是为杜某中的公司开票而专门成立的,实质上就是从事发票业务的“空壳公司”;案例4中的代开发票的4家公司(安徽颍上县)均被当地税务稽查部门证实系“空壳公司”。这类“假企业”即使办理了纳税申报,由于其自身进项税存在虚抵(或虚假申报),在通常情况下增值税税负率几乎为零,而其对外开具增值税专用发票,提供给受票方(被告人)抵扣,将导致国家税款流失。其三,按照现行法律规定,[1]计算造成国家增值税损失的数额不得扣除以购入商品价格倒推核定增值税进项税额,除非是增值税进项税实行

---

〔1〕《增值税暂行条例》第9条规定:“纳税人购进货物、劳务、服务、无形资产、不动产,取得的增值税扣税凭证不符合法律、行政法规或者国务院税务主管部门有关规定的,其进项税额不得从销项税额中抵扣。”

核定扣除办法的纳税人。

通过对以上4个案例的分析可知：无论是买方，还是卖方，让第三方为自己代开增值税专用发票，对税收管理秩序和国家税款的法律影响是基本相同的。但国家税务总局《关于纳税人对外开具增值税专用发票有关问题的公告》（国家税务总局公告2014年第39号，以下简称第39号公告）[1]和最高人民法院法研〔2015〕58号复函排除了"挂靠经营"方式的违法性，解决了卖方让第三方纳税人代开增值税专用发票涉嫌构成虚开增值税专用发票罪的问题，但无法解决买方让第三方为自己代开增值税专用发票涉嫌虚开的问题。笔者认为，在第三方代开发票的业务中，当事人可以通过事前协商的方式，将买方让他人为自己代开增值税专用发票，转变成卖方让他人为自己代开增值税专用发票，进而排除各方当事人的法律风险。例如，在案例3中，阳山公司从农户手中采购石英石时，要求农户必须提供增值税专用发票，并建议农户挂靠在罗某春的两个商贸公司开展石英石销售业务，其他交易形式不变。按照国税总局39号公告，罗某春的两个商贸公司不属于虚开发票，阳山公司取得的增值税进项发票可以抵扣。因此，仅因买卖双方中哪一方主动联系的开票方，就使各方当事人承担的法律后果截然不同，显然违反法律公平公正的法律精神和罪责刑相适应的法律原则。

此外，即使符合国家税务总局39号公告所说的挂靠经营，挂靠方以被挂靠方名义销售增值税应税货物，提供劳务或服务，由被挂靠方开具增值税专用发票，仍潜在巨大的税款流失风险，下文对挂靠经营相关法律问题进行分析论证。

---

〔1〕 国家税务总局2014年第39号公告主要内容如下："纳税人通过虚增增值税进项税额偷逃税款，但对外开具增值税专用发票同时符合以下情形的，不属于对外虚开增值税专用发票：一、纳税人向受票方纳税人销售了货物，或者提供了增值税应税劳务、应税服务；二、纳税人向受票方纳税人收取了所销售货物、所提供应税劳务或者应税服务的款项，或者取得了索取销售款项的凭据；三、纳税人按规定向受票方纳税人开具的增值税专用发票相关内容，与所销售货物、所提供应税劳务或者应税服务相符，且该增值税专用发票是纳税人合法取得、并以自己名义开具的。受票方纳税人取得的符合上述情形的增值税专用发票，可以作为增值税扣税凭证抵扣进项税额。本公告自2014年8月1日起施行。此前未处理的事项，按照本公告规定执行。"

四、挂靠经营中代开发票问题的法理探讨

(一)挂靠经营的界定

挂靠经营起源于改革开放初期,是在我国新旧经济体制交替,发展多种经营方式中出现的一种经济现象,它在法律层面至今仍没有一个统一确切的定义。[1] 在建筑安装、医药经销、交通运输、旅游等需要特定资质的生产经营领域,挂靠经营虽被明令禁止,却依然广泛存在。挂靠经营既涉及被挂靠方与第三方的外部法律关系,又涉及挂靠方与被挂靠方之间的内部法律关系,需要合理划分3个主体之间的法律责任。笔者认为,挂靠经营,是指一个经营性主体(挂靠方)以另一经营性主体(被挂靠方)的名义对外从事生产经营活动,并承担由此产生的权利、义务;挂靠方与被挂靠方之间无资产产权联系,没有劳动或其他隶属关系,各自实行或者实质上实行独立核算。

(二)挂靠经营之增值税纳税分析

2014年,为充分保障无过错受票方的增值税进项税抵扣权益,国家税务总局出台了第39号公告及配套政策解读,并在政策解读中明确了"挂靠经营"的发票开具及虚开认定等相关问题。解读中指出,理解本公告,需要把握以下两点:

首先,解读文件中规定:"一、纳税人对外开具的销售货物的增值税专用发票,纳税人应当拥有货物的所有权,包括以直接购买方式取得货物的所有权,也包括'先卖后买'方式取得货物的所有权……"即该解读明确要求纳税人无论采取"先买后卖"方式,还是"先卖后买"方式,都应拥有货物所有权。

其次,解读文件中还规定,"二、以挂靠方式开展经营活动在社会经济生活中普遍存在,挂靠行为如何适用本公告,需要视不同情况分别确定。第一,如果挂靠方以被挂靠方名义,向受票方纳税人销售货物、提供增值税应税劳务或者应税服务,应以被挂靠方为纳税人。被挂靠方作为货物的销售方或者应税劳务、应税服务的提供方,按照相关规定向受票方开具增值税专用发票,属于本公告规定的情形。第二,如果挂靠方以自己名义向受票方纳税人销售货物、提供增值税应税劳务或者应税服务,被挂靠方与此项业务无关,则应以挂靠方为纳税人。这种

---

[1] 参见闫若男:《挂靠经营法律问题探析》,河南大学2013年硕士学位论文,第5页。

情况下,被挂靠方向受票方纳税人就该项业务开具增值税专用发票,不在本公告规定之列"。可见,解读文件仅明确了在挂靠经营方式下,对外销售环节以谁之名交易及开票问题,然而对挂靠经营中挂靠方、被挂靠方的购进环节及取得发票问题未作规定。

若将上述解读中的"一"和"二"理解为应同时满足的条件:在挂靠经营方式下,如果挂靠方以被挂靠方名义,向受票方纳税人销售货物、提供增值税应税劳务或者应税服务,被挂靠方作为货物的销售方或者应税劳务、应税服务的提供方,按照相关规定向受票方开具增值税专用发票,则被挂靠方必须取得货物所有权。换言之,挂靠方的"销售"和"购进"环节都应挂靠在被挂靠方名下,被挂靠方应当取得购进环节的增值税发票(包括专用发票和普通发票),以证明其拥有货物所有权。但遗憾的是,该公告及配套政策解读对此未明确。

在实务中,挂靠方以被挂靠方名义对外销售商品、提供服务,以被挂靠方为纳税义务人,由被挂靠方开具增值税专用发票;而挂靠方的购进环节往往与被挂靠方无关,挂靠方购进应税货物、劳务、服务对应的增值税专用发票(或其他发票形式),亦不提供给被挂靠方用以抵扣税款、核算成本。这种仅"销售端"挂靠经营的方式,导致增值税发票链条中的进、销项发票失去对应、匹配关系,无法准确计算销售货物、劳务、服务应纳的增值税。通过前文案例可知,某一交易事项的购、销项税款分属不同纳税主体的不同增值税链条的经营方式,不可避免地埋伏了税款流失风险,这是国税总局39号公告的一个明显瑕疵。

(三)挂靠经营的典型案例

案例5　河北省石家庄市中级人民法院刑事判决书,(2017)冀01刑终334号

2010年下半年,张某军在不具有药品经营资质的情况下,经过中间人刘某1介绍,由张某军出资并联系供货商、配送公司和销售医院,以恒瑞公司的名义与生产厂家和配送公司分别签订货物购销合同,张某军先将货款(含税价)给付恒瑞公司,再由恒瑞公司将货款(含税价)打给生产厂家购进货物,所购货物由生产厂家直接发到张某军指定的配送公司。刘某1根据张某军提供的生产厂家的随货同行单、药检单、出库单等相关手续及开票信息和进项增值税专用发票到恒瑞公司办理开票事宜,办好后再邮寄给张某军,配送公司向恒瑞公司支付货款后,恒瑞公司扣除开票费和下次进货款,将剩余货款回流给张某军。恒瑞公司按

价税合计的10%收取张某军开票费用(刘某1从中提取0.2%作为“好处费”),张某军把从生产厂家取得的进项增值税专用发票,交给恒瑞公司,并按价税合计的8%左右向恒瑞公司收取费用。恒瑞公司向北京的配送公司开具的销项增值税专用发票的相关内容,与所销售货物相符。通过这种方法,2010年至2012年,恒瑞公司共向普仁鸿公司等3家公司开出增值税专用发票408份,金额38,022,930.69元,税额6,463,898.76元,价税合计44,486,829.45元。

一审法院认为,张某军系没有药品经营资质的自然人,无法进入药品经营行业,为了达到实际经营药品、抬高药价,获取高额利润的目的,与恒瑞公司临时形成了单纯的买卖增值税专用发票的关系,且张某军仅以支付给恒瑞公司10%的开票费,来冲抵应当缴纳的17%的增值税,明显不符合常理,其与恒瑞公司存在共同虚开增值税专用发票逃避国家税收的故意,故构成共同犯罪,张某军与恒瑞公司是否符合“挂靠”关系,不影响共同犯罪的成立。判决张某军犯虚开增值税专用发票罪,判处有期徒刑10年,并处罚金人民币50万元。张某军不服,向石家庄中级人民法院提起上诉。

二审法院对事实认定与一审法院完全一致,但二审法院在判决时参照适用了国税总局39号公告及相关解读,以及法研〔2015〕58号复函。二审法院曾就案涉恒瑞公司的另一虚开案件向国家税务总局函询了恒瑞公司的经营模式是否符合“挂靠”经营,税务总局予以了肯定性函复。二审法院遂认定张某军无罪,撤销了一审判决。

该案中张某军以恒瑞公司名义对外销售药品、结算资金、开具增值税专用发票,符合“三流一致”要求,同时,张某军向恒瑞公司提供了其所购药品对应的增值税进项发票,证明恒瑞公司取得了药品所有权。购进和销售环节都以恒瑞公司名义开展业务,挂靠经营的增值税进、销链条是完整、对应的。因此,这种挂靠经营符合国税总局39号公告中的挂靠经营,不会导致增值税流失。案例1张某强、案例2李某刚则未向被挂靠方提供其购进环节的增值税专用发票,不能证明被挂靠方取得了货物所有权。由此可见,无论是从增值税原理角度,还是国税总局39号公告解读之视角分析,只有案例5张某军案是合乎税法原理和规定的“挂靠经营”方式,案例1、案例4中仅对外销售环节挂靠,可能因进销项增值税发票错配而引起税款流失的风险。

五、现行法律文件中关于非法代开增值税专用发票的规定存在的问题及建议

（一）存在的问题

1. 未区分虚开发票和非法代开发票

现行相关法律规定不加区分地将非法代开发票的法律责任等同虚开发票，导致虚开增值税专用发票罪的打击范围过大，倒逼人民法院对虚开增值税专用发票罪作出限缩解释。然而，通过“目的＋结果”的限缩解释并未解决虚开增值税专用发票罪的执法困境，反而给行政机关造成更大的执法困扰。如前文所述，《发票管理办法》和1996年最高人民法院《关于适用〈全国人民代表大会常务委员会关于惩治虚开、伪造和非法出售增值税专用发票犯罪的决定〉的若干问题的解释》中都有“代开发票”的概念，说明法律认为“代开”不等同“虚开”。现行法律将两者的法律责任完全等同，既不符合刑法谦抑性原则，也不符合行政效率原则，理由如下：

虚开发票侧重“虚”，说明业务本身虚假或存在不真实的部分。特别是自2019年4月1日起，试行增值税期末留抵税额退税制度后，不法分子一旦虚开增值税专用发票，国家增值税款即处于流失的危险状态。虚开发票的实质是骗税，行为人未发生应税行为，无纳税义务或者没有纳税贡献，却可能因虚开发票行为而非法获利。此类虚开发票行为不仅破坏了增值税发票管理秩序，而且会导致国家税款流失。严格来说，无应税行为的“纳税人”不属于税收监管对象，应由市场监督管理部门基于“虚假注册或超六个月未经营等”事实直接吊销营业执照，同时交由公安机关立案查办。打击虚开增值税专用发票罪应以打击设立“假企业”，以取得、开具增值税专用发票为主要业务，以赚取、瓜分“开票费”为主要目的的违法犯罪活动为重点。最高人民检察院2020年7月22日印发了《关于充分发挥检察职能服务保障“六稳”“六保”的意见》，其中亦特别强调“注意把握一般涉税违法行为与以骗取国家税款为目的的涉税犯罪的界限”。

非法代开发票侧重“代”，前提是业务本身真实，但开票主体不符合交易实际情况，其实质是逃避缴纳税款。行为人实施了应税行为，有依法纳税义务，但为自身利益，通过非法代开发票，以达到开票方赚取开票手续费，受票方抵扣增

值税款之目的。在实务中,非法代开发票方可能是假企业,也可能是实体企业,需要在具体案件中区别对待。对于受票方,应以税务部门追缴税款、挽回损失为主,如果这一目的不能实现,再由公安机关介入。

在税务执法实践中,经常发生部分实体企业因让他人代开增值税专用发票被定性为偷税的同时,又以涉嫌虚开增值税专用发票罪移送公安机关的情况。这些实体企业往往面临税务行政处理、处罚和刑事司法的双重处理。不同于逃避缴纳税款罪有初犯免责的规定,虚开增值税专用发票案件中的实体企业主动补缴税款比例较低,不利于挽回国家税款损失。此外,在警税联络机制的合作框架下,公安机关与税务部门关于代开发票的观点基本一致,认为代开发票属于虚开发票。但在案件进入公诉阶段后,检察院和法院可能难以认同税务、公安机关的意见,因此造成执法、司法资源浪费。

区别虚开与代开行为的现实意义,就是要在法律层面区别对待"假企业"和"实体企业",严厉打击"假企业"虚开发票行为,依法妥善处理实体企业的非法代开行为。

2. 未区分交易各方的法律地位及责任

现行法律规定的4种虚开方式中,"为自己""让他人为自己"虚开或代开发票,是基于受票方的角度;而"为他人"虚开或代开发票,是基于开票方的角度;"介绍他人"虚开或代开发票,则是基于协助开票方或受票方完成虚开或代开发票的角度。其中"介绍他人"虚开或代开发票的犯罪主体只能是自然人,其他3种虚开或代开方式通常以单位为犯罪主体,主要负责人和直接责任人员同时构成本罪。如此对开票方、受票方、协助方等主体不加区分,高度抽象概括主观目的、行为后果等,难以明确各主体的行为构成和法律责任。

按照目前最高人民法院关于虚开增值税专用发票罪需行为人在主观上具有骗取国家抵扣税款之目的的立场,即使勉强认为"为自己""让他人为自己"的虚开方式中行为人主观上具有骗取国家抵扣税款之目的,也无法认同"为他人""介绍他人"的虚开方式中,行为人也具有骗取国家抵扣税款之目的。因为"为他人虚开""介绍他人虚开"的行为人,并不发生抵扣税款的效果,其行为属于抵扣税款的预备行为,同时也属于对他人犯罪的帮助行为,本身不可能直接侵犯国家税收法益。值得注意的是,这些情况下的行为人一般无法控制、支配他人实施或者不实施抵扣税款或申请出口退税的行为。即使行为人"放任"受票方骗取抵扣税款行为的发生,这种"放任"显然不能直接解释为具有骗取国家抵扣税款的犯罪目的。在针对非法代开发票的执法实践中,相较于销售方或开票方,受票方更易被证实“以骗取抵扣税款为目的”“造成了国家税款损失”,从而被判决构成虚开增值税专用发票罪,通过以上所列举案例就可见一斑。

之所以区分开票方和受票方,就是要充分体现设置虚开增值税专用发票罪的立法本意——打击虚开发票这一预备行为,以避免利用增值税专用发票实施偷逃税和骗税。

3. 未区分代开发票的行政违法性和刑事违法性

虚开增值税专用发票犯罪属于行政犯,具有行政和刑事双重违法性。行政犯的认定,应把握好两个层面:其一,行政法规是认定行政犯的第一层次的法律依据,刑法对行政法具有依附性。例如,虚开增值税发票罪中的“增值税专用发票”“具有抵扣功能的凭证”都是由行政法律规范界定的。其二,行政犯以行政违法性为基础,但行政机关的行政认定并非必然的前置程序,行政犯构罪与否以刑法为依据,司法机关的刑事认定具有独立性。[1]

代开增值税专用发票破坏了国家的增值税专用发票管理秩序,隐藏税款流失风险,其行政违法性毋庸置疑,但这并不意味着代开发票一定具有刑事违法性。为适应社会经济发展需要,最高人民法院认为代开增值税专用发票不属于虚开增值税专用发票,行政部门应充分理解并接受这一观点。同时,税务部门对其自身职能作用仍应坚持,无须为了迎合、适应司法机关观点而扭曲对行政法律法规相关规定的理解。

解决当下代开增值税专用发票案件处理过程中行政和刑事衔接不畅的问题,应区分代开发票行为的行政违法性和刑事违法性,坚持行政权与司法权彼此尊重,行政程序与刑事司法程序彼此独立。人民法院判决无罪的刑事判决书并不必然否定税务部门作出的行政处理、处罚决定的法律效力。

4. 未区分代开发票与自营开票的进项抵扣

国家税务总局2014年第39号公告中,明确挂靠经营中被挂靠方为挂靠方代开发票不违反税法规定,不属于虚开发票。因此,挂靠经营中的代开发票是目前除税务机关代开发票外,唯一合法合规的代开方式。但遗憾的是,该公告及后

---

〔1〕 参见付倩:《行政犯认定中刑行实体衔接问题研究》,西南政法大学2018年硕士学位论文,第25页。

续法律文件均未进一步区分开票方代开发票与自营开票对应的增值税进项税额的归集抵扣问题。

如前文所述,挂靠经营的应税项目所对应的增值税进、销项应在同一个纳税人的增值税链条中,而不能仅挂靠“购”或“销”的其中一端,否则增值税专用发票链条中的进、销项发票会失去对应、匹配关系。而增值税抵扣链条一旦断裂,税款流失将难以避免。如果对开票方的代开发票与自营开票的进项税额不加区分,即使被挂靠方的进项税额确实存在虚抵问题,也难以核实虚抵的具体数额,进而难以认定其应承担的法律责任。

区分开票方代开发票与自营开票对应的增值税进项税额,既可充分发挥市场主体的灵活性,有利于活跃市场交易,促进经济繁荣,又可以有效防范被挂靠方的虚开、虚抵风险,维护税收秩序和税收安全。

(二)完善建议

1. 单列非法代开发票的税收违法类型及法律责任

《发票管理办法》等法律法规文件明令禁止非法代开发票,不仅是因为非法代开发票行为违反了发票管理法律法规,扰乱了国家的发票管理秩序,同时也是因为该行为在客观上会导致应税货物、劳务、服务对应的增值税进、销项税额“错配”,从而引发国家税款流失的危险。所以,必须依法对非法代开发票行为实施行政处罚。反之,如果如案例5中的代开发票行为,在挂靠经营过程中虽由被挂靠方为挂靠方对外代开发票行为,但应税药品的进、销项发票均可对应、匹配,不会导致国家税款损失,因此也不具有严重社会危害性,应认定不属于非法代开发票行为,不仅不应认定为犯罪,亦不应当受到行政处罚。但是,值得注意的是,按照现行《发票管理办法》第37条之规定,税务部门对非法代开发票行为,最高处以50万元罚款,确有违法成本过低之嫌。

对此,笔者建议:(1)税务部门与司法机关应保持一致,将非法代开发票认定为一种独立的行政违法类型,不再将“有实际经营业务的非法代开发票”认定为“虚开发票”,以弥合当前行政法与刑法领域关于非法代开发票案件定性的巨大差异,解决当前税务部门和司法机关行刑衔接不畅的难题。(2)在“以票控税”条件下,对增值税发票管理秩序应继续保持“适度从严”的总基调,在认定非法代开发票行为时,无论行为人出于何种目的,造成何种后果,只要实施了非法代开发票行为,即构成行政违法。(3)将非法代开发票的处罚方式由目前的定额式修改为倍率式,如处以非法代开发票涉及税额1倍以下的罚款,以加重不法分子的违法成本。同时,将行为人的主观状态及造成的客观后果作为处罚的情节予以考量。

2. 规范接受非法代开发票行为的定性处理

要规范接受非法代开发票行为的定性处理,应当厘清几个基本认识。首先,从销售方、购买方和代开发票方三方主体法律关系来看,销售方有依法向购买方提供增值税发票义务,开票方有依法合规开具发票义务,是否依法提供、开具发票的决定权属于销售方和开票方;而购买方仅是接受发票,即便其主动联系开票方要求其为自己代开发票,仍不能直接决定非法代开发票行为实施与否。受票方对是否将非法代开的发票用以抵扣具有决定权。其次,法律禁止和惩处非法代开发票行为旨在打击偷税、骗税的前置环节、预备行为,购买方少缴税款这一代开发票可能导致的结果,适用《税收征收管理法》中关于偷税的相应条款更合适。再者,由于实务中交易形式的复杂多样,在"货票错配"的情况下难以严格区分界定责任主体,"让"他人代开发票的主观故意性到底是直接故意,还是间接故意,仅凭行政取证手段很难严格划分,容易引发税企之间的争讼风险。

对此,笔者建议,非法代开发票的行为主体,仅为销售方和代开发票方及其相关责任人员。购买方则根据具体情况,适用《税收征收管理法》中的相关规定追究其法律责任,具体而言:(1)购买方让他人为自己代开增值税专用发票,或者知道其取得的增值税专用发票系销售方让他人代开的,依据《税收征收管理法》第 63 条、国家税务总局《关于纳税人取得虚开的增值税专用发票处理问题的通知》(国税发〔1997〕134 号),按偷税论处,追缴已经申报抵扣的增值税、滞纳金并依法予以处罚。(2)没有证据表明购买方知道或应当知道其取得的增值税专用发票系销售方让他人代开的,按照《增值税暂行条例》第 9 条"纳税人购进货物、劳务、服务、无形资产、不动产,取得的增值税扣税凭证不符合法律、行政法规或者国务院税务主管部门有关规定的,其进项税额不得从销项税额中抵扣"之规定,依法追缴税款,不加征滞纳金。(3)购买方虽取得非法代开发票,但未造成不缴、少缴增值税款的,按照《发票管理办法》第 39 条第 2 款"知道或者应当知道是私自印制、伪造、变造、非法取得或者废止的发票而受让、开具、存放、携带、邮寄、运输的"之规定依法处理。

3. 明确非法代开发票案件之行政定性意见的法律效力

关于《已证实虚开通知单》的法律效力,主流观点[1]认为,其属于异地税务机关之间的协查文书,仅供税务机关内部使用,作为案件检查线索而非定案证据,不能未经调查核实直接凭此作出税务处理。那么,对于仅具有行政违法性的非法代开发票行为,下游企业的主管税务机关是否可依据上游税务机关的定性意见,直接要求受票方进行进项税额转出?

购买方抵扣增值税应具备两个要件:一是有真实交易且以含税价购入;二是取得合法的抵扣凭证,两者缺一不可。这与所得税明显不同,根据所得税计税原理,纳税人合理、相关的支出只要实际发生,即使没有合法的扣除凭证,税务机关有权核定其应纳税额。但在增值税计税原理下,没有合法的抵扣凭证,即使业务真实发生,购买方亦不能抵扣进项税。况且增值税专用发票具有"准货币"属性(经银行鉴定为假币,无论持币人是否有过错,均不允许流通使用),如增值税专用发票经认定不属于合法的抵扣凭证,无论受票方是否有过错,均不得用于抵扣。

鉴于此,笔者建议:(1)上游税务机关严格按照立案、检查、审理、执行的法定程序作出意见,且事实清楚、证据充分、案卷完整的非法代开发票案件,下游税务机关可直接要求受票方先行转出进项税额,以增强行政执法行为的确定力和执行力,提高行政效率。(2)为保障纳税人的抵扣权益,作为兜底性条款,受票方纳税人可在一定期限内提供资料证明其业务符合相关法律规定,经税务稽查部门核查情况属实的,通知其主管税务机关,允许受票方重新抵扣。

4. 加强对挂靠经营中的代开发票行为的监管

国税总局39号公告的配套解读中明确的挂靠经营,从外部法律关系来看,挂靠方以被挂靠方的名义开展经营活动,因而由此产生的企业所得税、增值税及其附加税种等都由被挂靠方名义缴纳并承担相应的税收法律责任;从内部法律关系来看,挂靠方和被挂靠方各自单独核算、自负盈亏,基本符合承包(承租)经营的业务实质。

---

[1] 参见国家税务总局稽查局主编的内部资料《虚开发票案件查处工作指引》第194页"4. 规范《已证实虚开通知单》出具与受托处理"部分。同时,司法机关已持有此观点,如中国裁判文书网显示的以下案件:〔2019〕苏08行终38号、〔2019〕粤52行终18号、〔2018〕苏09行终152号、〔2018〕黔03行终188号案件中法院所持观点。

鉴于此,可以考虑按照《税收征收管理法实施细则》第 49 条第 2 款[1]之规定,要求被挂靠方应主动向主管税务机关报告挂靠经营的有关情况。同时,基于增值税计税原理,挂靠经营项目下的货物、劳务、服务取得的进项发票和开具的销项发票,被挂靠方应予以标注,以备税务机关在后续管理中调查核实。

[1] 《税收征收管理法实施细则》第 49 条第 2 款规定:"发包人或者出租人应当自发包或者出租之日起 30 日内将承包人或者承租人的有关情况向主管税务机关报告。发包人或者出租人不报告的,发包人或者出租人与承包人或者承租人承担纳税连带责任。"

“清税前置”条件下纳税人复议申请期限辨析

黄俊涛*

摘　要：由于“清税前置”条款的存在，导致纳税争议案件的行政复议申请期限出现二元分割的状态，即只有当纳税人达成缴清税款及滞纳金或者提供担保两项条件之一时，方可有机会在规定时限内提起行政复议。根据现行法律法规规定，纳税争议案件申请行政复议的期限可以总结为“满足前置条件之日 +60日”。而“满足前置条件”的期限在现行法律文件中并未予以明确，致使税务行政复议期限高度不确定。本文重点围绕纳税争议案件申请行政复议期限的特殊性以及该特殊性给纳税人救济权实现带来的诸多梗阻展开，认为确立“以人为本”的税法理念并据此对《税务行政复议规则》第33条、《税收征收管理法》第88条进行修改完善，可以有效地解决纳税争议案件复议申请期限不确定的问题，从而清除纳税人行使权利救济的障碍。

关键词：纳税争议；清税前置；复议期限；权利救济

《税收征收管理法》第88条、《税收征收管理法实施细则》第100条及《税务行政复议规则》第33条构建起了我国税务执法领域“双重前置程序 + 自由选择程序”这一独特的权利救济机制。在税收征管实践中，“双重前置”的规定很大程度上阻碍了纳税人行使救济权，尤以“清税前置”为甚。尽管“清税前置”条款给纳税人提起税务行政复议施加了更加严格的义务，但也应认识到，该条款或许也有对纳税人有利的一面，即延长了纳税人申请行政复议的期限。在一般情况下，行政相对人的复议期限是“自知道之日起”60日内，而对于纳税争议，行政复议期限却是缴清税款及滞纳金之日起或是纳税担保得到税务机关确认之日起60日内。但是，税务机关在执法实践中大多并不认为复议期限可以超过60日，

* 北京市京师（武汉）律师事务所律师，法学硕士。

甚至认为纳税人超过 15 日清缴税款便丧失行政复议权。[1]

一、基本案情及争议焦点

淮北市天奥物资贸易有限公司(以下简称天奥公司)成立于 2003 年 3 月 31 日,从事商品批发,经营范围为经销建筑装潢材料、金属材料、化工产品(不含危险品)、木材、机械、电子设备及配件等。天奥公司被举报存在偷税行为,经税务机关查处后,天奥公司反复寻求行政救济,其具体案情及时间脉络(见图 1)如下:[2]

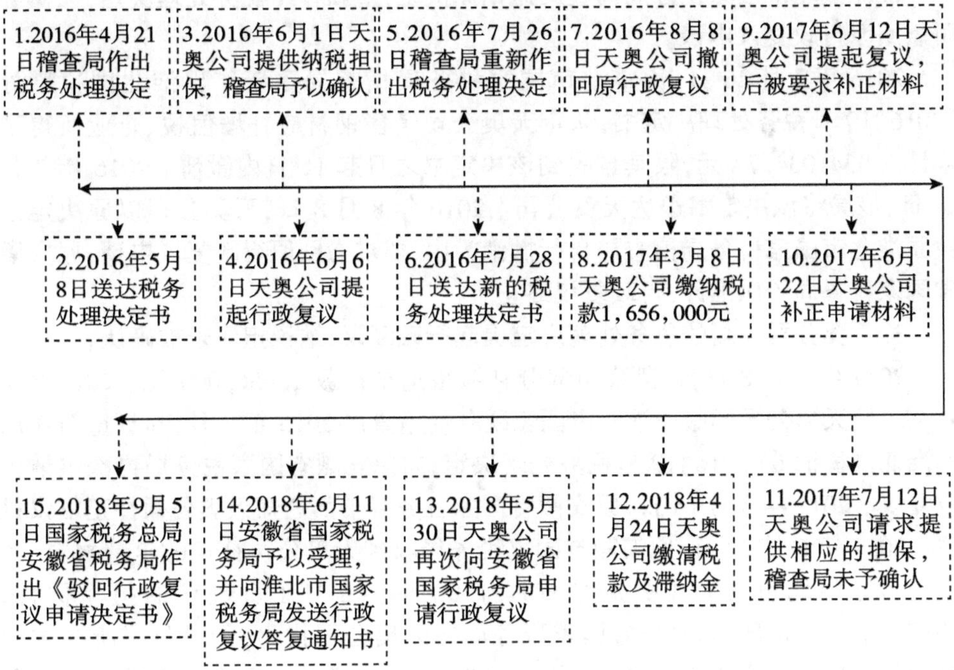

图 1　案件时间脉络

---

[1] 参见河南省驻马店市驿城区人民法院(2014)驿行初字第 75 号行政判决书。该案中,税务机关就以企业未在 15 日内缴清税款及滞纳金为由而驳回其行政复议申请。

[2] 参见安徽省合肥市包河区人民法院(2018)皖 0111 行初 172 号行政判决书。

1. 原淮北市国家税务局稽查局作出税务处理决定,天奥公司不服,申请行政复议。

2016年4月21日,原淮北市国家税务局稽查局经调查后作出淮北国税稽处〔2016〕19号税务处理决定书,认定天奥公司销售钢材应补增值税、企业所得税合计11,117,033.08元,限其自收到该决定书之日起15日内缴清。2016年5月8日,该局将该决定书送达天奥公司。2016年6月1日,天奥公司请求提供相应的担保,原淮北市国家税务局稽查局予以确认。2016年6月6日,天奥公司不服淮北国税稽处〔2016〕19号税务处理决定,向原安徽省国家税务局申请行政复议,并被受理。

2. 原淮北市国家税务局稽查局撤销原决定,重新作出税务处理决定,天奥公司撤回原行政复议申请。

2016年7月26日,原淮北市国家税务局稽查局重新作出淮北国税稽处〔2016〕19号税务处理决定书,认定天奥公司销售钢材应补增值税、企业所得税合计9,334,034.77元,限其自收到该决定书之日起15日内缴清。2016年7月28日,该局将该决定书送达天奥公司。2016年8月8日,天奥公司以原决定已被原淮北市国家税务局稽查局自行撤销为由,要求撤回原行政复议申请,原安徽省国家税务局予以准许,行政复议终止。

3. 天奥公司就新的税务处理决定提起行政复议,纳税担保未被确认。

2017年3月8日,天奥公司部分补缴被追征税款1,656,000元。2017年6月12日,天奥公司不服原淮北市国家税务局稽查局2016年7月26日重新作出的淮北国税稽处〔2016〕19号税务处理决定,向原安徽省国家税务局再次申请行政复议。2017年6月16日,原安徽省国家税务局书面通知天奥公司补正复议材料。2017年6月22日,原安徽省国家税务局收到天奥公司补正的申请材料,其中包含原淮北市国家税务局稽查局于2016年6月1日确认的担保材料。2017年6月26日,原安徽省国家税务局向天奥公司指出,天奥公司所提供的确认担保的材料并非针对2016年7月26日所作税务处理决定书进行的担保确认。

2017年6月27日,原安徽省国家税务局告知天奥公司:可以自缴清税款及滞纳金之日起或自提供相应的担保之日起60日内提出行政复议申请。2017年7月12日,天奥公司请求提供相应的纳税担保,原淮北市国家税务局稽查局未予确认。

4. 天奥公司缴清税款及滞纳金,再次提起行政复议后被驳回。

2018 年 4 月 24 日,天奥公司缴清税款及滞纳金。2018 年 5 月 30 日,天奥公司再次向原安徽省国家税务局申请行政复议。2018 年 6 月 11 日,原安徽省国家税务局予以受理,并向原淮北市国家税务局发送行政复议答复通知书。2018 年 6 月 15 日,国家税务总局安徽省税务局组建成立。2018 年 9 月 5 日,国家税务总局安徽省税务局作出皖税复驳字〔2018〕1 号《驳回行政复议申请决定书》,认为天奥公司于 2017 年 7 月 12 日提出的纳税担保申请未获确认,且天奥公司直至 2018 年 4 月 24 日才缴清税款及滞纳金,已经明显超过税务机关确定的缴纳期限。天奥公司不服,向法院提起行政诉讼。

该案中,天奥公司超出税务机关规定的解缴税款期限缴纳税款,导致其申请税务行政复议的期限远远超过了收到税务处理决定书之后的 60 日。天奥公司认为,税务行政复议的期限应该从其缴清税款之日的 2018 年 4 月 24 日起算;国家税务总局安徽省税务局则认为,原淮北市国家税务局稽查局于 2016 年 7 月 26 日就对天奥公司作出税务处理决定。2018 年 5 月 30 日,天奥公司才申请行政复议,显然超过法定 60 日的申请期限,因此驳回了天奥公司的复议申请。

法院经审理后认为,天奥公司在第二次寻求提供担保未获确认后,于 2018 年 4 月 24 日依照涉案纳税决定缴清税款及滞纳金,于 2018 年 5 月 30 日申请行政复议,应当视为具备法定的申请条件。天奥公司即便存在逾期解缴税款的情况,仅表明天奥公司应当承担逾期缴纳税款的法律责任,此种法律责任或体现为被加收滞纳金,或体现为被采取强制执行措施追缴,甚至体现为被作出行政处罚,但并不表明原告丧失申请行政复议的权利。否则,天奥公司将被彻底切断救济途径。因为若不能申请行政复议,则无从提起行政诉讼。国家税务总局安徽省税务局作出的驳回行政复议申请决定,适用法律错误,依法应予撤销。

通过对案情的梳理可知,该案征纳双方的争议焦点有两个:一是税务行政复议的申请期限如何确定;二是纳税人逾期缴纳税款,其行政复议权是否因此而丧失。

二、法理分析

(一)纳税争议案件行政复议期限的特殊性规定

1. 一般行政复议案件的申请期限

行政复议申请期限是行政相对人向作出具体行政行为的行政机关提起行政复议的法定期限。法谚有云,“法律不保护躺在权利上睡觉的人”,行政相对人必须在法定期限内提出复议申请,否则将丧失通过行政复议程序寻求公力救济的权利。

《行政复议法》第9条第1款规定:“公民、法人或者其他组织认为具体行政行为侵犯其合法权益的,可以自知道该具体行政行为之日起六十日内提出行政复议申请;但是法律规定的申请期限超过六十日的除外。”通过该条款可知,行政相对人申请行政复议的期限主要从以下三个方面来确定:(1)“自知道该具体行为之日起”,行政相对人的行政复议申请期限开始计算;(2)行政相对人申请行政复议的法定期限为60日;(3)行政复议的申请期限在法律规定的其他情形下可以超过60日,但是不能少于60日。另外,该条第2款规定了不可抗力以及具有正当理由的情形下,行政相对人耽误法定申请期限的,申请期限自障碍消除之日起继续计算。该条款是关于行政复议时效中止的规定,“不可抗力”“正当理由”都属于行政复议中止情形。[1]

以上就是行政法中关于行政复议申请期限的一般性规定。在没有特殊法规定的情形下,适用一般性规定。也就是说,在正常情况下,行政相对人申请行政复议的期限就是其在知道行政机关对自己作出侵害自身合法权益的具体行政行为之日起60日内,超出法定期限,行政相对人则丧失行政复议权。“自知道”一

[1] 《行政复议法实施条例》第41条规定:“行政复议期间有下列情形之一,影响行政复议案件审理的,行政复议中止:(一)作为申请人的自然人死亡,其近亲属尚未确定是否参加行政复议的;(二)作为申请人的自然人丧失参加行政复议的能力,尚未确定法定代理人参加行政复议的;(三)作为申请人的法人或者其他组织终止,尚未确定权利义务承受人的;(四)作为申请人的自然人下落不明或者被宣告失踪的;(五)申请人、被申请人因不可抗力,不能参加行政复议的;(六)案件涉及法律适用问题,需要有权机关作出解释或者确认的;(七)案件审理需要以其他案件的审理结果为依据,而其他案件尚未审结的;(八)其他需要中止行政复议的情形。”

般是承载行政行为的行政处理文书送达当日,通过公告形式告知受送达人的,为公告规定的期限届满之日。

2. 纳税争议案件行政复议的申请期限

我国《税收征收管理法》第88条第1款规定了纳税人同税务机关在纳税上发生争议时,提起税务行政复议程序,必须先行解缴税款及滞纳金或者提供相应的担保才能依法申请行政复议,简称为“清税前置”程序。从中可以看到,“清税前置”程序适用的前提是“纳税争议”,也正因如此,造成了纳税人申请行政复议期限的二元分割。

对于“纳税争议”案件的范围,《税收征收管理法实施细则》第100条明确规定:“税收征管法第八十八条规定的纳税争议,是指纳税人、扣缴义务人、纳税担保人对税务机关确定纳税主体、征税对象、征税范围、减税、免税及退税、适用税率、计税依据、纳税环节、纳税期限、纳税地点以及税款征收方式等具体行政行为有异议而发生的争议。”结合《税收征收管理法》第88条第1款的规定,也就是说只有纳税争议案件才存在“清税前置”的要求。对于非纳税争议案件,譬如,税务行政处罚、税收保全措施以及强制执行措施等,行政复议的申请期限按照一般行政复议申请期限来执行,无须先行缴纳税款及滞纳金就可提起复议申请(见表1)。

表1 不同情形下的复议期限

案件类别	适用情形	救济方式	申请复议期限
纳税争议	对税务机关确定纳税主体、征税对象、征税范围、减税、免税及退税、适用税率、计税依据、纳税环节、纳税期限、纳税地点以及税款征收方式等具体行政行为有异议而发生的争议	(双重前置程序)必须先按照税务机关的纳税决定缴纳税款及滞纳金或者提供担保,然后可以申请行政复议;对行政复议决定不服的,可以依法向法院起诉	“缴清税款及滞纳金之日 + 60日”或“知道税务机关确认担保之日 +60日”
非纳税争议	税务行政处罚、强制执行措施或税收保全措施等	(自由选择程序)可以申请行政复议,也可以依法向人民法院起诉	自知道具体行政行为之日起60日内

设置“清税前置”的程序主要是基于传统国库中心主义的考虑。一方面,可以有效保证国家税款的及时入库,最大限度地保障国家税收利益;另一方面,也可以防止纳税人通过启动权利救济程序为转移、隐匿财产争取时间,同时获取资金(应缴税款)占用的利益。除可以保障税款外,“清税前置”程序还起到了降低税务机关行政执法风险、过滤税务行政复议与诉讼案件、减轻税务机关和法院工作量的作用。自1992年《税收征收管理法》实施以来,虽历经数次修改,但该程序仍保留至今。

纳税争议案件申请行政复议因为有“清税前置”的要求,其复议申请期限与一般案件稍有不同。《税务行政复议规则》第33条第2款规定了纳税争议案件申请行政复议的具体期限,即“在缴清税款和滞纳金以后或者所提供的担保得到作出具体行政行为的税务机关确认之日起60日内提出行政复议申请”。由此可见,由于纳税人申请行政复议前需要先行缴清税款和滞纳金或者提供担保,但清缴税款及提供担保的期限不包括在60日之内,所以纳税争议案件的行政复议申请期限就会超过60日。为此,纳税争议案件的行政复议申请期限理论上为“X+60”日(X≥1)。

3. 纳税争议案件申请行政复议期限的特殊性

《行政复议法》第9条第1款明确指出,法律规定行政复议申请期限超过60日的,可以从其规定。《税收征收管理法》第88条第1款无形之中延长了税务行政复议的申请期限,但并没有直接明确税务行政复议的申请期限。《税务行政复议规则》第33条对该条款进行了细化。根据《税务行政复议规则》第33条的规定,申请人申请行政复议的,必须依照税务机关根据法律、法规确定的税额、期限,先行缴纳或者解缴税款和滞纳金,或者提供相应的担保。该条款规定的“法定期限”也就是纳税人的“清税、担保期限”。纳税人申请行政复议的期限理论上为“缴清税款及滞纳金或提供担保之日+60日”,如果将“缴清税款及滞纳金或提供担保”看作纳税人申请复议的条件,那么当这个条件达成时纳税人就可以申请行政复议。

至于“缴清税款及滞纳金或提供担保之日”,一般都会出现在税务机关作出的《税务处理决定书》之中。例如,国家税务总局《关于修订部分税务执法文书的公告》(国家税务总局公告2021年第23号)公布的新修订的税务执法文书式样中明确指出,《税务处理决定书》中需要提示“限你(单位)自收到本决定书之日起____日内到____将上述税款及滞纳金缴纳入库,并按照规定进行相关账务调整”。在实践中,《税务处理决定书》会明确地填上纳税人应“清税”的期限,按照目前税收征管实践中的一般做法,这个期限为 15 日。该“15 日”期限的法律依据是《税收征收管理法实施细则》第 73 条,即“从事生产、经营的纳税人、扣缴义务人未按照规定的期限缴纳或者解缴税款的,纳税担保人未按照规定的期限缴纳所担保的税款的,由税务机关发出限期缴纳税款通知书,责令缴纳或者解缴税款的最长期限不得超过 15 日”。

从该条款可以看出,《税务处理决定书》其实是兼具催缴税款功能的。纳税人收到税务处理决定书之日起 15 日内必须清缴税款及滞纳金,此时纳税人申请行政复议的期限就是“15 + 60”日。如果纳税人未及时清缴税款及滞纳金,复议期限也会随之相应延长,那么就不能简单地把复议期限限定在“15 + 60”日。

对于“担保期限”,根据《税务行政复议规则》第 33 条的规定,这个期限为“税务机关确认之日”,具体是多少日并没有明确予以限定。根据《纳税担保试行办法》第 11 条、第 24 条、第 30 条的规定,当纳税人以提供担保的形式申请行政复议时,纳税担保书和纳税担保财产清单须经纳税人、纳税担保人签字盖章并经税务机关确认[1],纳税担保从税务机关在纳税担保书和纳税担保财产清单签字盖章之日起生效。从纳税人行使救济权的角度考虑,纳税人申请行政复议的期限应当自纳税人知道税务机关确认纳税担保之日起开始计算。也就是说,此时纳税人申请行政复议的期限理论上为“知道税务机关确认担保之日 +60 日”。

(二)“15 日”内未如期清缴税款的法律后果

按照税务机关作出的《税务处理决定书》,如果纳税人在规定的 15 日期限内没有缴清税款及滞纳金,税务机关会对纳税人采取强制执行措施。[2] 按照强

[1] 对纳税担保进行确认的税务机关为作出具体行政行为的税务机关。

[2] 《税务稽查工作规程》第 62 条规定:“被执行人未按照《税务处理决定书》确定的期限缴纳或者解缴税款的,稽查局经所属税务局局长批准,可以依法采取强制执行措施。”2021 年 6 月 18 日,国家税务总局 2021 年度第 2 次局务会议审议通过《税务稽查案件办理程序规定》(国家税务总局令第 52 号),并于 2021 年 8 月 11 日起开始施行,《税务稽查工作规程》同时废止。上述规定体现在《税务稽查案件办理程序规定》第 50 条第 1 项,即“具有下列情形之一的,经县以上税务局局长批准,稽查局可以依法强制执行,或者依法申请人民法院强制执行:(一)纳税人、扣缴义务人未按照规定的期限缴纳或者解缴税款、滞纳金,责令限期缴纳逾期仍未缴纳的……”。

制执行程序的一般规定,在强制执行之前需履行催告程序。稽查局一般会先下发《责令限期缴纳税款通知书》,如仍不执行则会继续下发《催告书》(行政强制执行适用),经催告后仍不履行的,稽查局最后会作出《税收强制执行决定书》。根据以上程序性规定,在税务机关作出税务处理后,在规定期限内如纳税人未如期解缴税款及滞纳金,经税务机关催告后,会采取强制执行手段实现税款的入库。既然税务机关在程序上可以启动强制执行程序来保证国家税款的及时入款,就不应以此为由剥夺纳税人的救济权。该案审理法院在判词中亦曾提道:"被告以逾期缴纳税款为由,否定原告具备申请行政复议的条件,既与法律精神相悖,亦与本案特定情况不符。"

(三)纳税人的行政复议权不因逾期清缴税款而丧失

根据《税务行政复议规则》第33条第2款以及国家税务总局公告2021年第23号文中规定的《税务处理决定书》的文书式样,申请人申请行政复议的,必须先依照税务处理决定书上规定的期限(15日)缴纳税款及滞纳金或者提供相应的担保,然后可自上述款项缴清或者提供的相应担保被税务机关确认之日起60日内申请行政复议。如果纳税人未在"15日"内缴清税款及滞纳金,是否意味着60日的复议申请期限在15日期满后就开始起算?这个结论恐难成立。

如果认为清缴税款必须在15日内完成,未清缴税款即开始起算复议申请期限,那么实际上纳税人的复议申请期限为"15+60"日,也就是75日,超过75日就无法再提起行政复议。如果纳税人在第7日时缴清了税款及滞纳金,那么纳税人复议申请期限就从第7日的次日开始起算,此时并不会产生任何问题;如果纳税人在第20日才缴清税款及滞纳金,从缴清税款及滞纳金之日开始起算,纳税人的复议申请期限理论上就被拉长到了80日。如此一来,纳税人如果逾期清缴税款及滞纳金就会超过75日的复议申请期限。可以看出,从逾期缴款之日起开始计算复议申请期限,似乎与《税务行政复议规则》的制定精神相背离。

复议期限是在缴清税款及滞纳金之日起60日内,并不是15日期满后的60日内。如果以逾期之日开始起算,纳税人15日期满未清税就无法提起复议,在某种意义上变相缩短了纳税人的复议申请期限,行政复议的有效申请期限就从60日缩短为了15日。这样一来,《行政复议法》规定的60日的申请期限就被架空,同时也违背了《行政复议法》第 9 条关于可延长申请日期的规定。[1] 另外,也应注意到,清税及担保在实质意义上是同一的,都是为了保证税款的及时足额入库。担保是在知道税务机关确认之日起 60 日内,这个期限具有不确定性,与之对应,在“或者”前面的清缴税款期限(15 日)也不应成为复议申请期限的一部分。但可以考虑将二者视为税务行政复议申请的条件,当条件达成时纳税人即可申请行政复议,以此保证法条内部的统一协调。因此,纳税人的复议申请期限应当确定为“缴清税款及滞纳金之日或者知道税务机关确认担保之日 +60 日”,而不是“15 +60”日。

按照合理行政及正当程序原则的要求,“清税前置”程序设置的目的应该是保证税款的及时足额入库,同时也是防止纳税人利用复议程序期间转移财产规避税收征管,而非设置苛刻的条件将税务行政复议拒之门外。纳税人未在规定期限内清缴税款的,可以进入税务强制执行程序,该程序与复议申请程序并行不悖。税务机关不能因为纳税人逾期清缴税款而剥夺其行政复议权。

该案中,原淮北市国家税务局稽查局先后作出两份税务处理决定,在收到《税务处理决定书》后,天奥公司作为纳税人相继 3 次向原安徽省国家税务局申请行政复议,积极提供纳税担保及清缴税款,这表明天奥公司并没有怠于行使权利,而是积极通过正当法律途径表达自身诉求。天奥公司没有在法定 15 日期限内清缴税款,税务机关可以通过强制执行程序予以追缴,不能因此否定天奥公司申请行政复议的权利,否则纳税人的行政复议权将在实质上被消解。

“浙江广鸿房地产开发有限公司(以下简称广鸿公司)行政诉讼案”,[2] 与本文讨论的天奥公司申请行政复议一案有着诸多相似之处。广鸿公司在收到《税务处理决定书》后,在 17 个月后提供纳税担保并被税务机关确认,仍提起行政复议。另外,在“吉林银行股份有限公司行政诉讼案”中[3],法院认为税务行

---

[1] 参见鲍卫平:《税务行政复议申请期限辨析》,载《税务研究》2008 年第 9 期。

[2] 参见浙江省高级人民法院(2020)浙行再44 号行政判决书。在该案中,广鸿公司于 2015 年 1 月 23 日收到税务机关作出的《税务处理决定书》,后提起行政复议,由于广鸿公司未按照处理决定缴纳税款及滞纳金,亦未提供相应担保,其复议申请被驳回,后广鸿公司提起诉讼亦被驳回。2016 年 6 月 28 日,广鸿公司再次申请行政复议,被予以受理。2016 年 7 月 12 日,原地税稽查一局出具《已办理纳税担保证明》,广鸿公司法定代表人梁某某在该证明上签字同意,行政复议开始时间由 2016 年 7 月 13 日起开始计算。

[3] 参见吉林省长春市中级人民法院(2019)吉 01 行终 30 号行政判决书。

政复议的起算点应当从“缴纳或者解缴税款及滞纳金或者提供相应的担保之日起”而不是“自知道该具体行政行为之日起”开始计算,亦不是从《税务处理决定书》所确定的缴纳期限届满之日起计算。上述案例都表明,司法实践中对于纳税争议案件行政复议申请期限的理解并不局限于15日、60日或者“15+60”日。

(四)“清税前置”程序成为纳税人救济权利实现的梗阻

“清税前置”程序要求纳税人先清税再复议,成为纳税人行使救济权利的一道关坎,阻塞了纳税人正常行使救济权的路径,部分纳税人因为无法实现清税而不得不被动放弃救济权。不仅如此,“清税前置”程序还造成了纳税争议案件处理过程中关于行政复议申请期限的法律适用不当。

由于“清税前置”程序的存在,导致了纳税争议案件在复议申请期限上的差异化,但是囿于《行政复议法》中对于行政复议期限的规定,税务机关及司法机关在纳税争议案件中往往还是习惯于适用60日的复议申请期限。纳税人在超过60日申请期限后提起行政复议的,复议机关往往不予受理,更有甚者,部分复议机关以超过15日缴税期限为由,决定不予受理。“清税前置”程序在复议期限方面给纳税人带来的救济权利实现阻梗,主要体现在以下三个方面。

1. 税务行政复议与一般行政复议申请期限差异化认知不够

税务行政复议案件可以分为纳税争议类和非纳税争议类案件,两种类型的案件在复议申请期限上截然不同。按照《行政复议法》的规定,行政复议的申请期限就是“自知道该具体行政行为之日起六十日内”,复议机关在收到纳税人行政复议申请时,一般都是按照这个期限去执行,超过60日的一般不予受理。不仅税务部门这么认为,在大部分纳税人的认知里,一般也认为是60日,超过了期限也就意味着放弃了救济权利。在司法审判中,法院对于税务行政复议期限的认定也多依据《行政复议法》第9条。[1]

在实践中,之所以会产生以上错误的认知,主要是因为没有正确区分纳税争议与非纳税争议案件在救济程序上的区别以及纳税争议案件的特殊性对复议申

[1] 例如,“马某福等诉辽阳市地方税务局税务行政管理案”[辽宁省辽阳市中级人民法院(2016)辽10行终132号行政判决书]中,税务机关以马某福提起行政复议的时间超过了“法律规定的六十日的行政复议申请期限”为由,驳回了其复议申请。后马某福诉至法院,法院也是依据《行政复议法》第9条,认为马某福申请行政复议时间已超过60日,税务机关不予受理符合法律规定。

请期限的影响,以至于在法律适用上,执法部门乃至行政相对人只知"清税前置",却不知该程序在实质上延长了纳税争议案件的复议申请期限。

2. 纳税人因未满足15日清税期限而导致救济路径受阻

由于"清税前置"条款的存在,税务机关在作出《税务处理决定书》时一般会限令纳税人在15日内清缴税款及滞纳金。在实务中,部分税务机关认为纳税人没有在规定的期限内完成清税要求,便无权申请行政复议,纳税人的行政复议权就此丧失。在"河南省金尚房地产开发有限公司(以下简称金尚公司)与驻马店市原地方税务局行政复议案"[1]中,复议机关作出的《不予受理行政复议申请决定书》中载明,"金尚公司未在驻马店市地方税务局稽查局下达的税务处理决定书规定的期限内缴纳税款和滞纳金,而是逾期后才交清税款和滞纳金的……决定不予受理"。根据法院审理查明的情况显示,金尚公司在收到税务处理决定之日起第55日便提起复议申请,复议机关仅以金尚公司逾期清缴税款就作出了不予受理的决定,大大限缩了纳税人申请行政复议的期限,有损纳税人的申诉救济权。

3. "清税前置"条款致使税务行政复议期限高度不确定

纳税争议案件行政复议申请期限应为"满足前置条件之日+60日"。在理论上,复议申请人满足行政复议前置条件的期限是一个极其不确定的期限,没有相关法律规范对这个期限予以限定,这个期限可以是一年甚至更长。"清税前置"条款虽为纳税人行使救济权设置了障碍,但也应看到其实质上延长了纳税人的行权期限。当法律课以纳税人更加严格的前置义务条件时,同时为了达到纳税人权利义务配置的平衡,相应地对其权利也进行了一定的扩张。但是,由于法律条款设置上的缺陷,导致这个行权期限并不确定。该案中,天奥公司就是在收到《税务处理决定书》将近两年后才得以清缴税款及滞纳金。在实践中,税务机关不愿意承担期限不确定性带来的不利责任,因此多以60日为限,超期申请的则不予受理。复议申请期限的设置,一方面,是为了督促权利人积极地行使权

---

[1] 参见河南省驻马店市驿城区人民法院(2014)驿行初字第75号行政判决书。在该案中,法院认为:"税务机关没有在税务处理决定中告知如不依照税务机关的纳税决定期限缴纳税款即丧失复议权的后果,应有的权利义务和责任没有完全告知纳税人,不符合法律救济的原则。原告虽然逾期缴纳税款和滞纳金,但仍是在复议法规定的60日内提起的复议申请,被告作出的不予受理决定书适用法律不准确,对该决定书应予撤销。"

利,维护稳定的社会关系;另一方面,也是为了提高社会经济资源的利用效率,降低权利人的救济成本。如果不对"缴清税款之日"与"税务机关确认之日"的具体期限予以限定,显然不符合法律确定性、稳定性的特征,也有违救济时限制度的要求。

三、推动纳税人救济权利完善的对策建议

(一)指导思想:以"以人为本"理念为指引保障纳税人权利

《税收征收管理法》第1条[1]就明确了两大立法目的:一是保障国家税收收入;二是保护纳税人的合法权益。然而在税收征管过程中,通常会出现两者失衡的局面。"清税前置"条款在本质上就彰显了对国家利益的过度重视,相对应的就是对纳税人权利的重视不够。[2] 因此,有必要确立"以人为本"的税法理念,在维护国家税权的同时,平衡与纳税人权利保护的关系。

1. 确立纳税人诚信推定权理念

诚信推定,是指在没有充分证据证明纳税人存在税收违法行为的情况下,应当认为纳税人已经依法诚信纳税,不存在税收违法行为。"清税前置"的实质是预先推定申请行政复议的纳税人存在税收违法行为,这种"过错推定"侵犯了纳税人的基本权利。再者,先清税后复议实则也是"恶意"推定纳税人存在延期缴税或者转移财产的可能,使"清税前置"成为一种"有罪推定"。为了契合《税收征收管理法》的立法精神,充分保障纳税人的正当合法权益,应当摒弃"莫须有"的"有罪推定",树立纳税人诚信推定权,不能要求纳税人在提起行政复议前先缴清税款、滞纳金或提供担保。

2. 完善纳税人诉讼保障机制

2015年《税收征收管理法修订草案(征求意见稿)》第126条对清税前置的修正较之现行《税收征收管理法》有一定进步,取消了"清税前置于复议"的要

---

[1] 《税收征收管理法》第1条规定:"为了加强税收征收管理,规范税收征收和缴纳行为,保障国家税收收入,保护纳税人的合法权益,促进经济和社会发展,制定本法。"

[2] 参见刘剑文、侯卓:《纳税前置制度的反思与超越》,载《江汉论坛》2015年第6期。

求,但保留了"清税前置于诉讼"的安排。[1] 这一规定仅仅后移了"清税"的阶段,仍然未在实质上解决"清税前置"的问题。就目前来看,一步到位废止"双前置程序",实现纳税争议"自由选择程序"仍然阻力重重。[2] 未来应当在"以人为本"和纳税人权利保护的理念指导下,逐步清除纳税争议案件中纳税人诉讼权利实现的障碍。

(二)修改《税务行政复议规则》第 33 条第 2 款

纳税争议案件行政复议申请期限不确定的问题不仅会导致税务部门的执法偏差,也会导致法院在法律适用时出现个案差异,从而有损法律公平。当前,可以考虑将修改《税务行政复议规则》第 33 条第 2 款作为近期目标,因为对其作出修改既可以保留现有"清税前置"制度,减轻目标实现的阻力,也可以有效解决纳税争议案件行政复议期限不确定性的问题。

上文已经述及,税务机关在下发《税务处理决定书》时,按照规定都会明确税款催缴的内容,也即在"15 日"内缴清税款及滞纳金。笔者认为,为了避免纳税争议案件行政复议期限的不确定性,可以将《税务行政复议规则》第 33 条第 2 款中的"缴清税款和滞纳金以后或者所提供的担保得到作出具体行政行为的税务机关确认之日起"改为"税务机关确定的期限届满之日起";并且相应地修改《税务处理决定书》(文书式样)中的内容,将对应条款改为"限你(单位)自收到本决定书之日起____日内到____将上述税款及滞纳金缴纳入库或提供相应的担保,并按照规定进行相关账务调整"。如此一来,在税务机关规定的期限内,纳税人如果没有及时清缴税务或者提供纳税担保,税务机关可以进入执行程序,纳税人的行政复议申请期限也随之开始计算。这种制度安排同样会延长纳税人的行政复议申请期限,但是最长时限被限定在了"75 日"内,可以有效解决纳税争议案件行政复议期限不确定的问题。

---

〔1〕《税收征收管理法修订草案(征求意见稿)》第 126 条规定:"纳税人、扣缴义务人、纳税担保人同税务机关在纳税上和直接涉及税款的行政处罚上发生争议时,可以依法申请行政复议;对行政复议决定不服的,应当先依照复议机关的纳税决定缴纳、解缴税款或者提供相应的担保,然后可以依法向人民法院起诉。"

〔2〕财政部曾针对 2014 年"两会"人大代表关于"优化税收征管支持经济发展"建议的答复中指出:"为了形成科学有效的利益协调、诉讼表达和矛盾调处机制,保障纳税人的申诉权利,我们建议取消'先缴税后复议'的规定。同时,考虑到税款征收的专业性和特殊性,为了提高效率减少成本,并避免大量税务案件集中汇集到法院,我们建议保留'先复议后诉讼'的规定。"

(三)废止"清税前置"条款

"清税前置"程序最早出现在1986年国务院公布的原《税收征收管理暂行条例》中。当时之所以设置清税前置制度,是因为在国家财政收入严重不足的背景下,需要特别保护国家税款利益,以最大限度地避免税款流失。[1] 然而时过境迁,该设定已逐渐显得"不合时宜"。

纳税争议案件之所以会产生复议申请期限的二元分割,从而引发税企争议,主要原因就在于"清税前置"。只要废止"清税前置"条款,纳税争议案件行政复议申请期限的特殊性将不复存在,纳税争议案件也可以同样适用《行政复议法》中关于行政复议期限的一般规定。为此,从长远计,笔者建议将我国现行《税收征收管理法》第88条第1款修改为:纳税人、扣缴义务人、纳税担保人同税务机关在纳税上发生争议时,必须先依法申请行政复议;对行政复议决定不服的,可以依法向人民法院起诉。

[1] 参见刘剑文、侯卓:《纳税前置制度的反思与超越》,载《江汉论坛》2015年第6期。

税收优先权在民事执行程序中的适用

王晓辉*

摘　要:税收优先权是税收债权债务关系理论的具体实践。基于立法规定的不明确以及司法裁判标准的不一,税收优先权制度在民事执行程序中的适用面临诸多争议。实体法层面包括税收债权与其他私法债权的优先顺序及具体范围,司法拍卖中税收优先权的界定及范围,程序法层面包括提出主体的范围及其确立,权利行使方式的二元选择及适用,税收优先权追征期限的适用及局限等。对税收优先权制度的不当行使可能冲击市场秩序,损害其他债权人的利益。因此,构造税收优先权的适用条件,确保税收优先权制度的统一适用,对维护法律的公正权威具有重大意义。

关键词:税收优先权;民事执行程序;司法裁判;法律适用

一、问题的提出

所谓税收优先权,是指税收债权与其他公法债权与私法债权同时存在且债务人的财产不足以同时清偿所有债务时,国家作为税收债权的债权人享有就债务人的财产优先受偿的权利。税收优先权根源于对税收法律关系性质的认识,是"税收债务关系说"的具体制度表现。

从理论基础上考察,税收债权"优先"的法理基础在于税收之公益性与风险性。税收是一种由个人利益集合而成并最终服务于个人利益的公共利益,是进行公共支出、提供公共物品的物质基础,因此,税收具有公益性。税收具有风险性的理由在于,税收是一种缺乏对待给付的债权,税务机关与纳税人之间的信息不对称以及税收的保障手段限制较多。[1] 基于上述原理,当税收债权与其他债权发生冲突时,税收债权应优先于其他债权受偿。

---

* 江苏通税(福州)律师事务所专职律师,管理学硕士。

〔1〕 参见刘剑文:《财税法专题研究》,北京大学出版社2015年版,第332~334页。

税收优先权虽有利于保障税收债权的实现,但它的问题也同样明显。这些问题主要包括,税收的发生缺乏公示性和确定性,第三人难以知晓其存在及具体数额,过于强调税收优先权会对民事交易安全构成威胁,损害其他债权人的合理期待利益。[1] 这必然会影响其他债权的实现,可能对现行的债法体系和市场交易秩序形成冲击。

从内容看,税收优先权既包括税收债权优先于其他公法债权,又包括税收债权优先于私法债权;既包括普通民事执行程序中的税收优先权,又包括破产程序中的税收优先权。鉴于税收债权与私法债权在民事执行程序中的清偿顺序在司法裁判中争议较大,且普通民事执行程序较破产程序而言发生得更频繁,因此本文主要从实体法层面与程序法层面讨论民事执行程序中的税收优先权。需要注意的是,本文所讨论的税收优先权,不限于《税收征收管理法》第45条所规定的针对欠税的税收优先权,也包括在民事执行过程中因拍卖而产生的新生税款的优先权。

截至2022年4月2日,笔者在"中国裁判文书网"检索平台中全文检索关键词"税收优先权",共采集176份裁判文书。其中,民事案由101件,执行案由67件,行政案由8件。合并同一案件的不同程序,并去除重复案件和无关案件,[2] 剩余69件有效案例。此外,在威科先行、北大法宝案例搜索平台还发现未重复的相关案例11件。本文正是基于上述80件司法实务案例进行的实证分析。

二、税收优先权的范围

(一)税收债权与私法债权的优先顺位

税收优先权,是指在一定条件下税收债权优先于其他公法债权和私法债权而获得清偿。民事执行实务中的私法债权主要体现为无担保债权、担保债权以及建设工程款债权与工资债权等。其中,争议较大的是税收债权与担保债权、建设工程价款债权与工资债权的优先顺位问题。

1. 税收债权与担保债权的优先顺位

根据《税收征收管理法》第45条之规定,纳税人欠缴的税款发生在纳税人

---

[1] 参见熊伟、王宗涛:《中国税收优先权制度的存废之辩》,载《法学评论》2013年第2期。

[2] 无关案件,是指涉及税收优先权的破产案件,或者裁判文书中仅为了介绍优先权而提到税收优先权的案件,或者法院没有对税收优先权作出评判的案件。

以其财产设定抵押、质押或者纳税人的财产被留置之前的,税收应当先于抵押权、质权、留置权执行。《民法典》及其出台前的原《物权法》对担保债权的发生时间有明确规定,因此判断欠缴税款的发生时间便成为关键。理论上对于《税收征收管理法》第45条中“欠缴的税款”的发生时间有不同的观点:一是认为以纳税义务发生时间为准;二是以税款缴纳期限届满之次日为准;三是主张以欠税公告时间为准。

实务中不同的裁判观点如下(见表1):

表1　欠税发生时间的裁判观点摘录

观点	案号	裁判文书典型表述摘录
以纳税义务发生时间为准	(2016)川01民终10537号	税务处理决定书确定棠中公司欠缴2007年1月1日至12月31日的印花税、企业所得税共计1,280,902.32元。一审法院认为,抵押登记的时间为2010年,而棠中公司欠缴的税款发生在2007年。根据《税收征收管理法》第45条第1款的规定,棠中公司欠缴的税款应当先于抵押权执行①
以税款缴纳期限届满之次日为准	(2021)闽0505民初2086号	泉港区税务局作出《税务事项通知书》的时间发生在抵押登记之后,农商行梅岭支行享有的优先受偿权应予以保护
以欠税公告时间为准	(2019)闽08执复20号	武平县税务局未按照国家税务总局颁布的《欠税公告办法(试行)》第4条第1项“企业或单位欠税的,每季公告一次”的规定对福联公司的欠税情况作出处理并发布欠税公告,以便相关当事人及时了解福联公司的欠税情况,从而避免交易风险。王某生在不知福联公司欠税的情况下与其签订借款合同并就涉案财产设定抵押权,属于善意抵押权人,其享有优先受偿权应予以保护
	(2020)苏01执异23号	如果税收债权与私法债权发生竞合,则税收优先权应以税务机关首次发布欠税公告的时间作为对抗善意第三人的条件,才能享有税收优先权

①该案例中仅提到“纳税人欠缴的税款发生在2007年”,并没有具体的纳税义务发生时间及税款缴纳期限,可能引起歧义。笔者倾向于将此处的“发生”理解为纳税义务发生。

以纳税义务发生时间为准的观点忽视了纳税义务与税收债权的区别。税收之债可分为抽象税收债务和具体税收债务,区分的意义主要在于确定税收债务履行期限开始的时间。在抽象税收债务没有转化为具体税收债务之前,不得计算履行期限。[1] 纳税义务未经纳税申报之前是抽象的,而税收债权是具有履行期限、履行金额的具体给付义务。

如此看来,主张"税款缴纳期限届满之次日"为"欠缴税款的发生时间"的观点更合理,它也有规范性文件作为依据。国家税务总局《关于贯彻〈中华人民共和国税收征收管理法〉及其实施细则若干具体问题的通知》第7条[2]明确指出,纳税人应缴纳税款的期限届满之次日即是纳税人欠缴税款的发生时间。《欠税公告办法(试行)》[3]第3条[4]也对欠税的概念作出了规定,强调其为超过税款缴纳期限未缴纳的税款。

然而,纳税人存在欠税的情形若未经公示,纳税人的其他债权人很难了解纳税人应纳税额的变化,由此可能降低其参与市场交易的积极性,影响市场经济交易秩序。因此,理论中和实务上均有观点认为税务机关应以首次发布欠税公告的时间作为对抗善意第三人的条件,才能享有税收优先权。由上述案例亦可得知,法院已经关注到了对善意抵押权人优先受偿权的保护。

笔者认为,以欠税公告的发布时间作为税收债权的发生时间更妥。《税收征收管理法》第46条规定:"纳税人有欠税情形而以其财产设定抵押、质押的,应当向抵押权人、质权人说明其欠税情况。抵押权人、质权人可以请求税务机关提供有关的欠税情况。"《税收征收管理法实施细则》第76条进一步规定:"县级以上各级税务机关应当将纳税人的欠税情况,在办税场所或者广播、电视、报纸、

---

[1] 参见陈少英:《税收债法制度专题研究》,北京大学出版社2013年版,第2页。

[2] 国家税务总局《关于贯彻〈中华人民共和国税收征收管理法〉及其实施细则若干具体问题的通知》(国税发〔2003〕47号)第7条规定:"……欠缴的税款是纳税人发生纳税义务,但未按照法律、行政法规规定的期限或者未按照税务机关依照法律、行政法规的规定确定的期限向税务机关申报缴纳的税款或者少缴的税款,纳税人应缴纳税款的期限届满之次日即是纳税人欠缴税款的发生时间。"

[3] 《欠税公告办法(试行)》(国家税务总局令第9号)首次发布是在2004年10月10日,2018年以国家税务总局令第44号进行了修正。

[4] 《欠税公告办法(试行)》第3条规定:"本办法所称欠税是指纳税人超过税收法律、行政法规规定的期限或者纳税人超过税务机关依照税收法律、行政法规规定确定的纳税期限(以下简称税款缴纳期限)未缴纳的税款……"

期刊、网络等新闻媒体上定期公告。对纳税人欠缴税款的情况实行定期公告的办法,由国家税务总局制定。”国家税务总局依此跟进的《欠税公告办法(试行)》相对系统地规定了欠税公告制度,其中第 4 条[1]明确了纳税人欠税的公告时间。欠税公告不仅具有确定性和公开性,也是第三人获得欠税信息的最佳途径,使欠税时间成为第三人可以有效把握的信息,而欠税时间又是税收优先权与特定担保物权冲突时确定清偿顺序的关键。只有这样,才能最大限度地减少税收优先权行使时与第三人之间的冲突,有效防止因税务机关行使优先权对民事交易安全的侵害。[2]

2. 税收债权与建设工程款债权、工资债权[3]的优先顺位

除上述《税收征收管理法》第 45 条中提到的无担保债权与担保债权外,税收债权还可能与建设工程款债权、工资债权发生冲突。实务中,法院不仅支持建设工程价款优先于抵押权与税收债权,而且支持职工工资优于抵押权,具体观点如下(见表 2):

表 2 税收债权与建设工程债权、工资债权、担保债权清偿顺位的裁判观点摘录

观点	案号	裁判文书典型表述摘录
建设工程价款优先于税收债权	(2019)闽 01 民终 1381 号	为保障工人基本生存权,工程款优先受偿权应优先于税费优先受偿权
建设工程价款优先于抵押权	(2020)闽 0423 民初 286 号	根据最高人民法院《关于建设工程价款优先受偿权问题的批复》(已失效)第 1 条①的规定,陈某木、陈某国享有的工程价款优先受偿权优于三明兴业银行享有的抵押权

〔1〕《欠税公告办法(试行)》第 4 条规定:“公告机关应当按期在办税场所或者广播、电视、报纸、期刊、网络等新闻媒体上公告纳税人的欠缴税款情况。(一)企业或单位欠税的,每季公告一次;(二)个体工商户和其他个人欠税的,每半年公告一次;(三)走逃、失踪的纳税户以及其他经税务机关查无下落的非正常户欠税的,随时公告。”

〔2〕参见李柯奇:《税收优先权争议中若干问题的探讨——从一例税务机关行使税收优先权胜诉案谈起》,载《税收经济研究》2018 年第 1 期。

〔3〕工资债权,是指建设工程关系之外的劳动关系中的工资债权,不包括建设工程中的工资债权。

续表

观点	案号	裁判文书典型表述摘录
工资债权优先于担保债权	(2019)浙10民终2035号	赋予职工工资相应的优先权,更符合公平原则的要求,也有利于维护社会的和谐与稳定
	(2018)粤01民终19003号	具有生存权属性的工人工资债权显然优先于具有发展权属性的担保物权

①最高人民法院《关于建设工程价款优先受偿权问题的批复》(法释〔2002〕16号,2021年1月1日起失效)第1条规定:"人民法院在审理房地产纠纷案件和办理执行案件中,应当依照《中华人民共和国合同法》第二百八十六条的规定,认定建筑工程的承包人的优先受偿权优于抵押权和其他债权。"

表2中只有一个案例明确表明建设工程价款优于税收债权,其他3个案例的裁判观点均认为建设工程价款与工资债权无条件优于担保债权。根据《税收征收管理法》第45条的规定,税收债权是有条件地优于担保债权。因此可间接论证建设工程价款债权与工资债权应无条件优于税收债权受偿。

建设工程款债权与工资债权相似,两者均具有生存权属性。《民法典》第807条〔1〕(原《合同法》第286条)赋予建设工程价款优先受偿权,其立法目的在于工程价款中很大一部分是支付给建筑工人的工资和劳务费。目前,建筑业中拖欠民工工资的情况较严重,是社会的不稳定因素,有必要通过设定工程款优先权来保障工人的基本生存权进而缓解社会矛盾。〔2〕对职工工资优先受偿的支持理由也是基于生存权优先的原则与公平原则,以维护社会的和谐与稳定。而税收关系是一种公权引起的债权债务关系,其效力当然低于生存权的保障。《民事强制执行法(草案)》(征求意见稿)第179条〔3〕也对此有所回应,明确规

〔1〕《民法典》第807条规定:"发包人未按照约定支付价款的,承包人可以催告发包人在合理期限内支付价款。发包人逾期不支付的,除根据建设工程的性质不宜折价、拍卖外,承包人可以与发包人协议将该工程折价,也可以请求人民法院将该工程依法拍卖。建设工程的价款就该工程折价或者拍卖的价款优先受偿。"

〔2〕参见栾金娣、胡珏、陈晓伟:《在不动产司法强制拍卖中工程款是否优先于税收受偿》,载《人民法院报》2007年10月12日,第6版。

〔3〕《民事强制执行法(草案)》(征求意见稿)第179条规定:"执行款在优先清偿执行费用和共益债务后,依照下列顺序进行分配:(一)维持债权人基本生活、医疗所必需的工资、劳动报酬、医疗费用等执行债权;(二)对执行标的享有优先受偿权的债权;(三)其他民事债权。前款第三项规定的民事债权,按照查封财产的先后顺序受偿。刑事判决中确定被告承担赔偿责任的,按照民事债权顺位受偿。"

定维持债权人基本生活、医疗所必需的工资、劳动报酬、医疗费用等执行债权按照第一顺位进行分配。

(二)税款滞纳金的优先效力

税收债权无条件优先于无担保债权,有条件地优先于担保债权。在此基础上,仍需要讨论的一个问题是:税收优先权中可优先受偿的税收债权是指税款和滞纳金,还是仅指税款?对于上述问题,国家税务总局《关于税收优先权包括滞纳金问题的批复》[1]认为,税收优先权执行时包括税款及其滞纳金。司法实践中认为,税收优先权包括滞纳金的裁判观点主要依据上述批复,但大部分法院并不认为税收优先权的范围包括滞纳金。

实务中司法裁判的具体观点如下(见表3):

表3 滞纳金能否优先受偿的裁判观点摘录

观点	案号	裁判文书典型表述摘录
税收优先权包括滞纳金	(2018)辽08民终1929号	一审法院认为国家税务总局关于税收优先权包括滞纳金问题的批复中(国税函〔2008〕1084号),明确了《税收征收管理法》第45条规定的税收优先权在执行时包括税款及其滞纳金,故对滞纳金495.19元亦享有优先受偿权①
	(2019)粤0604民初16270号	按照《税收征收管理法》的立法精神,税款滞纳金与罚款两者在征收和缴纳时顺序不同,税款滞纳金在征缴时视同税款管理,税收强制执行、出境清税、税款追征、复议前置等相关条款都明确滞纳金随税款同时缴纳,故税收优先权执行时包括税款及滞纳金

〔1〕 国家税务总局《关于税收优先权包括滞纳金问题的批复》中明确规定,按照《税收征收管理法》的立法精神,税款滞纳金与罚款两者在征收和缴纳时顺序不同,税款滞纳金在征缴时视同税款管理,税收强制执行、出境清税、税款追征、复议前置条件等相关条款都明确规定滞纳金随税款同时缴纳。税收优先权也应当依此处理,执行时包括税款及其滞纳金。

续表

观点	案号	裁判文书典型表述摘录
税收优先权不包括滞纳金	(2020)皖执异3号	滞纳金属于行政强制执行中执行罚的一种形式,非税款。其要求优先协助执行滞纳金的请求不符合《税收征收管理法》第45条的规定,法院不予支持
	(2020)闽08民初265号	上述批复②并非法律、法规规定,不应作为执行法律依据适用;滞纳金属普通债权,在执行程序中不享有优先受偿权
	(2018)粤民终2200号	
	(2020)粤0115执异83号	
	(2019)粤1721民初3112号	

①笔者未找到该案的一审判决原文,该部分为二审中提到的一审判决内容。二审判决结果为驳回上诉,维持原判,未对税款滞纳金是否优先的问题直接进行回应。

②该批复是指国家税务总局《关于税收优先权包括滞纳金问题的批复》(国税函〔2008〕1084号)。

关于这个问题,可以从两个方面来分析。

一方面,不能将批复作为判断税收优先权包括滞纳金的依据。《税务规范性文件制定管理办法》的颁布打破了将批复作为规范性文件一并进行规制的传统路径,造成了税收行政批复在理论层面上徘徊于税法边缘,但在实践中却又被频繁适用的局面。[1] 最高人民法院《关于裁判文书引用法律、法规等规范性法律文件的规定》第1条亦规定:"人民法院的裁判文书应当依法引用相关法律、法规等规范性法律文件作为裁判依据。"第6条进一步补充:"对于本规定第三条、第四条、第五条规定之外的规范性文件,根据审理案件的需要,经审查认定为合法有效的,可以作为裁判说理的依据。"税收行政批复既不属于税务规章,[2]

〔1〕 参见李思思:《税收行政批复的认知、反思与构建》,载《税收经济研究》2020年第5期。

〔2〕 《税务部门规章制定实施办法》第2条规定:"国家税务总局根据法律和国务院的行政法规、决定、命令,在权限范围内制定对税务机关和税务行政相对人具有普遍约束力的税务规章。税务规章以国家税务总局令公布。"

也不属于税务规范性文件,[1]故不能作为裁判依据。

另一方面,则要考察滞纳金的法律属性。从当前的税法体系分析,《税收征收管理法》第45条第2款规定:"纳税人欠缴税款,同时又被行政机关决定处以罚款、没收违法所得的,税收优先于罚款、没收违法所得。"又根据《税务行政复议规则》第14条的相关规定,加收滞纳金属于该条第1项规定的征税行为,不属于该条第5项规定的包括罚款、没收财物和违法所得与停止出口退税权在内的行政处罚行为。由此可知,"税收优先于罚款、没收违法所得"中的"税收"既包括税款又包括滞纳金。从立法渊源分析,《税收征收管理法》于2001年首次规定税收优先权,国家税务总局《关于税收优先权包括滞纳金问题的批复》认为税款滞纳金在征缴时视同税款管理。但滞纳金被规定在《行政强制法》中,本身或可说明其既非税收也非处罚,而是执行罚的一种形式。[2]

有学者认为,滞纳金具有行政处罚的性质。滞纳金是税法对滞纳税收的人在一定期间内加征的,就其督促纳税人履行纳税义务而言,滞纳金具有行政处罚的性质,但就其是在滞纳税收之后按滞纳金额加征而言,却含有金钱债务之迟延利息的性质,所以也应当优先受偿。[3] 该观点认为,税收滞纳金应否属于税收优先权效力所及范围,在根本上取决于其是否具有惩罚性。又有学者对此进一步补充,滞纳金若具有惩罚性,又优先于普通债权甚至担保债权,则意味着税务机关对欠税人所施以的"惩罚",事实上间接地由普通债权人乃至担保权人承受。[4] 至于如何判断"惩罚性",税收滞纳金过分高于利息而接近于罚款者,应主要为惩罚性;略高于利息而距罚款较远者,则主要为补偿性或者兼具补偿性与惩罚性;期间越长惩罚性越强,实际征收率超过滞纳税款本金1倍时,则具有完

---

[1] 《税务规范性文件制定管理办法》第7条规定,税务规范性文件可以使用"办法""规定""规程""规则"等名称,但是不得称"条例""实施细则""通知""批复"等。

[2] 《行政强制法》第12条规定:"行政强制执行的方式:(一)加处罚款或者滞纳金;(二)划拨存款、汇款;(三)拍卖或者依法处理查封、扣押的场所、设施或者财物;(四)排除妨碍、恢复原状;(五)代履行;(六)其他强制执行方式。"

[3] 参见刘剑文:《财税法专题研究》,北京大学出版社2015年版,第330页。

[4] 参见李刚、郑晶晶:《有关税收优先权的司法案例实证分析——兼评〈税收征收管理法修订草案(征求意见稿)〉相关条文》,载《税务研究》2020年第7期。

全的惩罚性,与罚款无异。[1] 笔者同意上述观点。当滞纳金高于利息而具有惩罚性时,滞纳金不应包含在税收优先权的范围内,除此之外,税收滞纳金应作为占用税款的补偿而同税款一同优先受偿。

(三)司法拍卖中新生税收优先权的界定

当债务人不能同时清偿税收债权与其他债权时才会涉及税收优先权的适用问题,此时债务人通常已无充裕的资金可供清偿,执行中往往涉及债务人财产的拍卖、变卖。由于在拍卖过程中会产生新的税款,且往往有新的主体即拍卖标的的买受人参与债权的实现,存在多方的利益纠葛,容易引发争议。

拍卖交易中新生税款的承担方式主要包括3种:一是根据法律规定各自承担;二是买受人依约定承担本应由卖方承担的税款;三是买受人垫付被执行人(债务人)依照法律应承担的税款。司法拍卖中最常见的是不动产的拍卖,下文即以此为例,分别对不同税款承担方式下税收优先权的适用进行讨论。

1. 根据法律规定各自承担

在不动产拍卖交易中,对于债务人与买受人各自承担的税款能否从拍卖款中优先扣除,各法院观点如下(见表4):

表4　不动产拍卖交易双方依法各自承担的税款能否从拍卖款中优先扣除的裁判观点摘录

观点	案号	裁判文书典型表述摘录
可优先扣除	(2019)浙10民终2035号	执行过程中对被执行人财产变现的处置行为进行税款缴纳,是为了全体债权人的共同利益,使申请执行人的债权能够得到清偿或部分清偿,属于实际执行费用,应当在债权分配前优先予以扣除
	(2018)粤执复254号	
	(2018)赣行终873号	《城市房地产抵押管理办法》第47条第1款规定:“处分抵押房地产所得金额,依下列顺序分配:(一)支付处分抵押房地产的费用;(二)扣除抵押房地产应缴纳的税款……”根据上述规定,华龙地产的抵押土地拍卖款应依法支付处分抵押房地产的费用和扣除抵押房地产应缴纳的税款后才能偿还抵押权人三和置业的债权本息

〔1〕 参见李刚:《税收滞纳金的功能与性质的界定方法:利罚参照比较法——从海峡两岸比较的角度》,载《税务研究》2018年第5期。

续表

观点	案号	裁判文书典型表述摘录
	(2019)苏0305执异128号	根据《税收征收管理法》第5条、第45条之规定,因司法拍卖产生的税收来自司法拍卖行为带来的财产增值,属于司法拍卖行为的发生费用,应从拍卖款中支出
	(2019)辽02执复320号	税务机关以司法拍卖产生的拍卖成交款收入为依据计算的应缴税款,系交易环节的税款,纳税义务人为被执行人。税务机关委托执行法院协助征收相关税款,不同于申请参与分配。根据《税收征收管理法》第5条第3款规定,执行法院应协助税务机关代征相关税款
	(2019)川13执异125号	根据《税收征收管理法》第5条之规定,人民法院应当优先扣留相应税收①
	(2018)鲁03执复169号、170号	国家税务总局《关于人民法院强制执行被执行人财产有关税收问题的复函》(以下简称《869号复函》)第2条规定,无论拍卖、变卖财产的行为是纳税人的自主行为,还是人民法院实施的强制执行活动,对拍卖、变卖财产的全部收入,纳税人均应依法申报缴纳税款。第4条规定,鉴于人民法院实际控制纳税人因强制执行活动而被拍卖、变卖财产的收入,根据《税收征收管理法》第5条的规定,人民法院应当协助税务机关依法优先从该收入中征收税款
	(2019)鲁15执复28号	国家税务总局《869号复函》第4条规定,鉴于人民法院实际控制纳税人因强制执行活动而被拍卖、变卖财产的收入,人民法院应当协助税务机关依法优先从该收入中征收税款,故复议申请人称涉案税款不具有优先受偿性的理由不予采纳

①此处的税收是指案涉土地变卖所发生的交易税费。

实践中,部分法院在拍卖公告中明确注明了拍卖交易过程中产生的税费根据法律规定由买卖双方各自承担,也有法院在拍卖公告中对承担主体未作约定或约定不明。在该情形下,笔者搜集到的案例均认为新生税款可从执行款中优先扣除,只是裁判理由不同,大体可分为两类:一类是从税收共治的角度考虑,其主要依据是国家税务总局《869 号复函》第 4 条,以及《税收征收管理法》第 5 条第 3 款[1]之规定;另一类是从民事执行的角度考虑,认为执行过程中对被执行人财产变现的处置行为征收的税款属于实际执行费用,应依据最高人民法院《关于适用〈中华人民共和国民事诉讼法〉的解释》(以下简称《民诉法解释》)第 508 条[2]优先扣除。值得注意的是,(2018)赣行终 873 号[3]裁判文书根据《城市房地产抵押管理办法》第 47 条之规定,判定拍卖不动产产生的税款并不包含在执行费用内,而是在执行费用后单独列明。

笔者认为,应区分新生税款与欠缴税款的优先扣除。一般而言,只有债务人进入破产程序时税收债权才可加速到期。而在普通民事执行程序中,新生税款应根据《税收征收管理法》经历纳税义务的发生、纳税申报、税款缴纳期限届满、欠税公告等一系列程序后,才会形成税收债权。直接将新生税款从执行款中扣除导致税款提前征收,可能损害纳税人的利益。但两者优先扣除的法律依据是不同的。如上所述,新生税款优先扣除的依据体现在《民诉法解释》第 508 条,而欠税的税收优先权则体现在《税收征收管理法》第 45 条。

2. 买受人承担本应由双方承担的所有新生税款

在实践中部分法院在拍卖公告中注明产权过户所产生的一切新生税款甚至之前的欠税均由买受人承担,该条款被称为“包税条款”。笔者认为,“包税条款”不应将债务人的前期欠税包括在内。若前期欠税也可在拍卖环节优先扣除,而非在执行款分配中对比税收债权与担保债权的形成时间以确定受偿顺位,税收债权便处于绝对优先的地位,而非一定条件下优先于其他私法债权。广西

[1] 《税收征收管理法》第 5 条第 3 款规定:“各有关部门和单位应当支持、协助税务机关依法执行职务。”

[2] 《民诉法解释》第 508 条规定:“参与分配执行中,执行所得价款扣除执行费用,并清偿应当优先受偿的债权后,对于普通债权,原则上按照其占全部申请参与分配债权数额的比例受偿。清偿后的剩余债务,被执行人应当继续清偿。债权人发现被执行人有其他财产的,可以随时请求人民法院执行。”

[3] 江西省高级人民法院(2018)赣行终 873 号行政判决书。

壮族自治区高级人民法院(2020)桂执复16号执行裁定书中,法院即在拍卖公告中载明"拍卖成交后,办理产权登记过户所涉及的一切相关税(费)均由买受人承担"的情况下,认为"上述表述仅是针对拍卖标的物办理产权过户登记产生的费用由买受人承担,不包括五吉公司作为土地溢价受益人,以及法人经营过程中所产生的税费,依照法律、行政法规规定,应由买受人承担的税费,不应包含出卖人承担部分"。[1] 因此,下文仅对"包税条款"中的新生税款的优先权进一步进行论述。

(1)"包税条款"的效力

是否承认"包税条款"的效力,在实践中有3种观点:第一种观点认为,包税条款无效,买受人只应承担法律规定由买受人承担的税款。第二种观点主张,根据意思自治原则,双方可约定所有税款由买受人承担,买受人既已参与拍卖便自愿受拍卖公告或拍卖协议书的约束。第三种观点认为,认可"包税条款"需以没有明显加重买受人的负担为前提。实务中的裁判观点如下(见表5):

表5　不动产拍卖中关于"包税条款"的裁判观点摘录

观点	案号	裁判文书典型表述摘录
认可"包税条款"	(2017)最高法执监324号	目前,法律对司法拍卖或流拍后抵债财产过户时产生的税费问题没有明确规定。在实践中,人民法院参照民事交易中自主买卖的相关规定确定司法拍卖或抵债双方的税费承担标准较常见且相对合理
认可"包税条款"需有前提	(2020)闽04执复22号	永安市人民法院在执行拍卖公告中表述为"所有税费均由买方承担",其前提应为税费负担没有明显加重买受人的负担,而该案被执行人应缴税款已占标的物成交总价的38.78%,加上买受人自身应缴税款,对买受人明显不公

〔1〕 广西壮族自治区高级人民法院(2020)桂执复16号执行裁定书。

续表

观点	案号	裁判文书典型表述摘录
不认可“包税条款”	(2020)鲁08执复185号	纳税人李某国应缴纳契税、个人所得税、城市维护建设税、教育费附加税、增值税、地方教育附加税合计154,851.12元,上述费税不属于根据法律法规等相关政策的规定应由买受人承担的税费
	(2019)鲁0703执异36号	被执行人巨龙公司因司法拍卖产生的法定应缴纳的税费并非欠缴税款,该税款以拍卖成交款收入为计算依据,本次交易产生的被执行人税费依据上述规定应从拍卖款(被执行人收入)中优先支出[①]

①该案中《拍卖公告》约定由买受人承担一切税款,裁判观点摘录中的“上述规定”是指最高人民法院、国家税务总局等19个机关联合制发的《关于建立和完善执行联动机制若干问题的意见》以及山东省地方税务局、山东省高级人民法院联合制发的《关于完善人民法院不动产强制执行与地税机关税费征缴协同联动机制的指导意见》(鲁地税发〔2017〕42号)。如鲁地税发〔2017〕42号第4条第2款第1项规定:“在执行程序中,拍卖、变卖不动产过程中产生的被执行人(纳税人)的法定税费(不包括买受方应缴纳印花税、契税等税费),依法从拍卖、变卖价款中优先支付”;第4条第3款第3项之规定:“人民法院根据地税机关《扣税通知书》,及时从拍卖、变卖价款中依法进行扣款,并将分配结果、理由告知地税机关。人民法院应将协助征税的具体情况告知被执行人(纳税人)。被执行人(纳税人)对税费征缴有异议的,可依法向地税机关提出。”从这些规定可以看出,当地法院并不认可“包税条款”。

最高人民法院《关于人民法院网络司法拍卖若干问题的规定》第30条规定:“因网络司法拍卖本身形成的税费,应当依照相关法律、行政法规的规定,由相应主体承担。”但对比表5中(2017)最高法执监324号案件的裁判观点,最高人民法院的观点也未统一。

(2)认可“包税条款”有效时的税收优先权

如果法院不认可“包税条款”,则不存在税收优先权的问题。如果法院认可“包税条款”的效力,在《拍卖公告》中约定一切税费由买受人承担时,对于买受人将要承担的产权过户所产生的一切税款如何处理,实务中的裁判观点如下(见表6):

表 6　认可"包税条款"时买受人承担的税款如何处理的裁判观点摘录

<table>
<tr><th>观点</th><th>案号</th><th>裁判文书典型表述摘录</th></tr>
<tr><td rowspan="10">税款由买受人另行承担，不可从拍卖款中扣除</td><td>(2018)粤民终 2200 号</td><td rowspan="5">公告约定买受人承担双方过户税费，因此拍卖后应缴纳税款由买受人承担，故不存在首先从拍卖款中扣除的问题</td></tr>
<tr><td>(2017)粤 01 执复 72 号</td></tr>
<tr><td>(2015)浙温执异终字第 67 号</td></tr>
<tr><td>(2015)琼执复字第 8 号、第 9 号</td></tr>
<tr><td>(2020)最高法民申 960 号</td></tr>
<tr><td>(2020)闽 0582 执异 67 号</td><td rowspan="5">买受人在参与竞拍过程中明知并认可案涉拍卖活动中的税费缴纳具体要求，竞买成交后要求撤销拍卖或请求将过户过程中涉及的卖方税费改从拍卖款中扣缴的请求，有违诚实信用原则</td></tr>
<tr><td>(2020)鲁 03 执复 170 号</td></tr>
<tr><td>(2020)鲁 1602 执异 61 号</td></tr>
<tr><td>(2019)闽 01 执异 365 号</td></tr>
<tr><td>(2020)闽执复 46 号</td></tr>
<tr><td>税务机关可行使代位权</td><td>(2020)琼 9001 民初 412 号</td><td>拍卖公告中约定买受人承担被执行人应承担的税款，但被执行人仍为纳税义务主体，税务机关可行使代位权</td></tr>
</table>

对于"包税条款"下买受人将要承担的产权过户所产生的一切税款，在司法实践中，大部分法院认为买受人既已认可拍卖公告或拍卖协议书中对于税款承担的要求，就应额外承担拍卖双方因拍卖交易产生的税款。在新生税款可从拍卖款中优先扣除的处理方案下，此时税收债权优先于其他私法债权受偿，产权过户的所有税费均可优先扣除，买受人的负担便可减轻；而在买受人额外承担税款的方案下，由于税收债权不能优先受偿，此时买受人无法因为税收债权的提前清偿而减轻部分税负，对买受人不利。另外，买受人必须降低拍卖成交价，才能挤出用于缴纳被执行人税款的价款，而拍卖成交价的降低将导致担保债权不一定能足额受偿，税收债权却有买受人预留的专项资金保证，无须考虑受偿的顺位和

不能受偿的风险。[1] 此时税收债权便处于绝对优先地位,对私法债权人极为不公。

需要提及的是,在"包税条款"有效的前提下,拍卖中的被执行人即债务人仍然是税法所规定的纳税人,且作为《竞买协议书》或《拍卖成交书》的合同当事人,被执行人有权利和义务催告买受人承担协议所约定的所有新生税款。若被执行人怠于履行该部分债权,税务机关可依据《税收征收管理法》第50条之规定提起代位权诉讼,向拍卖交易的买受人主张税法规定的应由被执行人所承担的税款。

3.买受人垫付被执行人应承担的税款

在不认可"包税条款"的情形下,在实践中,部分法院探索出由买受人垫付被执行人税款再从拍卖价款中优先扣除的新路径。如长春市朝阳区人民法院(2020)吉0104执异7号执行裁定书、甘肃省高级人民法院(2020)甘执复14号执行裁定书的裁判观点均认为买受人所垫付的应由被执行人承担的税款可从拍卖价款中优先扣除。买受人只是"垫付"被执行人按照税法规定应承担的税款,并非真正由买受人承担,该做法遵循了法定纳税主体的规定,实质上属于"新生税款根据法律规定各自承担"的另一种表现形式。

三、税收优先权的适用程序

(一)提出主体的范围之争及其确立

一般认为,税务机关是享有税收优先权的主体。但在实践中,也存在被执行人主张税收优先权的现象。被执行人提出税收债权可优先从被执行财产中扣除是为了早日清缴欠税以停止计算滞纳金。如果税收债权未从被执行财产中优先扣除,当被执行人财产用以清偿其他私法债权后,税务机关再主张税收债权及滞纳金,被执行人可能因为没有财产可供清偿而需负担更多的滞纳金。而私法债权人认为债务人无权提出税收优先权,也是为了自己的债权可优先得到清偿,如果税务机关尚未主张税收优先权而由债务人代为提出,此时私法债权人可能因为税收债权的优先清偿而可能难以完全受到清偿。在实务中具体裁判观点如下

---

[1] 参见程国琴:《从扩张走向限缩:税收优先权在民事执行程序中的实现路径》,载《税务研究》2021年第3期。

(见表7)：

表7 主张税收优先权主体的裁判观点摘录

观点	案号	裁判文书典型表述摘录
只有税务机关可以主张税收优先权	(2016)晋06民终272号	行使税收优先权的主体应是税务机关,而税务机关既不是该案的当事人,也未参加该案诉讼,原审法院就欠税问题迳行判决不当①
	(2020)辽01民终4741号	享有税收优先权的为税务机关,标准化研究院的该项上诉理由,与其不存在直接的、法律上的利害关系
	(2021)粤0803执异119号	税费的征收应根据税收法定原则,由税务机关依照法定程序进行,故税收优先权的行使主体应为税务机关
	(2021)鄂0802执异27号	异议人湖北荆门城建集团房地产开发有限公司并非税务执法机关,其异议不能成立

①该案为金融借款合同纠纷。贷款人将房产、土地使用权抵押给借款人,但因存在欠税情形该抵押房产已被税务局查封,因此在答辩中主张税收优先权,认为税收债权应优于借款人对抵押物的担保债权。法院认为行使税收优先权的主体应是税务机关。

税收优先权存在的意义即为了防止国家税款的流失。一般而言,防范国家税款流失是税务机关的法定职责,至于税务机关未积极主张税收优先权从而导致国家税款流失是否涉嫌渎职犯罪的问题,并非本文的写作主旨,这里不做讨论。但值得注意的是,《税收征收管理法》第45条并没有明确规定提出税收优先权的主体,而结合社会共治理论和《税收征收管理法》第1条的立法宗旨分析,非税务机关主张税收优先权,客观上是可以达到"保障国家税收收入,保护纳税人的合法权益,促进经济和社会发展"之目的的。

(二)行使方式的二元选择及适用问题

实践中税务机关行使税收优先权的方式包括两种:一种是税务机关利用公权力机关的身份向法院发出《商请扣缴税款协助执行函》主张税收优先权;另一种是税务机关以债权人的身份向法院发出《参与分配申请书》主张税收优先权。

1. 以公权力机关的身份发函申请协助执行

(1)发函申请协助执行的局限性

税务机关发函申请法院协助执行的法律依据主要体现在《税收征收管理法》第5条第3款与《869号复函》第4条。《税收征收管理法》的立法宗旨为加强税收征收管理,保障国家税收收入,《税收征收管理法》第5条与第45条的规定均是围绕该立法宗旨而设,区别在于《税收征收管理法》第5条并非专门服务于税收优先权,只是恰好基于保障国家税收收入而涉及税收优先权的适用。

但上述法律依据没有完整的法律规范逻辑结构,缺乏法律后果要素,虽在实务中对税收债权的优先实现具有一定作用,但也存在其局限性。在该方式下,税务机关的身份是税收征管主体而非税收债权人,税务机关并无绝对的权力要求法院协助执行。即使对协助税务机关执行职务、征收税款的表述是"应当",但本质上是公权力机构间的商洽、询问和答复,在实践中亦有法院回函不予协助执行的情形发生,此时税务机关事实上并不能享受到税收优先权。

(2)对发函申请协助执行的救济机制

税务机关向法院发出协助执行函时,若法院回函表示支持税务机关的税收优先权,私法债权人作为当事人可能对法院协助税务机关扣缴税款的执行行为提出异议,若法院不支持税收优先权,税务机关能否提出执行异议?法院是否应当支持税务机关对于税款优先受偿的请求?

执行异议案件受理的条件主要规定在《民事诉讼法》第232条[1]及最高人民法院《关于人民法院办理执行异议和复议案件若干问题的规定》(以下简称《执行异议规定》)第5条[2]、第7条[3]。《民事诉讼法》第232条规定了提出

[1] 《民事诉讼法》第232条规定:"当事人、利害关系人认为执行行为违反法律规定的,可以向负责执行的人民法院提出书面异议。当事人、利害关系人提出书面异议的,人民法院应当自收到书面异议之日起十五日内审查,理由成立的,裁定撤销或者改正;理由不成立的,裁定驳回。当事人、利害关系人对裁定不服的,可以自裁定送达之日起十日内向上一级人民法院申请复议。"

[2] 《执行异议规定》第5条规定:"有下列情形之一的,当事人以外的自然人、法人和非法人组织,可以作为利害关系人提出执行行为异议……(五)认为其他合法权益受到人民法院违法执行行为侵害的。"

[3] 《执行异议规定》第7条规定:"当事人、利害关系人认为执行过程中或者执行保全、先予执行裁定过程中的下列行为违法提出异议的,人民法院应当依照民事诉讼法第二百二十五条规定进行审查……(三)人民法院作出的侵害当事人、利害关系人合法权益的其他行为……"

执行异议的主体为当事人、利害关系人,《执行异议规定》第5条规定当事人以外的自然人、法人和非法人组织,可以作为利害关系人提出执行行为异议的具体情形,《执行异议规定》第7条则是对执行异议的客体即违法执行行为的规定。

在实务中具体裁判观点如下(见表8):

表8 税务机关向法院发函申请协助扣缴税款被拒绝时能否提出执行异议的裁判观点摘录

观点	案号	裁判文书典型表述摘录
税务机关不可提出执行异议	(2016)豫执复204号	执行异议应对法院的执行行为或执行标的提出,而石龙区税务局对司法拍卖款优先抵缴税款提出异议与法院的查封、拍卖行为没有关系,该异议不属于执行异议复议的审查范围,不符合案件受理条件
	(2017)川01执异1505号	青羊区税务局……既不是执行案件当事人,也不属于《执行异议规定》第5条规定的利害关系人范围,其主张不符合执行异议案件的受理条件
税务机关可提出执行异议	(2015)琼执复字第8号、第9号	乐东地税局向执行法院所提异议事由并非对拍卖款项主张实体权利,而是认为执行法院处置拍卖款项时未协助其征收相应的税款违法了法律规定,显然是对具体执行行为所提异议
税务机关可提出执行异议,但法院不支持税款优先受偿的请求	(2021)吉0102执异306号	民事执行相关法律以及司法解释没有关于税收优先权可以在执行程序中就执行案款优先实现的规定,霍林郭勒税务局主张其对本院已执行的棚改房款有优先受偿权于法无据,对异议人该项异议请求本院不予支持
	(2021)吉0102执异307号	

税务机关可否提出执行异议需要回答两个问题:一是税务机关是否属于《民事诉讼法》第232条、《执行异议规定》第5条规定的"利害关系人"?二是法院未协助税务机关扣缴税款是否属于《执行异议规定》第7条规定的违法执行行为?从法律条文的文义上来看,税务机关可归属于《执行异议规定》第5条第5项规定的"认为其他合法权益受到人民法院违法执行行为侵害的"情形,法院未协助税务机关扣缴税款可归属为《执行异议规定》第7条第1款第3项规定的

“人民法院作出的侵害当事人、利害关系人合法权益的其他行为”。但支持税务机关提出执行异议的上述法律依据均为兜底性条款,具体如何理解“其他合法权益”“其他行为”需要法院行使自由裁量权进行确定,这正是出现不同的裁判观点的原因。

提起执行异议的行为必须是侵害“利害关系人”的其他行为,提出执行异议的主体也必须是当事人以外的“利害关系人”。因此,最本质的问题是税务机关是否与执行款支付存在法律上的利害关系?

法院不支持税务机关提起执行异议,通常认为税务机关向法院申请协助扣缴税款是一种行政行为,因此与执行款支付行为不存在直接的法律上的利害关系,进而不符合异议案件的受理条件,其本质还是认为税务机关并非被执行人的债权人,不认可税收债务关系理论。笔者并不赞同该观点。行政行为,是指行政主体以单方面意志作出的影响行政相对人权利义务的、具有法律效果的意思表示。[1] 在民事执行程序中,人民法院并非行政相对人,税务机关也不能影响人民法院是否作出支持税务机关申请的决定。人民法院不能仅因为发出协助执行函的主体是税务机关就认为申请代为扣缴税款是一种行政行为,进而剥夺税务机关的异议权。此外,税务非诉执行,是指人民法院对已生效但未经行政诉讼程序的税务行政行为的执行,根据《行政强制法》第 56 条[2]、第 58 条[3]之规定,税务非诉执行中税务机关对人民法院不予受理、不予执行的裁定有提出异议的权利。而税务机关以税收债权人的身份向人民法院申请执行并非一种典型的行政行为,且税务非诉执行与税务机关适用税收优先权的目的一致,都是防止国家财产的流失。因此,当人民法院拒绝协助税务机关扣缴税款时,应给予税务机关作为税收债权人提出执行异议的权利。

2. 以债权人的身份申请参与分配

(1)税务机关能否申请参与分配

针对该问题,《税收征收管理法》和《民事诉讼法》都未作明确规定,司法裁

---

〔1〕 参见江必新、梁凤云:《行政诉讼法理论与实务》,法律出版社 2016 年版,第 9 页。

〔2〕 《行政强制法》第 56 条规定:“行政机关对人民法院不予受理的裁定有异议的,可以在十五日内向上一级人民法院申请复议。”

〔3〕 《行政强制法》第 58 条规定:“行政机关对人民法院不予执行的裁定有异议的,可以自收到裁定之日起十五日内向上一级人民法院申请复议。”

判也有不同的观点,具体如下(见表9):

表9 执行程序中税务机关能否申请参与分配的裁判观点摘录

观点	案号	裁判文书典型表述摘录
税务机关可参与分配	(2020)苏01执异23号	税务机关如主张税收优先权,应当通过参与分配程序实现
	(2019)粤1721民初3112号	
	(2016)湘12执复12号	
	(2014)浙温执复字第56号	
税务机关不可参与分配	(2018)赣0102民初3842号	民事执行方面的法律以及司法解释没有关于税收优先权可在执行程序中参与案款分配并优先实现的规定
	(2020)赣04执复46号	
	(2020)黔01执异309号	
	(2020)辽04执复39号	
	(2017)京执复118号	
	(2021)粤0803执异9号	1. 该案为执行程序,在民事执行方面的法律及司法解释中,除《企业破产法》外,没有关于税收优先权可在执行程序中参加案款分配并优先实现的规定。 2. 市稽查局是追缴贸盛公司欠税的行政执行主体,并非贸盛公司的债权人,不属于案款分配中享有债权的民事主体,不具备主张优先权的主体资格

反对税务机关参与分配的主要理由包括两点:一是民事执行方面的法律以及司法解释没有关于税收优先权可在执行程序中参与税款分配并优先实现的规定;二是税务机关并非债权人。上述理由其实很难经得起推敲。首先,法官不能以法无明文规定为由拒绝裁判是法治社会的一项原则;其次,"税收债权债务说"的理论推动了税法与民法相关规则的互认,税务机关可以债权人的身份而非征收机关的身份参与分配。[1] 在"税收债务关系说"的理论下,国家和纳税人

---

〔1〕 参见程国琴:《从扩张走向限缩:税收优先权在民事执行程序中的实现路径》,载《税务研究》2021年第3期。

是债权人和债务人的关系,其法律地位和法律人格是平等的,国家所享有的仅仅是请求纳税人实施一定行为,而不能直接支配纳税人的财产和对纳税人的人身予以强制,它们均是权利主体,同时也是义务主体。[1] 税收债权人的权能包括给付请求权、给付受领权、自力救济权、债权保护请求权以及处分权。[2] 若税收债务人怠于履行给付义务时,税收债权人当然可以基于债权请求权请求国家司法机关予以保护。《税收征收管理法》赋予税务机关在征缴税款过程中有划拨存款、扣押、查封、依法拍卖或者变卖价值相当于应纳税款的商品、货物或者其他财产的强制执行权力,但只有在税收债务人有足够的财产且没有其他私法债权人一同主张时,税务机关的强制执行权才可充分发挥其作用。若税收债务人的其他私法债权人对税收债务人仅有的财产同时主张清偿,此时税务机关需要通过分配程序主张税收优先权以获得税收债权的清偿。

(2)参与分配的构成要件

在税务机关可申请参与分配的前提下,参照《民诉法解释》第 506 条[3]、第 507 条[4]关于民事债权人参与分配的规定,其构成要件包括:被执行人的财产不能清偿所有债权,参与分配的提出时间、取得执行依据。

①被执行人的财产不能清偿所有债权

若被执行人尚有其他财产可供清偿,税务机关可通过税收强制措施收回税款,不必通过民事执行中的分配程序与私法债权人相争。绝大多数司法裁判都认为被执行人的财产不能清偿所有债权是主张税收优先权的前提条件,具体裁判观点如下(见表 10):

---

[1] 参见翟继光:《"税收债务关系说"产生的社会基础与现实意义》,载李明发主编:《安徽大学法律评论》2007 年第 1 辑(总第 12 辑),安徽大学出版社 2007 年版。

[2] 参见陈少英:《税收债法制度专题研究》,北京大学出版社 2013 年版,第 10 页。

[3] 《民诉法解释》第 506 条规定:"被执行人为公民或者其他组织,在执行程序开始后,被执行人的其他已经取得执行依据的债权人发现被执行人的财产不能清偿所有债权的,可以向人民法院申请参与分配。对人民法院查封、扣押、冻结的财产有优先权、担保物权的债权人,可以直接申请参与分配,主张优先受偿权。"

[4] 《民诉法解释》第 507 条规定:"申请参与分配,申请人应当提交申请书。申请书应当写明参与分配和被执行人不能清偿所有债权的事实、理由,并附有执行依据。参与分配申请应当在执行程序开始后,被执行人的财产执行终结前提出。"

表 10　被执行人的财产不能清偿所有债权是否是申请税收优先权前提条件的裁判观点摘录

观点	案号	裁判文书典型表述摘录
被执行人的财产不能清偿所有债权是申请税收优先权的前提条件	(2018)鄂执复 127 号	税务机关未有证据证明被执行人的财产不足以清偿所欠税款和其他债务,其要求参与到该案中的执行分配程序中以满足其税收优先受偿权,不具有事实基础和法律依据
	(2020)辽 01 民终 4741 号	
	(2018)川 17 执复 11 号	
	(2020)湘 1302 执异 61 号	
	(2018)赣 0102 民初 3842 号	
	(2017)鲁 0302 执异 111 号	
	(2020)赣 04 执复 46 号	
	(2020)赣 09 执复 31 号	
	(2020)皖执异 3 号	第三人国家税务总局涡阳县税务局已查封被执行人安徽和景农业发展有限公司房产,国家税务总局涡阳县税务局要求我院协助优先执行执行人安徽和景农业发展有限公司欠缴 2017 年、2018 年房产税 909,150.00 元的请求,不符合规定,法院不予支持
	(2020)浙 07 执复 139 号	对有确切证据证明被执行人另有其他财产可供执行的,人民法院对税务机关的受偿申请可不予支持
	(2021)闽 0824 执异 20 号	
	(2018)吉 24 执复 4 号	现明大公司处于正常运营,且在税务部门已经扣押了明大公司其他财产的情况下,对法院冻结的存款主张税收优先权,于法无据,法院不予支持
	(2018)湘 01 执复 22 号	被执行人名下尚有财产可供执行,并未损害复议申请人的合法权益及社会公共利益
被执行人的财产不能清偿所有债权不是申请税收优先权的必要条件	(2018)鲁 03 执复 169 号、170 号	复议申请人依法优先征税并不以广西宇豪公司全部财产不足以清偿所有债务为必要条件

②在执行程序开始后并于终结前提交参与分配的书面申请

《民诉法解释》第 507 条明确规定,参与分配申请应当在执行程序开始后、被执行人的财产执行终结前提出。税务机关作为公法债权人参与分配,理应与其他私法债权人可申请参与分配的时限一致。如“国家税务总局揭阳市榕城区税务局与中国工商银行股份有限公司揭阳分行执行分配方案异议案”[(2018)粤民终 2200 号][1]中,一审法院于 2017 年 3 月 28 日作出执行财产分配方案后,榕城税务局就分配方案及时向一审法院提出异议,法院判决撤销原执行财产分配方案,由执行机构重新制作分配方案。若榕城税务局在执行程序终结后才提交参与分配的申请,法院作出的分配方案已生效,税务机关便会错失税收债权优先受偿的机会。

③已取得执行依据

税收债权应当成立并且纳税期限已经届满,税务机关应当根据具体情况出具税务处理决定书或者税务处罚决定书等生效法律文书以确定税款债权,并作为执行依据。贵州省贵阳市中级人民法院(2020)黔 01 民终 4062 号民事判决书[2]、江西省九江市中级人民法院(2020)赣 04 执复 46 号执行裁定书[3]的裁判观点均认为,税务机关取得执行依据是申请参与分配的前提条件。

④补充要件:税务机关参与民事执行程序前已采取税收强制执行措施

税务机关在税收征收管理中具有强制处置权力,也负有依法征收税费及监督纳税人按时足额缴纳税费的责任。因此,税务机关行使税收优先权仅是在债务人无其他财产可供清偿税款时的补充手段。若税务机关在纳税人财产进入民事执行程序前不履行法律规定的职责,又要求在民事执行程序中主张税收优先权,均会被法院驳回。具体裁判观点如下(见表 11):

---

〔1〕 参见广东省高级人民法院(2018)粤民终 2200 号民事判决书。

〔2〕 判决书中载明:分配方案中,涉及向贵阳市原白云区国家税务局支付 91,968.55 元,而该笔支付并无生效的法律文书作为执行依据。故贵阳市原白云区国家税务局不能申请参与该案执行案款的分配。

〔3〕 裁定书中载明:东明县国税局并未向武宁县法院提交《税务处理决定书》与《税务行政处罚决定书》等相关文书的送达凭证,因此不予采纳税务局的复议理由。

表 11 以税务机关是否采取税收强制执行措施作为参与分配前提条件的裁判观点摘录

观点	案号	裁判文书典型表述摘录
税务机关参与民事执行程序前已采取税收强制执行措施	(2018)川17执复11号	税务机关具有行政执法权,可径行在执行法院采取执行措施之前冻结、扣划银河房产公司的款项抵扣其已经欠缴的应税款
	(2020)赣04执复46号	东明县国税局作为税款征收管理的行政执法主体,其参与民事执行程序前,应穷尽《税收征收管理法》所赋予其的税收强制执行手段,并完成相关行政文书的送达
	(2021)黔0113执异107号	税务机关作为具有强制执行权力的机关,应充分发挥其自身的强制执行权在行政程序中追缴税款

税务机关与私法债权人的不同之处在于,税务机关具有法律赋予的强制执行权。若税务机关怠于利用公权力追回税款,在税收债务人仅剩被执行财产时主张与其他私法债权人共同参与分配且优先实现,对其他私法债权人明显不公。因此,强调税收征管权力措施用尽作为税务机关参与分配的前提条件,是很有必要的。

(3)对申请参与分配的救济

根据《民诉法解释》第510条[1],税务机关参与分配后,若税务机关或私法债权人对法院分配方案有异议,可通过执行分配方案异议之诉寻求法律救济。分配方案异议之诉使实体权益因分配方案而受损的债权人或债务人得以声明不服,并通过审判程序对该不服所涉及的分配方案部分予以重新判断,从而确保各债权人平等受偿的实现。[2]

---

[1] 《民诉法解释》第510条规定:"债权人或者被执行人对分配方案提出书面异议的,执行法院应当通知未提出异议的债权人、被执行人。未提出异议的债权人、被执行人自收到通知之日起十五日内未提出反对意见的,执行法院依异议人的意见对分配方案审查修正后进行分配;提出反对意见的,应当通知异议人。异议人可以自收到通知之日起十五日内,以提出反对意见的债权人、被执行人为被告,向执行法院提起诉讼;异议人逾期未提起诉讼的,执行法院按照原分配方案进行分配。诉讼期间进行分配的,执行法院应当提存与争议债权数额相应的款项。"

[2] 参见刘颖:《分配方案异议之诉研究》,载《当代法学》2019年第1期。

接下来的问题是,在申请救济的过程中,税务机关能否作为执行分配方案异议之诉的诉讼主体。执行分配方案异议之诉是债权人参与分配后的救济程序,由于大多数案例中都不支持税务机关参与分配,因此相关案例较少。"浙江金钥匙资产管理有限公司与国家税务总局苍南县税务局执行分配方案异议案"[(2020)浙03民终1533号]中,[1]案例中,法院认为税务机关并非《民诉法解释》第510条第1款、第2款规定的"债权人",不能成为执行分配方案异议之诉的诉讼主体。

税务机关以参与分配的方式行使税收优先权时,可能面临两道障碍:一是可能被拒绝参与分配;二是即使被允许参与分配,在后续的救济程序中也有可能被认定为不符合执行分配方案异议之诉的诉讼主体资格。而两道障碍共同的理由是税务机关非债权人。对此,笔者认为,在税收债权债务理论下,税法可以借鉴债法的理论,重新审视税收实体法律关系的性质,重构税收实体法的体系。[2]税务机关拥有债权人的权利与义务,不服法院作出的分配方案提出异议只是债权保护请求权权能的延伸。既然税收债务人怠于履行给付义务时,税收债权人当然可以申请参与分配,如果对分配方案不服时,税务机关作为债权人完全可以提起执行分配方案异议之诉请求人民法院重新作出判断。

(三)税收优先权与追征期限

行使税收优先权是税务机关追缴欠税的方式之一,因此它与《税收征收管理法》第52条[3]规定的追征期限有紧密联系。纳税人将追征期限作为抗辩理由时,可能影响税收优先权的行使。

"成都农村商业银行股份有限公司双流支行与四川省原双流县(现双流区)地方税务局(以下简称双流税务局)、成都双流棠中房地产开发有限公司执行分配方案异议案"[(2016)川01民终10537号]中,[4]双流税务局于2009年5月

[1] 参见浙江省温州市中级人民法院(2020)浙03民终1533号民事裁定书。

[2] 参见陈少英:《税收债法制度专题研究》,北京大学出版社2013年版,第1页。

[3] 《税收征收管理法》第52条规定:"因税务机关的责任,致使纳税人、扣缴义务人未缴或者少缴税款的,税务机关在三年内可以要求纳税人、扣缴义务人补缴税款,但是不得加收滞纳金。因纳税人、扣缴义务人计算错误等失误,未缴或者少缴税款的,税务机关在三年内可以追征税款、滞纳金;有特殊情况的,追征期可以延长到五年。对偷税、抗税、骗税的,税务机关追征其未缴或者少缴的税款、滞纳金或者所骗取的税款,不受前款规定期限的限制。"

[4] 参见四川省成都市中级人民法院(2016)川01民终10537号民事判决书。

向棠中公司送达税务检查告知书和税务检查通知书,对其2007年的涉税情况进行税务检查,并于2009年12月作出税务处理决定书并送达给棠中公司。因责令限期改正后棠中公司仍未缴清欠税,双流税务局于2012年4月从该司银行账户中扣缴了部分税款。2014年4月,棠中公司的房屋因某金融借款合同纠纷被强制执行,该案件中债权人为农商银行。双流税务局向一审法院行函要求协助执行棠中公司2007年未缴清的税款,一审法院执行局作出分配方案,确定双流税务局为第一顺序优先受偿人。农商银行不服,提出书面意见,被驳回后提起该案执行分配方案异议之诉。一审法院认为,依据《税收征收管理法》第52条第3款的规定,税务机关对该税款享有无限期的追征权。原告在上诉中提出,双流税务局作出的《税务处理决定书》并未对企业所得税征收滞纳金及罚款,故其不属于《税收征收管理法》第52条第3款规定的偷税、抗税、骗税行为,税务局不能无限期追征。二审法院认为:"本案中,棠中公司欠缴税款的期间为2007年度,双流税务局于2010年2月25日作出《责令限期改正通知书》要求棠中公司补缴税款,亦在法律规定的三年期间内,并不影响本案的实体处理。"

该案件从欠税的发生到追偿,时间跨度较大。一个值得关注的争议焦点为,税务机关行使税收优先权是否要以所追征税款是否超过追征期为限。当纳税人将追缴期限作为抗辩理由时,只能以纳税义务发生到税务处理决定书生效的时间为限来判断是否超过了《税收征收管理法》规定的时限,而不能依据税务机关主张税收优先权的时间。[1] 其中的关键是,分清欠税的追缴期限与欠税确定后的税款清偿期限。国家税务总局《关于欠税追缴期限有关问题的批复》规定:"纳税人已申报或税务机关已查处的欠缴税款,税务机关不受该条追征期规定的限制,应当依法无限期追缴税款。"上述案件中的裁判观点是把责令限期改正的期限作为欠税确定的期限,但笔者认为,税务机关作出《税务处理决定书》即可确定欠税,属于"税务机关已查处的欠缴税款",责令限期缴清欠税属于欠税确定后的税款追缴。在上述案件中,2009年12月《税务处理决定书》已将欠税确定,只要从2007年纳税义务发生时到税务机关2009年作出《税务处理决定书》时的期限未超过追征期限,双流税务局可无限期追缴税款,当然包括在纳税人无其他财产可供强制执行的情况下通过行使税收优先权追缴税款。

---

〔1〕 参见李柯奇:《税收优先权争议中若干问题的探讨——从一例税务机关行使税收优先权胜诉案谈起》,载《税收经济研究》2018年第1期。

综上所述,应区分欠税的追征期与税款确定后的清偿期。欠税的追征期应根据《税收征收管理法》第52条予以确定。税收优先权是税务机关在税款清偿期内追缴税款的手段之一,只要税款经纳税人申报或税务机关查处后被确定,税务机关行使税收优先权并不受《税收征收管理法》第52条追征期限的限制。

四、小　　结

我国的现行立法对税收优先权在民事执行程序中的规定不够明确,实践中面临司法裁判标准不一等问题。2022年6月21日,《民事强制执行法(草案)》提请十三届全国人大常委会第三十五次会议初次审议。从公布的内容来看,鲜见对税收优先权的特别安排。当前,在立法方案不明朗的情形下,暂时可通过完善相关制度规范,发布税收优先权的操作指引等方式统一税收优先权制度在民事执行程序中的适用,以确保既能通过税收优先权保障国家财产,又不至于太过扩张进而侵害其他私法债权人的利益。

成案研讨

再评“博皓案”*

胡邵峰** 聂 淼***

摘 要：无论是从法律依据还是税法原则来看，“黄山市博皓投资咨询有限公司（以下简称博皓公司）诉黄山市地方税务局稽查局案”（“博皓案”）中股东借款的可税性都是存疑的。而从诉讼策略上来讲，应重点强调扣缴义务不成立，而非纳税义务是否成立。本文认为，个人所得税扣缴义务之成立应先判断支付环节的存在和支付标的的所得性质，再根据稽征经济原则考虑其实现条件。

关键词：个人所得税；量能课税；扣缴义务；构成要件

“博皓案”是一个经典的税务司法案例。案情虽然波折，但并不复杂，法律适用也比较简单，却触及了税务执法与司法中的重大问题。该案犹如一座富矿，不仅有价值的研究题材能够被不断发掘，也让相关探讨持续深入。笔者不揣浅

---

* “博皓案”自2015年终审判决作出时，即引发了广泛关注，以其为题材的文章已有不少。2018年对该案的再审裁定作出后，它又一次进入公众视野。2021年6月22日，由江西财经大学法学院发起的与中央财经大学法学院、厦门大学法学院、华中科技大学法学院联合举办的四校财税法论坛第2期即以“黄山市博皓投资有限公司诉黄山市地方税务局稽查局案”为素材展开。本次论坛邀请武汉大学法学院熊伟教授作为特邀嘉宾，由江西财经大学法学院聂淼博士主持，国家税务总局税务干部学院（长沙）胡邵峰老师主讲，中央财经大学法学院郭维真副教授、厦门大学法学院王宗涛副教授、华中科技大学法学院李貌博士、江西财经大学法学院余鹏峰博士、安徽鑫和律师事务所合伙人刘颖杰律师和国浩律师（南昌）事务所合伙人蔡明律师担任与谈嘉宾。实务界和四校学生40余人参与了本次论坛。由于研讨的题材和内容很符合《税法解释与判例评注》的定位，编辑部在论坛研讨成果的基础上，特别组织了一组稿件。本文是在胡邵峰老师所作主题报告的基础上编辑而成的，同时整理收录了几位与谈嘉宾的发言。这组文章呈现理论与实务界的真诚互动，既有理论与实践的交融，又有不同思想观点的碰撞，共同推进问题的探讨走向全面和深入，希望能给读者带来不一样的阅读体验。

** 国家税务总局税务干部学院（长沙）专职教师，法学硕士。

*** 江西财经大学法学院副教授，法学博士。

陋,在以往的研究基础上,尝试对该案的争议问题进行再思考,这也是标题中“再谈”的立意所在。

一、案情简介与争议焦点

(一)案情简介

博皓公司(原黄山市博皓房地产开发有限公司)系由宁波博皓投资控股有限公司、苏某合、倪某亮、洪某南共同投资成立的有限责任公司。截至2010年年初,博皓公司借款给其股东苏某合300万元、洪某南265万元、倪某亮305万元。上述借款在2012年5月归还,且未用于博皓公司的生产经营。2013年2月28日,黄山市地方税务局稽查局对博皓公司涉嫌税务违法行为立案稽查,并于2014年2月20日对博皓公司作出黄地税稽处〔2014〕5号税务处理决定,认定博皓公司少代扣代缴174万元个人所得税,责令博皓公司补扣、补缴。同时,对博皓公司作出黄地税稽罚〔2014〕5号税务行政处罚决定,对博皓公司未履行扣缴义务的行为作出处应扣缴税款0.5倍的罚款的决定。

博皓公司对黄山市地方税务局稽查局作出的税务处理决定和税务处罚决定都不服,向黄山市人民政府申请行政复议,复议决定维持了被申请人的处理决定和处罚决定。博皓公司不服,向安徽省黄山市屯溪区人民法院提起行政诉讼。对一审的维持判决不服,博皓公司继续向安徽省黄山市中级人民法院上诉,二审判决仍然维持了黄山市地方税务局稽查局的处理决定和处罚决定。判决生效后,博皓公司又向安徽省高级人民法院申请再审,被裁定驳回。

(二)争议焦点

该案中,三位个人所得税的纳税人是博皓公司的股东,博皓公司又是税务机关认定的案涉个人所得税的扣缴义务人。或许正由于纳税人和扣缴义务人之间的这种特殊关系,税务机关出于征管便易的考虑,只对博皓公司没有履行个人所得税扣缴义务的行为作出了税务处理决定和行政处罚决定,并没有对纳税人直接作出任何处理。由于纳税人在该案中不是处理决定和处罚决定的相对人,只能以第三人的身份参与到行政复议和行政诉讼中去,没有以自己的名义提出复议申请或者向法院起诉。这导致了在诉讼过程中,双方的争议焦点出现了偏差。

从税务机关作出的税务处理决定和行政处罚决定的内容来看,争议焦点应该集中在博皓公司的扣缴义务是否成立、是否履行以及是否完全履行上面。但是,公开的司法裁判文书显示,博皓公司和税务机关之间似乎并没有直接就扣缴义务展开诉讼攻防。双方主要争议的其实是另外一个问题,即三位个人股东的个人所得税纳税义务是否成立。或者说,争议双方的基本思路都是试图通过先论证纳税义务的有无来进一步论证扣缴义务的成立与否,从而最终判断税务机关就博皓公司未履行扣缴义务所作出的税务处理决定和处罚决定是否具备合法性。例如,(2015)黄中法行终字第00007号判决书中提到,博皓公司认为:一审法院错误地理解了财政部、国家税务总局《关于规范个人投资者个人所得税征收管理的通知》[1](以下简称财税〔2003〕158号文),投资者借款归还后,借款人已属不得者,在借款人还款后仍然按借款数额征收借款者个人所得税显然是错误的。财税〔2003〕158号文并没有规定纳税年度终了后多少时间内还款,稽查时已确认3个投资者还清了所有借款,该借款不能视作企业对投资者的红利分配。

问题是,关于归还后的税务处理,财税〔2003〕158号文并没有进一步地交代。严格来说,财税〔2003〕158号文并不具备完整的规范结构,它只规定了跨纳税年度长期不还的税务处理,没有跟进日后归还的法律后果。而一审法院判决时,回避了还款对可税性的影响,维持了税务机关的决定。

再审时,(2017)皖行申247号再审裁定中提到,博皓公司仍然坚持认为:“本案的三个股东虽向其投资的企业借款,但在税务机关税务检查前就已经归还了借款,投资人将其借款归还后已没有所得,不产生个人所得税。”这里的问题是,即使按照博皓公司的观点,在归还借款的情况下不产生个人所得税的纳税义务,并不必然证成税务机关认定的扣缴义务不成立。不妨设想一下,如果归还前就存在纳税义务,那扣缴义务至少在归还前还是可能成立的。在这种情况下,对于未履行扣缴义务的行为,税务机关实施行政处罚,并不见得有什么问题。

与在纳税义务的证伪上用力过度相比,博皓公司反而在扣缴义务是否成立这一关键问题上未置可否,明显力有未逮。如在再审裁定中就提到,博皓公司认

---

〔1〕财税〔2003〕158号文第2条规定:“纳税年度内个人投资者从其投资企业(个人独资企业、合伙企业除外)借款,在该纳税年度终了后既不归还,又未用于企业生产经营的,其未归还的借款可视为企业对个人投资者的红利分配,依照‘利息、股息、红利所得’项目计征个人所得税。”

为:“个人投资者从其投资的企业借款,在纳税年度终了后没有及时归还,一段时间后才归还的,是否要处罚,法律法规没有规定,黄山市地方税务局稽查局对申请人作出的处罚决定没有法律依据。”事实上,如果针对的是纳税人未缴个人所得税的行为是否处罚,法律依据上或许不那么明确,但对于未履行扣缴义务的行为是否处罚,财税〔2003〕158 号文中虽然没有提及,《税收征收管理法》第 69 条却有明确的规定。[1] 博皓公司如果不能对成立扣缴义务有效证伪,其诉讼请求是很难得到人民法院认可的。

可见,从诉讼策略上来讲,应重点强调扣缴义务不成立,它一定程度上独立于纳税义务是否成立。本文为便于研究,就不局限于当事人的诉讼请求和司法判决的行文逻辑,将讨论的重点梳理成两个基本的问题:

其一,投资者从所投资的企业借款长期不还又不用于生产经营的,对于投资者来说,该借款是否具备可税性?涉及具体问题,还可以作进一步的展开,例如,投资者借款归还后,是否可税?如果纳税义务成立,还可以进一步追问,具体缴纳税款义务由谁来履行?纳税人还是扣缴义务人?

其二,对于投资者从所投资的企业借款长期不还又不用于生产经营的,被投资企业对于投资者的个人所得税是否应当承担扣缴义务?同样,在讨论这个问题的基础上,亦可以进一步思考,投资者借款归还后,被投资企业是否还承担投资者个人所得税的扣缴义务?如果扣缴义务成立,那么不履行扣缴义务的后果是什么?是补扣、补缴、还是处罚?

此外,该案还反映出了一个值得关注的问题:在税务执法程序中,税务机关对同一主体的同一行为实施的是同一检查行为,在对外下达执法文书的时候,却分别作出了税务处理决定和行政处罚决定两个行为,相对人也是依此对这两个行为分别寻求救济的。这是一种长期形成的做法,似乎也有法律上的依据。但它客观上确实造成了行政和司法效率上的减损和资源上的浪费,并非不可置疑,本文也一并进行探讨。

---

〔1〕《税收征收管理法》第 69 条规定,扣缴义务人应扣未扣税款的,由税务机关向纳税人追缴税款,对扣缴义务人处应扣未扣税款 50% 以上 3 倍以下的罚款。

二、税务案件救济程序的再整理

(一)“博皓案”中执法和救济程序分置问题的梳理

安徽省黄山市地方税务局稽查局于2014年2月20日对博皓公司分别作出黄地税稽处〔2014〕5号税务处理决定和黄地税稽罚〔2014〕5号税务行政处罚决定。博皓公司不服,分别就这两个决定向安徽省黄山市人民政府申请行政复议。复议机关分别作出了黄政复决字〔2014〕41号、黄政复决字〔2014〕42号两个行政复议决定,维持了税务机关的决定。博皓公司不服,分别就上述税务处理决定和行政复议决定向黄山市屯溪区人民法院提起诉讼,屯溪区人民法院于2014年12月5日同一天作出了(2014)屯行初字第00021号、(2014)屯行初字00022号两个判决。博皓公司不服,上诉至黄山市中级人民法院,该院于2015年4月2日同一天作出了(2015)黄中法行终字00006号、(2015)黄中法行终字00007号两份行政判决,维持原判。博皓公司仍然不服,继续向安徽省高级人民法院申请再审,再审法院在2018年7月24日同一天分别作出了(2017)皖行申246号、(2017)皖行申247号裁定,驳回了博皓公司的再审申请。

通过对“博皓案”救济过程的梳理,可以发现一个有意思的现象:同一执法主体黄山市地方税务局稽查局在行政程序中,针对博皓公司这一特定相对人未履行扣缴义务这一特定行为,实施了一个检查行为,经历了一个重大案件审理程序,但在对外出具执法文书的时候,却分别作出了责令补扣、补缴的税务处理决定和处应扣缴税额0.5倍罚款的税务行政处罚决定。而博皓公司接下来的救济过程,是根据税务处理决定书和处罚决定书分别展开的。博皓公司就税务处理决定和税务行政处罚决定分别申请复议、分别起诉、分别上诉、分别申请再审;相应地,复议机关分别作出了两份复议决定,人民法院也分别作出了两份一审判决、两份二审判决、两份再审裁定。而上述不同的救济途径和不同的法律文书,针对的均是同一个税务机关就同一个案件事实对同一相对人的行政处理行为。

之所以如此操作,主要是基于两种考虑:

首先,税务行政处理和行政处罚有着不同的程序保障。

2017年《行政处罚法》在第五章“行政处罚的决定”中的第31条规定:“行政机关在作出行政处罚决定之前,应当告知当事人作出行政处罚决定的事实、理由及依据,并告知当事人依法享有的权利。”第32条进一步明确:“当事人有权进行陈述和申辩。行政机关必须充分听取当事人的意见,对当事人提出的事实、理由和证据,应当进行复核;当事人提出的事实、理由或者证据成立的,行政机关应当采纳。行政机关不得因当事人申辩而加重处罚。”该章还在第三节专节规定了行政处罚的听证程序。[1] 由于这些规定涉及税务执法中正当程序原则的落实,税务机关非常重视,这具体体现在税务机关作出行政处罚决定之前,有一个专门的处罚告知程序,并配套了一份专门的法律文书——税务行政处罚事项告知书。而对于税务行政处理决定,似乎并没有直接的法律依据特别强调执法中的正当程序原则,也没有特别设定税务行政处理的告知程序。这就给人为撕裂同一执法主体对同一相对人相同违法行为的处理提供了口实。

其次,在立法上,税务行政处理和行政处罚有着不同的救济机制。

《税收征收管理法》第 88 条将征纳双方的争议区分为纳税争议和其他争议而分别设置了不同的救济路径,亦为造成该案中救济程序分设的源头。根据这一规定,“在纳税上发生争议时”,纳税人、扣缴义务人、纳税担保人这类主体在起诉前,要履行双重前置程序:首先是清税前置,然后是复议前置。而对于“当事人对税务机关的处罚决定、强制执行措施或者税收保全措施不服的”,可以选择行政复议,也可以直接向人民法院起诉。

法律上作这种安排的理由,比较普遍的看法是为了防止纳税人转移国家应得税款,避免税款损失,保证国家税收安全;同时考虑到,一般的税务案件具有很强的专业技术性和大量的重复性工作,由专业的税务机关进行复议有利于提高税务争议的解决效率,更好地发挥行政权和司法权各自的优势。

然而,上述理由不一定经得起琢磨,而且世易时移,即使是曾经合法、合理的做法,在当前的特定历史条件下,也不妨进行适度的反思。

---

[1] 同样的内容在 2021 年修订的《行政处罚法》中也被坚持了下来。2021 年《行政处罚法》第 44 条规定:“行政机关在作出行政处罚决定之前,应当告知当事人拟作出的行政处罚内容及事实、理由、依据,并告知当事人依法享有的陈述、申辩、要求听证等权利。”第 45 条规定:“当事人有权进行陈述和申辩。行政机关必须充分听取当事人的意见,对当事人提出的事实、理由和证据,应当进行复核;当事人提出的事实、理由或者证据成立的,行政机关应当采纳。行政机关不得因当事人陈述、申辩而给予更重的处罚。”听证程序规定在 2021 年《行政处罚法》第五章“行政处罚的决定”的第四节。

（二）税务行政处理程序和税务行政处罚程序分置的检讨

虽然有诸多理由支持该案中的税务行政处理程序和行政处罚程序的分置，法律上也可以找到相关依据，但必须承认的是，这种做法客观上形成了大量的程序冗余，也导致了行政和司法效率的减损和资源的浪费。

由于税务处理决定书和税务行政处罚决定书有不同的程序保障，处理决定书似乎也并不要求陈述申辩权的保障，又特别强调缴税前置和复议前置，税务机关实施起来较从容，但相对人的维权成本相对高企。而对于税务行政处罚决定书，由于没有双重前置的束缚，又有正当程序的保障，相对人更方便寻求救济，尤其倾向直接诉诸人民法院。值得注意的是，正是基于这样的程序设置，已经导致了执法动机和执法程序的扭曲和异化。

正因为对于纳税争议有着双重前置的程序限制，在实践中，相对人往往并不直接对税务处理决定申请行政复议或者诉诸法院，而是绕过税务处理决定，直接就税务行政处罚决定申请复议或者诉诸法院。由于税务行政处理决定和税务行政处罚决定在很多情况是同一税务机关对同一相对人就同一税收违法行为作出的，两者之间有牵连关系，甚至在事实认定上有可能就是同一的，税务机关不得不主动中止税务处理决定的执行。相对人通过这种方式，客观上也可能达到间接审查税务处理决定的目的。

对于相对人的上述做法，税务机关也有应对之法。虽然在税务检查程序和内部审理程序中，税务机关对案件是一体查办的，但既然对外下达文书需要分别处理，而法律上又没有明确规定同一案件中税务处理决定书和税务行政处罚决定书的送达时间，这就为税务机关提供了一个可以利用的时间差。对于可能发生争议或者争议很大的案件，税务机关往往先行下达税务处理决定书，试探相对人的态度。在相对人没有异议，或者虽有异议但在税务处理决定已经被执行或者履行完毕以后，税务机关再下达税务行政处罚决定书。在实践中，甚至也出现过先下达税务行政处罚事项告知书，待税务处理决定书执行或者履行完毕后，再下达税务行政处罚决定书的情况。

双方的角力并没有至此为止。针对税务机关的做法，纳税人也创意频出。对于税务机关只下达税务行政处罚告知书，不下达处罚决定书的做法，相对人的应对策略是直接以处罚告知书为事实依据，向人民法院起诉。对于双重前置的程序限制，相对人也有过拒绝缴税，直接申请复议，在收到不予受理的复议决定书以后,以经过行政复议程序为由向人民法院提起诉讼的做法。[1]

令人欣慰的是,征纳双方能以规则为基础维护自身立场,表明税收法治已经走上轨道,这是明显的进步。但在讲求"良法善治"的今天,这不应该是依法治税的应有面貌。

经过梳理可以发现,对税务处理决定和税务行政处罚决定分开操作的做法主要有以下3个问题:第一,同一案件分别处置,带来执法、司法资源的浪费;第二,程序冗余,导致行政、司法效率低下;第三,税务处理决定剥夺了相对人的陈述申辩权,有违正当程序原则,不利于当事人合法权益的保护。鉴于此,对于现行做法,有必要进行反思。

(三)重塑税收执法程序的思考

《税收征收管理法》在第1条立法宗旨中就明确指出,要"保护纳税人的合法权益"。中共中央办公厅、国务院办公厅《关于进一步深化税收征管改革的意见》中也提到:要"以服务纳税人缴费人为中心","大幅提高税法遵从度和社会满意度,明显降低征纳成本","大力推行优质高效智能税费服务","更好满足纳税人缴费人合理需求"……

或许,对税务处理决定和税务行政处罚决定分开处理的做法在特定历史条件下,有其合理性。但在新的时代要求下,也不妨对两者的合并实施作一次真诚的探讨。

1. 税务处理决定与税务行政处罚决定的合并并不存在法律规定上的障碍

税务机关的征税决定需要遵循正当程序原则,需要给予相对人陈述权、申辩权的保障,其实是有法律上的明确依据的。《税收征收管理法》第8条第4款明确规定:"纳税人、扣缴义务人对税务机关所作出的决定,享有陈述权、申辩权;依法享有申请行政复议、提起行政诉讼、请求国家赔偿等权利。"体例上,与《行政处罚法》将陈述权、申辩权规定在分则部分不同,《税收征收管理法》是将该项权利规定在总则部分。法理上,法律文件中分设总则和分则时,其内在逻辑是:除非分则中明确排除,总则中的规定对分则条款,均要一体适用。

事实上,当事人陈述权、申辩权是正当程序原则的要求。而正当程序作为最基本的程序要求,即使法无明文规定,也不能理解为程序上的豁免。税务处理决定,尤其是其中的征税决定,涉及相对人重大实体权利义务的处分,不给予其陈

[1] 参见熊伟主编:《指尖上的税与法》,法律出版社2014年版,第243页。

述权、申辩权的保护,在当前提倡依法治国、依法治税的背景下,是难以令人接受的。而在实践中,也已经出现了相关的司法判决。[1]

2. 税务处理决定与税务行政处罚决定的不同性质并不必然要求程序上分别设置

执法文书只是执法行为的载体。从这个意义上来讲,税务执法行为和税务执法文书不能简单同一。两者是内容与形式的关系,其本质上应当是一致的。而从实质意义上理解税务行政处理决定,其实是税务机关作出的行政处分,它并不仅仅只是征税决定,还包括了责令限期改正行为、行政强制行为等,当然也包括行政处罚。[2] 这种理论上的认识,在实践中不应被人为割裂。在最高人民法院判决的"德发案"中,广州税稽一局作出的税务处理决定中,其实就包括了税费核定、税收强制、违法确认等一系列行为。考虑到实践中的行政处罚决定书,表面上是对违法行为的确认和处罚,但实质上亦包含着对没有违法行为的确认和处理。"德发案"中税务机关的处理决定书,亦可认为承载着处罚决定的内容。[3] 事实上,如果严格区分税务行政处理决定书和行政处罚决定书的内容,也是存在问题的。"博皓案"中的税务行政处理决定书的一个核心内容是要求补扣补缴,而根据2021年修订的《行政处罚法》第2条之规定,税务机关要求补扣补缴,前提是博皓公司"违反行政管理秩序",从而"增加"了博皓公司补扣补缴的"义务",这完全符合《行政处罚法》第2条对行政处罚的定义。[4]

当然,可以认为税务行政处理决定与行政处罚决定在性质上存在出入。但经过上述分析可以看出,这种出入并不必然要求在文书制作和程序安排上一定要分开处理。通常税务行政处理决定书中记载的限期改正、税额确认和行政强

---

[1] 在"宁波亿泰控股集团股份有限公司、国家税务总局宁波市税务局第三稽查局税务行政管理(税务)案"中,法院认为,被告稽查局作出《税务处理决定书》明显对亿泰公司的权益产生了重大不利影响,应当按照正当程序原则的要求,依法告知,并充分保障亿泰公司的陈述、申辩权利。但稽查局在原审法定期间内提交的证据显示,其在作出该处理决定前,未因影响重大利益举行听证,亦未充分保障原告亿泰公司陈述、申辩的权利,故判决撤销税务处理决定和税务行政复议决定。参见浙江省高级人民法院(2020)浙行再6号行政判决书。

[2] 参见刘剑文、熊伟:《税法基础理论》,北京大学出版社2004年版,第376~377页。

[3] 参见最高人民法院(2015)行提字第13号行政判决书。

[4] 《行政处罚法》第2条规定:"行政处罚是指行政机关依法对违反行政管理秩序的公民、法人或者其他组织,以减损权益或者增加义务的方式予以惩戒的行为。"

制都属于不同性质的行政行为。而加收滞纳金、税收保全和税收强制在《税收征收管理法》上,是分别表述的,在《行政强制法》上,也分属于行政强制执行和行政强制措施两种不同性质的行政强制行为。仅仅因为性质的不同,要求在执法文书的制作和送达上分别处理,理由并不充分。

3. 税务处理决定和税务行政处罚决定在事实认定上的牵连关系要求其合并实施

包括税务执法在内的行政执法的基本工作就是两项:认定事实和适用法律。不同的行政行为种类,主要区别就在于其不同的法律依据。但这种区别,并不需要分别制作执法文书。例如,依据单行税法确认纳税义务、《税收征收管理法》和《行政强制法》实施税收保全和税收强制措施等,都可以兼容在税务处理决定书中。

与法律依据不同,不同税务执法行为在事实认定方面,在很多情况下是一致的。"博皓案"在证明对象、证明标准、证据的审查判断等方面,无论在税务处理决定还是行政处罚决定中,都没有任何不同,为此分别制作文书并设置两套救济程序的做法,显然没有必要。当然,税务行政处理决定书中认定的案件事实,在有些情况下,基于证明标准的不同,并不能完全作为处罚决定的事实依据。但仅以证明标准的不同,作为程序分设的理由,亦不充分。在税务处理决定书中,不同行政行为的证明标准,就很难一致。同样是征税决定,以核定方式确认的纳税义务和通过必然性推理确认的纳税义务,其证明标准就不可能一致。[1]

4. 双重前置程序的另一种解读

对纳税争议设置双重前置程序,理论上有诸多批判,在实践中也引发了不少问题。《税收征收管理法》的修订已经对此足够关注,这里不再赘述。本文想探讨的是,对《税收征收管理法》第 88 条,基于体系解释和目的解释,或许还隐藏着另一种可能。

前文提到,《税收征收管理法》的立法宗旨中,就明确强调要保护纳税人的合法权益。双重前置的程序设计和机械执行,明确有悖于该立法宗旨。同时,《税收征收管理法》在总则部分中的第 8 条第 4 款明确规定,"纳税人、扣缴义务人……依法享有申请行政复议、提起行政诉讼、请求国家赔偿等权利"。其分则

---

〔1〕 参见胡邵峰、曹映平、王维顺:《税额确认程序中的举证责任——基于"放管服"的视角》,载《税务研究》2020 年第 3 期。

的规定，应与总则的规定保持一致，并受总则的限制。换一个角度来看，如果分则规定不合理地限制甚至剥夺了纳税人包括“申请行政复议、提起行政诉讼、请求国家赔偿等权利”在内的合法权益时，执法实践中应当为此留有余地。从文义解释的角度出发，《税收征收管理法》第88条规定的“纳税人、扣缴义务人、纳税担保人同税务机关在纳税上发生争议时，必须先依照税务机关的纳税决定缴纳或者解缴税款及滞纳金或者提供相应的担保，然后可以依法申请行政复议；对行政复议决定不服的，可以依法向人民法院起诉”。也只强调了双重前置对纳税人、扣缴义务人、纳税担保人的约束作用，并没有为复议机关和人民法院设定强制性义务。或者说，这一规定并没有明确规定复议机关和人民法院在双重前置程序没有满足的情况下有拒绝受理的义务，例如，该条第3款就规定：“当事人对税务机关的处罚决定逾期不申请行政复议也不向人民法院起诉、又不履行的，作出处罚决定的税务机关可以采取本法第四十条规定的强制执行措施，或者申请人民法院强制执行。”值得注意的是，根据这一规定，如果当事人对税务机关的处罚决定逾期不申请行政复议也不向人民法院起诉、又不履行的，税务机关只是“可以”采取强制执行措施，或者申请人民法院强制执行，而不是“必须”。也就是说，这里存在一个执法尺度的问题。

笔者认为，在特定案件中，如果双重前置程序的设定，客观上剥夺了相对人的救济权，实践中是可以基于《税收征收管理法》总则的规定，排除第88条的机械适用的。《税收征收管理法》第88条只是从相对人的角度，设置了寻求救济的前置程序，并不影响税务机关和司法机关基于职权主义和保护纳税人合法权益的目的，主动提供救济。在实践中，已经出现税务机关和司法机关在相对人没有完全履行双重前置程序的情况下，主动提供救济的做法，也鲜见税务机关和司法机关因此被认定违法的案例。[1]

当前，对于取消缴税前置，理论界已经逐步达成共识。但对于复议前置，争议还是非常激烈。坚持复议前置的观点主要认为，税务案件具有很强的专业技术性和大量的重复性工作，由专业的税务机关进行复议有利于提高税务争议的解决效率，更好地发挥行政权和司法权各自的优势。笔者认为，从“良法善治”的角度出发，法律更应该做的是为当事人提供一种选择权，而不是替代当事人作出选择。事实上，即使将行政复议和行政诉讼作为当事人可选择的救济途径，当

[1] 参见河南省信阳市中级人民法院(2019)豫15行终184号行政判决书。

事人从解决问题的角度出发,也不见得一味抗拒行政复议的前置。《2020 年中国税务行政诉讼大数据分析报告》有个数据值得关注:“根据争议事由部分的统计,仅有 30% 的案件属于纳税争议,必须复议前置。但仍有 43% 的税务行政诉讼案件,当事人在起诉前提起了行政复议申请。可见,即使是对于不属于复议前置的案件,也有很多当事人选择性地提起了行政复议。”因此,与其执着于维护复议程序的前置设计,将更多的精力转移到提高行政复议解决问题的功能上来或许更可取。

虽然如此,笔者也不是一味坚持程序上的简并合一,但认为应当将其作为一种原则明确下来。在此前提下,可以参照诉的合并与分立,赋予税务机关对特定案件处理程序的裁量权。

三、股东借款的可税性之辨

(一)对财税〔2003〕158 号文的再解读

该案中,无论是税务机关、人民法院、纳税人,还是扣缴义务人,都在围绕财税〔2003〕158 号文做文章。依据该文件,他们都认为投资者从所投资的企业借款长期不还又不用于生产经营的,应当征税。分歧只在于,如果投资者还款,税务机关和人民法院坚持征税,纳税人和扣缴义务人则认为不发生个人所得税纳税义务。

但这种似乎具有普遍性的认识前提,其实很值得商榷。

首先,从财税〔2003〕158 号文的字面意思来看,对该案中的借款行为征税只是一种可能性,而非必然性。从“……其未归还的借款可视为企业对个人投资者的红利分配……”这一表述来看,未归还的借款只是“可”视为企业对个人投资者的红利分配,而非“必须”视为。法律文件中的“可”,有时需要理解为“应当”,有时是具备选择可能性的“可以”。那这里的“可”该如何理解?全国人大常委会法制工作委员会制定的《立法技术规范(试行)》(一)、(二)对此均没有规定,很难直接从文义角度给出一个确定性的结论。在这种情况下,只能结合立法目的来解释。

财税〔2003〕158 号文的出台是为了解决问题,而不是制造问题。但如果只是机械地理解这个文件,它制造的问题可能比解决的问题要多得多。举个例子,投资者在 2020 年 12 月 31 日从所投资企业借款又不用于生产经营,一天以后就跨纳税年度了，完全符合财税〔2003〕158 号文规定的课税要件。在这种情况下，一定要机械适用这一规定征收税款吗？如果适用，真的可以有效征收到税款吗？事实上，从民法角度，对这种情况下借款数额的认定都可能存在异议，在税法上以此为计税依据，真的可行吗？[1] 类似的情况在财税〔2003〕158 号文的适用中还有不少。因此，在实际执法过程中，为这类问题的税务处理提供一种选择适用的可能性是很有必要的。

其次，从相关文件的表述来看，对该案的借款行为征税并不存在必然性。

国家税务总局《关于印发〈个人所得税管理办法〉的通知》（以下简称国税发〔2005〕120 号文）第 35 条规定：“……（四）加强个人投资者从其投资企业借款的管理，对期限超过一年又未用于企业生产经营的借款，严格按照有关规定征税……”这一规定有两个地方值得注意：一是它对于长期的理解提供了另一种尺度，即借款“超过一年”，而非财税〔2003〕158 号文中规定的“跨纳税年度”；二是在这种情况下，要“严格”按照有关规定征税。这里的“规定”，显然是指财税〔2003〕158 号文中的规定。[2] 根据这里的行文逻辑，自然可以得出另外一个判断：对投资者从所投资企业借款期限跨纳税年度又没有超过一年的，不需要“严格”按照有关规定征税。如何理解其中的“严格”？笔者认为，它很难被解释为税率上的优惠，而只能被理解为对财税〔2003〕158 号文中涉及的征税要件的灵活掌握。

可以看出，财税〔2003〕158 号文显然没有解决征税“必然性”的问题，它提供的只是一种征税的可能性。在这种情况下，是否需要对投资者从所投资的企业借款长期不还又不用于生产经营的行为征收个人所得税，就要靠执法者在实践中对立法精神的把握以及对执法尺度的拿捏。

---

〔1〕 根据原《合同法》第 200 条（现《民法典》第 670 条）的规定，借款的利息不得预先在本金中扣除。利息预先在本金中扣除的，应当按照实际借款数额返还借款并计算利息。最高人民法院《关于审理民间借贷案件适用法律若干问题的规定》第 27 条规定，预先在本金中扣除利息的，人民法院应当将实际出借的金额认定为本金。当然，和民法上的“砍头息”不同，依据财税〔2003〕158 号文征税，借款人被扣除的税款是缴入国库，并非归债权人所有。但在客观后果上，借款人实际借得的数额与应当归还的数额都是有出入的。由于这个问题涉及法律部门之间的法际协调问题，不是本文的写作主旨，不再赘述。

〔2〕 值得注意的是，国税发〔2005〕120 号文第 35 条是为个体工商户、个人独资企业和合伙企业投资者以及独立从事劳务活动的个人设定的，而财税〔2003〕158 号文排除了对个人独资企业和合伙企业投资者的适用。

最后,财税〔2003〕158 号文中存在的大量不确定性概念只有确定化后才能作为征税的依据。

事实上,财税〔2003〕158 号文涉及大量税法上的不确定性概念,例如,什么是"投资者",什么是"从",什么是"借款",什么是"长期",什么是"可",什么是"视为",什么是"所得",什么是"生产经营",什么是"归还",等等。它们在税法上都缺乏明确界定。例如,投资者借款没有直接用于生产经营,而是出于生产经营的考虑,用于收购所投资企业的股权,是否可税?借款以后没有归还,而是减少企业的注册资本,同步减少自己所占股权比例,从而消灭投资者对所投资企业的负债,是否可税?对于这些不确定性概念的确定化,已经不能局限于文义解释,而是要结合税法的目的、原则,尤其是行政合理性原则综合权衡。[1] 而行政合理性原则适用的前提就是,执法机关拥有自由裁量的现实空间,这恰好与本文强调的税务执法实践中存在尺度的观点不谋而合。

通过上述分析,已经可以得出一个结论,根据财税〔2003〕158 号文,投资者从所投资企业借款长期不还,又不用于生产经营的,并不必然发生个人所得税的纳税义务。

(二)与税收法定原则的冲突

该案无论是从执法文书、复议决定还是从司法裁判文书来看,可以发现一个有意思的现象:针对投资者从所投资的企业借款长期不还又不用于生产经营行为的课税依据居然没有援引法律层级的依据。这一点令人费解。因为在个人所得税领域,不仅有法律层级的《个人所得税法》,还有行政法规层级的《个人所得税法实施条例》(以下简称《个税实施条例》)。而该案涉及的行政处理决定、行政处罚决定、复议决定、司法判决,依据的都是财税〔2003〕158 号文。而该文从效力层级来看,只是部门规范性文件。

出现这种情况,可能性比较大的原因有两个:一种是相关机关在《个人所得税法》及其《实施条例》中找不到依据;另一种是在《个人所得税法》及《个税实施条例》中有依据,但相关机关拒绝适用。到底是哪种可能,笔者不好妄自揣度,但可以尝试着分析一下其中可能的缘由。

---

〔1〕 参见曹映平、胡邵峰、王维顺:《股东借款个人所得税的反避税尺度——从财税〔2003〕158 号文看个人所得税反避税的政策困局》,载熊伟主编:《税法解释与判例评注》第 12 卷,法律出版社 2019 年版,第 102 ~ 117 页。

无论是现行《个人所得税法》，还是修订之前的版本，对“所得”的界定都只涉及“所得”概念之外延，并没有概括其内涵。这就给实践中识别什么是“所得”造成能力上的先天不足。

直观地考察“所得”的外延，2011 年《个人所得税法》有“经国务院财政部门确定征税的其他所得”的兜底条款。2018 年修订的《个人所得税法》已经取消了该“其他所得”的规定。但是，财税〔2003〕158 号文是将投资者从所投资企业的借款视为“企业对个人投资者的红利分配”，即使在该案发生期间，也不宜援引“其他所得”作为执法依据。而《个税实施条例》中明确规定：“利息、股息、红利所得，是指个人拥有债权、股权等而取得的利息、股息、红利所得。”显然，投资者从所投资企业的借款并不是个人拥有债权、股权等而取得的利息、股息、红利所得，对其征税，只是一种法律上的拟制。

而之所以做这种拟制，正如法院在再审判决书中提到的，是为了防止个人投资者以借款的形式掩盖红利分配，其征税对象是纳税年度终了后未归还且未用于企业生产经营的借款。它没有重新创设一种新的所得形式，而是出于反避税的需要，对于那些可能存在红利分配所得的情形，通过修改证明对象的方式推定“所得”的存在，并据此征税。但在这种情况下，把《个人所得税法》中有关“利息、股息、红利所得”的规定作为法律依据，并没有问题。

所以困难应该在于，由于该案中这笔借款最终归还了，曾经拟制的“所得”，在归还以后并不存在了。在这种情况下，该案的处理已经彻底丧失了援引上述法律依据的理由。

对于借款归还后的税务处理，其实存在另外一种思路：退税。例如，河北省地方税务局《关于秦皇岛市局个人投资者借款征收个人所得税问题请示的批复》就明确规定：“个人投资者归还从其投资企业取得的一年以上借款，已经按照‘利息、股息、红利’征收的个人所得税，应予以退还或在以后应纳个人所得税款中抵扣。”

但遗憾的是，博皓公司没有提起退税之诉，只是认为在借款归还的情况下不应征税。这在诉讼策略上，并不合理。

事实上，投资者从所投资企业借款后并不必然还款，还款的时间也有不确定性，税务机关对此无法预见、也不需要预见。从这个意义上来讲，对于跨纳税年度不还的借款依据财税〔2003〕158 号文及时征税本没什么问题。真正的问题应该在于，如果征税时已经还款，征税的基础事实已经发生变化，这个时候再坚持征税,明显有违税收法定之精神。

上述河北省地方税务局的批复,当然是值得肯定的。可批复属于非规范性文件,且该批复还不是中央机关的批复,没有普遍适用的价值。但如果将这个问题理解为它本质上是个征税客体消灭的问题,就可以进一步得出结论:缺乏征税客体的退税其实也不一定要有明确的文件依据。例如,纳税人签订土地、房屋权属转移合同的当日申报缴纳契税后,后来又确认合同无效,房屋也没过户,无论在 2020 年《契税法》施行前后,实践层面都倾向于直接通过一般退税程序处理。

从诉讼策略上来讲,这个案子,无论是在复议还是在诉讼过程中,最好能够要求对规范性文件进行附带审查,这或许就可以从税收法定的角度拓宽办案的视野。审查的结果,不一定就是片面地判定规范性文件是否违法,还有一种更理想的可能是,指出它的适用边界。但是,有个问题是应当引起重视的:税法是法律保留项目,那对于这种特殊反避税措施,是否也要强调法律保留?还是通过规范性文件就可以进行设定?

应该说,通过规范性文件设定特殊反避税措施,是当前很普遍的一种做法。例如,对于以股权转让的形式转让房地产的行为征收土地增值税,在《土地增值税暂行条例》中也找不到依据,税务执法实践中往往只能以地方的规范性文件或者国家税务总局批复这类非规范性文件作为依据。与此相关的问题还有,规范性文件在设定特殊反避税措施时,与税收法定之间应该保持何种张力?就以财税〔2003〕158 号文为例,是对借款不还拟制为所得,还是需要进一步明确将归还的借款拟制为所得?

笔者认为,税法拟制只解决事实认定问题,并非在实体上创设一种所得,属于对税法的理解和执行问题,不属于法律保留的范围。但拟制本身应当有边界,以避免税务机关擅权滥用。

该案的处理,如果发生在 2018 年《个人所得税法》修订之后,其反避税条款的出现,使该案在法律依据的适用上,存在了另外一种可能。[1] 通过规范性文

〔1〕 2018 年《个人所得税法》第 8 条规定:“有下列情形之一的,税务机关有权按照合理方法进行纳税调整:(一)个人与其关联方之间的业务往来不符合独立交易原则而减少本人或者其关联方应纳税额,且无正当理由;(二)居民个人控制的,或者居民个人和居民企业共同控制的设立在实际税负明显偏低的国家(地区)的企业,无合理经营需要,对应当归属于居民个人的利润不作分配或者减少分配;(三)个人实施其他不具有合理商业目的的安排而获取不当税收利益。税务机关依照前款规定作出纳税调整,需要补征税款的,应当补征税款,并依法加收利息。”

件设定特殊反避税条款,从税收法定角度或许是存疑的。即使是现行《个人所得税法》第8条,也有学者指出,它并不适合作为一个反避税的直接依据。但结合《个人所得税法》第8条和规范性文件中的特殊反避税规则一起援引,或许就可以弥补这方面的不足了。

(三)与量能课税原则的冲突

税法的基本原则除税收法定外,普遍认同的还有量能课税原则,或者认为量能课税原则是税法公平原则的延伸。这里的"能",依笔者理解,应为"经济上可把握的负担能力"。以量能课税原则来评价"博皓案",亦难以接受对投资者从所投资企业借款又不用于生产经营的行为积极征税的立场。

投资者从所投资企业借款长期未还又未用于生产经营,确实可能存在以借款形式掩盖红利分配的实质,依量能课税原则,通过财税〔2003〕158号文的规定实施反避税处理并无不妥。但在借款归还以后,纳税人显然不再具备这种能力。对于尚未征税的,理应放弃征收;对于已经实现征税的,则应当退税。但可以对跨纳税年度时的未申报和未扣缴行为跟进相应的处理,如可以实施行政处罚。

有种观点认为,投资者从所投资企业借款又未用于生产经营时,此时认定的可把握的经济上的负担能力不应当是以借款之名掩盖的分红实质,而是通过该借款所获得的该借款的时间收益,即借款利息。而对于这种基于借款可能产生的利息,应当拟制为利息所得,进而征收个人所得税,如此方符合量能课税原则。

笔者认为,何为"所得",理论观点很多,有的强调心理上的满足,有的强调增益,有的还关注到支出的减少等。但实体法上主张的"所得",一般强调积极意义上的财富增加。将减少的支出认定为所得,多存在于反避税领域。从这个意义上讲,对借款行为可能减少的利息支出,出于反避税的目的视为"所得"征税,有其合理性。但具体到投资者从所投资企业借款长期不还又不用于生产经营的行为,对其视为红利分配征收个人所得税,是针对特定主体,且基于特定目的的特殊反避税措辞,与视为利息所得不可混为一谈。或者说,如要对类似借款行为可能减少的利息支出视为"所得"征税,也不应当在财税〔2003〕158号文的语境下讨论。从《个税实施条例》的规定来看,利息是基于债权获得的收益,而不是债务。这需要另行税法拟制。此外,还需要注意到在构成要件上的调整。例如,对借款可能存在的利息视为所得征税,主体范围就不应局限于企业的投资者,同时要排除有合理利率约定的借款;而对于合理利率,税法拟制时,还应设定一个现实的执法标准。但值得注意的是,投资者与所投资企业之间融通资金

(不仅包括投资者从所投资企业借款,也包括企业向其投资者借款)本身并不违法,从某种意义上(经济理性)讲,这甚至是值得鼓励的。民间借贷的利率如何确定,又如何判断合理利率的执法标准,是一个很大的问题。最后,从经济上可把握的税收负担能力来考察,利息这种经济利益或许客观存在,但它的“可把握性”是否成立,需要进一步研究。在实践中,民间借贷利率有高有低,无息借款也很普遍。如果对个人向企业借款要拟制利息所得,那对企业向个人借款同样需要拟制所得。对于这种复杂局面,同时考虑税收中性原则,其经济上税收负担能力的“可把握性”是存疑的。税收是否一定要介入,如何介入,都要慎重。

四、对扣缴义务的反思与证成

“博皓案”中,税务机关作出的无论是税务处理决定还是行政处罚决定,针对的都是博皓公司消极履行扣缴义务的行为。但双方都是从论证个人所得税纳税义务是否成立来间接论证扣缴义务是否成立,并没有直接就扣缴义务本身成立与否进行论争。之所以出现这种情况,一个重要的原因是:在《个人所得税法》中,对扣缴义务着墨不多,缺乏对其构成要件的精确描述;同时,《个人所得税法》有关扣缴义务的表述亦有引人产生歧义之嫌。这导致实践中在把握扣缴义务时,往往不得要领。

(一)《个人所得税法》中有关扣缴义务的梳理和反思

理论界一直强调扣缴义务是种法定义务,要依法设定。而2018年《个人所得税法》第9条也规定:“个人所得税以所得人为纳税人,以支付所得的单位或者个人为扣缴义务人。”这一规定往往被理解为扣缴义务的普遍设定。但这个结论,从整部《个人所得税法》的内在逻辑来看,其实是不成立的。

2011年《个人所得税法》第8条在规定“个人所得税,以所得人为纳税义务人,以支付所得的单位或者个人为扣缴义务人”之后,紧接着就规定了“在两处以上取得工资、薪金所得或者没有扣缴义务人的,纳税义务人应当自行申报纳税”。这说明,在普遍存在支付所得的单位和个人的情况下,也可能存在“没有扣缴义务人”的情况。而在接下来的第9条第3款、第4款、第5款的规定中,涉及的都是没有扣缴义务人的情形,包括个体工商户生产、经营,对企事业单位的承包经营、承租经营,从中国境外取得所得的情形。[1]

如果说2011年《个人所得税法》在这个问题上的态度略显模糊,2018年修订后的现行《个人所得税法》的立场就非常鲜明了。

2018年《个人所得税法》第10条在规定纳税人应当依法办理纳税申报的情形时,在第2项明确规定了“取得应税所得没有扣缴义务人”的情形,同时区别于第3项规定的“取得应税所得,扣缴义务人未扣缴税款”的情况。[2] 第11条第1款规定:“居民个人取得综合所得,按年计算个人所得税;有扣缴义务人的,由扣缴义务人按月或者按次预扣预缴税款……”可见,在居民个人综合所得中,不乏没有扣缴义务人的情况。该条第3款进一步规定:“非居民个人取得工资、薪金所得,劳务报酬所得,稿酬所得和特许权使用费所得,有扣缴义务人的,由扣缴义务人按月或者按次代扣代缴税款,不办理汇算清缴。”该款把没有扣缴义务人的情形进一步明确为构成综合所得的工资、薪金所得,劳务报酬所得,稿酬所得和特许权使用费所得。[3] 第12条第2款规定:“纳税人取得利息、股息、红利所得,财产租赁所得,财产转让所得和偶然所得,按月或者按次计算个人所得税,

---

〔1〕 2011年《个人所得税法》第9条规定:“……个体工商户的生产、经营所得应纳的税款,按年计算,分月预缴,由纳税义务人在次月十五日内预缴,年度终了后三个月内汇算清缴,多退少补。对企事业单位的承包经营、承租经营所得应纳的税款,按年计算,由纳税义务人在年度终了后三十日内缴入国库,并向税务机关报送纳税申报表。纳税义务人在一年内分次取得承包经营、承租经营所得的,应当在取得每次所得后的十五日内预缴,年度终了后三个月内汇算清缴,多退少补。从中国境外取得所得的纳税义务人,应当在年度终了后三十日内,将应纳的税款缴入国库,并向税务机关报送纳税申报表。”

〔2〕 2018年《个人所得税法》第10条规定:“有下列情形之一的,纳税人应当依法办理纳税申报:(一)取得综合所得需要办理汇算清缴;(二)取得应税所得没有扣缴义务人;(三)取得应税所得,扣缴义务人未扣缴税款;(四)取得境外所得;(五)因移居境外注销中国户籍;(六)非居民个人在中国境内从两处以上取得工资、薪金所得;(七)国务院规定的其他情形。扣缴义务人应当按照国家规定办理全员全额扣缴申报,并向纳税人提供其个人所得和已扣缴税款等信息。”

〔3〕 2018年《个人所得税法》第11条规定:“居民个人取得综合所得,按年计算个人所得税;有扣缴义务人的,由扣缴义务人按月或者按次预扣预缴税款;需要办理汇算清缴的,应当在取得所得的次年三月一日至六月三十日内办理汇算清缴。预扣预缴办法由国务院税务主管部门制定。居民个人向扣缴义务人提供专项附加扣除信息的,扣缴义务人按月预扣预缴税款时应当按照规定予以扣除,不得拒绝。非居民个人取得工资、薪金所得,劳务报酬所得,稿酬所得和特许权使用费所得,有扣缴义务人的,由扣缴义务人按月或者按次代扣代缴税款,不办理汇算清缴。”

有扣缴义务人的,由扣缴义务人按月或者按次代扣代缴税款。"[1]该规定,将可能存在没有扣缴义务人的情形进一步扩展到利息、股息、红利所得,财产租赁所得,财产转让所得和偶然所得。

值得思考的是,如果通过税法拟制的利息、股息、红利所得,是不是也可能存在没有扣缴义务人的情况。如果有,在什么情况下取得利息、股息、红利所得是没有扣缴义务人的?

(二)扣缴税款义务的证成

现行2018年《个人所得税法》第13条第1款规定:"纳税人取得应税所得没有扣缴义务人的,应当在取得所得的次月十五日内向税务机关报送纳税申报表,并缴纳税款。"[2]在该款规定中,对于"取得所得没有扣缴义务人的"这一情形,没有再作任何限定。值得注意的是,该条第2款同样提到"纳税人取得应税所得,扣缴义务人未扣缴税款的……"的情形,可见"没有扣缴义务人"并不包括"扣缴义务人未扣缴税款"的情况,是一种独立的存在。或者说,它不是在扣缴义务普遍设定的前提下,强调扣缴义务人未履行扣缴义务。如果将《个人所得税法》中的"以支付所得的单位或者个人为扣缴义务人"理解为扣缴义务的普遍设定,《个人所得税法》第10条第1款第2项和第13条第1款之规定恰恰是一个坚实的反证。

明确并且反复强调"没有扣缴义务人"是新旧《个人所得税法》间的一个明显区别,也是一个重大进步,同时提出一个值得思考的问题:"支付所得的单位和个人是扣缴义务人"这一表述,到底想解决一个什么样的问题?

笔者认为,这是一个有关个人所得税扣缴义务基本构成要件的表述。仅从

[1] 2018年《个人所得税法》第12条规定:"纳税人取得经营所得,按年计算个人所得税,由纳税人在月度或者季度终了后十五日内向税务机关报送纳税申报表,并预缴税款;在取得所得的次年三月三十一日前办理汇算清缴。纳税人取得利息、股息、红利所得,财产租赁所得,财产转让所得和偶然所得,按月或者按次计算个人所得税,有扣缴义务人的,由扣缴义务人按月或者按次代扣代缴税款。"

[2] 2018年《个人所得税法》第13条规定:"纳税人取得应税所得没有扣缴义务人的,应当在取得所得的次月十五日内向税务机关报送纳税申报表,并缴纳税款。纳税人取得应税所得,扣缴义务人未扣缴税款的,纳税人应当在取得所得的次年六月三十日前,缴纳税款;税务机关通知限期缴纳的,纳税人应当按照期限缴纳税款。居民个人从中国境外取得所得的,应当在取得所得的次年三月一日至六月三十日内申报纳税。"

“支付所得的单位和个人是扣缴义务人”这句话来说,可以提炼的具体要件是:

1. 个人所得税的纳税义务已经发生

纳税义务发生是扣缴义务的前提。要成立扣缴义务,在2011年《个人所得税法》背景下,意味着纳税义务肯定已经发生;而在现行2018年《个人所得税法》背景下,还意味着预缴义务已经发生,但未必已届履行期满。

2. 必须存在一个支付环节

支付环节的存在,使支付主体有条件能够直接将纳税人的税款从支付给纳税人的金额中扣除。而这种扣除因为抢占了纳税人接受利益的时机,且又是基于法律直接设定的义务,这使纳税人承受税款扣除时相对更能接受。对支付环节的强调,亦使扣缴这种法定义务的设定区别于代征代缴。正因为代征代缴没有支付环节,征管上效率不如扣缴高效,更需要顾及代征代缴方的主观意志,因此不适合通过法律直接设定。

3. 支付的标的是所得

在民商事交易中,支付环节无所不在。如果支付标的的性质不是税法中认定的所得,自然也不存在个人所得税的扣缴问题。问题是,对于所得的内涵,无论是《企业所得税法》,还是《个人所得税法》,都没有界定。需要注意的是,所得税法中的所得和扣缴义务构成要件中的所得,应当是有所出入的。例如,一般认为,所得应当具备“增益、实现、可控”3个标准。根据以上标准讨论扣缴义务,作为支付标的的所得,仍然要强调所得已经实现,但要在此基础上作两项修正:首先,该项所得尚未被纳税人直接控制,而是处在扣缴义务人的控制之下;其次,对支付所得设定扣缴义务,必须强调存在支付环节,以区别于评估所得、资本公积转增注册资本等所得类型。[1]

(三)被扣缴的税款归属于被支付的所得

“支付所得的单位和个人是扣缴义务人”暗含一个基本逻辑,支付行为和扣缴行为同时发生,且扣缴的标的正是当时支付的所得。在实践中有一种情况,例如,对于工资、薪金所得,当月未扣的,在支付下个月工资时补扣。这种做法是否可取?进一步来说,没有及时扣缴税款,支付所得的行为又完成了,当存在其他支付义务时,能否再行补扣。例如,在支付所得之后,刚好又发生所得人向支付

---

〔1〕 参见国家税务总局《关于股权奖励和转增股本个人所得税征管问题的公告》(国家税务总局公告2015年第80号)。

主体借款的情况,此时,在支付借款时,能否对此前没扣缴的税款进行补扣?在这种情况下,由于支付的客体与扣缴义务之间并不存在因果关系,不能认定扣缴义务的成立。否则,会导致实践中扣缴义务的扩大化,而税法义务的不当设定会破坏正常的民商事交往。尤其值得进一步检讨的是,在支付所得已经完成后如果没有及时扣缴,补扣补缴的义务真的存在吗?从因果关系上来判断,答案是否定的。这个时候,扣缴义务人能够做的应当是协助税务机关及时追缴。从这个意义上讲,国家税务总局《关于贯彻〈中华人民共和国税收征收管理法〉及其实施细则若干具体问题的通知》为扣缴义务人设定补扣补缴义务是值得商榷的。[1] 事实上,《税收征收管理法》第69条只规定了税务机关的追缴义务,并没有设定扣缴义务人的补扣补缴义务。"责成扣缴义务人限期将应扣未扣、应收未收的税款补扣或补收"的义务,是税务规范性文件直接设定的。

但是,前面初步梳理的只是扣缴义务成立的必要条件,要成立必要且充分条件,还要基于稽征经济原则,进一步把握实践中的具体情形。例如,《股权转让所得个人所得税管理办法(试行)》第5条规定:"个人股权转让所得个人所得税,以股权转让方为纳税人,以受让方为扣缴义务人。"以这一条为例,股权在个人之间转让时,仅从纳税人的主体类型来判断,税务机关对转让股权的股东任何一方,都没有明显的征管优势。但受让人在受让股权后,就成为所投资企业的股东,税务机关就可以通过对所投资企业的有效监管间接管控受让方股东扣缴义务的履行。

综上,判断个人所得税扣缴义务的成立,可以从两个层面来把握:支付环节的存在和支付标的的所得性质是判断扣缴义务的基本要件,在此基础上,再基于

[1] 国家税务总局《关于贯彻〈中华人民共和国税收征收管理法〉及其实施细则若干具体问题的通知》在"二、关于扣缴义务人扣缴税款问题"中规定,负有代扣代缴义务的单位和个人,在支付款项时应按照《税收征收管理法》及其实施细则的规定,将取得款项的纳税人应缴纳的税款代为扣缴,对纳税人拒绝扣缴税款的,扣缴义务人应暂停支付相当于纳税人应纳税款的款项,并在一日之内报告主管税务机关。负有代收代缴义务的单位和个人,在收取款项时应按照《税收征收管理法》及其实施细则的规定,将支付款项的纳税人应缴纳的税款代为收缴,对纳税人拒绝给付的,扣缴义务人应在一日之内报告主管税务机关。扣缴义务人违反税收征收管理法及其实施细则规定应扣未扣、应收未收税款的,税务机关除按税收征收管理法及其实施细则的有关规定对其给予处罚外,应当责成扣缴义务人限期将应扣未扣、应收未收的税款补扣或补收。

稽征经济原则,判断是否存在扣缴义务的实现条件。

回到“博皓案”,以前述的个人所得税扣缴义务基本构成要件理论来审视,扣缴义务是否成立就会是另一个结论:在投资者借款时,博皓公司和投资者之间,客观上存在一个支付环节,但支付的标的是借款,不是所得。与此同时,支付之时,借款尚未长期不还,无法拟制为所得,个人所得税的纳税义务没有发生,扣缴义务不成立。跨纳税年度以后,财税〔2003〕158号文将此时的借款拟制为所得,个人所得税的纳税义务发生,但支付环节没有了,扣缴义务仍然不成立。投资者归还借款以后,不仅没有支付环节,拟制的所得也没有了,不仅扣缴义务不成立,纳税义务也不成立。

但是,出于稽征经济原则的考虑,或许还可以考虑另外一个解决问题的思路。该案中,虽然扣缴义务无法成立,但可以设定一个代征代缴的义务。只是代征代缴不是由法律普遍设定,而只能由主管税务机关与博皓公司之间订立代征协议来实现。

有意思的是,虽然对于纳税义务是否成立,所有执法文书和司法判决都缺乏法律层级的依据援引,但在扣缴义务的问题上,(2015)黄中法行终字第00006号判决书却援引了一条法律依据:“博皓公司作为扣缴义务人,未代扣代缴税款,税务机关对博皓公司处应扣未扣税款百分之五十以上三倍以下的罚款,符合《中华人民共和国税收征收管理法》第六十九条的规定。”而《税收征收管理法》第69条规定的却是:“扣缴义务人应扣未扣、应收而不收税款的,由税务机关向纳税人追缴税款,对扣缴义务人处应扣未扣、应收未收税款百分之五十以上三倍以下的罚款。”该条本身并未设定扣缴义务,而是强调将“应扣未扣”这一条件作为实施行政处罚的前提。而根据本文提出的构成要件理论,由于博皓公司没有扣缴条件,这一前提根本就不成立。从这个意义上讲,(2015)黄中法行终字第00006号判决有法律适用错误之嫌。

与谈人观点

反避税立法的价值与修正可能

郭维真*

法院在“博皓案”中以财税〔2003〕158 号文作为税务机关所作税务处理合法性的法律依据，并不符合《行政诉讼法》第 63 条的规定〔1〕。同时，法院在判决中对财税〔2003〕158 号文的目的进行了说明，即“为了防止个人投资者以借款的形式掩盖红利分配，其征税对象是纳税年度终了后未归还且未用于企业生产经营的借款”。换言之，该拟制条款无论从规则制定层面、税务执法层面还是司法审判层面均不能视为一般性税务稽查而应视为反避税调查。以下关于该案的评析主要围绕反避税立法的规则适用、价值与修正可能，从以下三方面展开：

一、反避税调查的规则适用

由于在反避税规则中，更多地突破了法律形式主义，而采用经济实质主义，在一定程度上呈现对税收法定的超越，因此反避税调查必然受到严格的程序规制。而一般性税务稽查主要针对的是纳税人在法律形式上不符合税法要求的行为，如偷税、逃税、骗税、抗税等。虽然在实践中，税务机关经常将反避税调查与稽查案源相结合，通过稽查程序采集涉税信息，分析处理稽查对象的涉税问题，从而确立稽查和反避税的调查对象，但作为一种工作方法，其工具性价值依然受到不同的税务行政程序中适用前提和适用程序的限制。

自 2018 年《个人所得税法》修订之后，我国税收法律体系中明确规定的特

---

* 中央财经大学副教授，法学博士。

〔1〕《行政诉讼法》第 63 条规定：“人民法院审理行政案件，以法律和行政法规、地方性法规为依据。地方性法规适用于本行政区域内发生的行政案件。人民法院审理民族自治地方的行政案件，并以该民族自治地方的自治条例和单行条例为依据。人民法院审理行政案件，参照规章。”

别纳税调整规则，主要为所得税法所规范。无论从个人层面还是企业层面，适用特别反避税规则均以关联关系为前提，以独立交易原则为判断基准，在形式上主要涉及与计税依据相关的金额的调整。若适用企业所得税一般反避税规则，虽不限于关联关系的存在，但应履行层报国家税务总局批准的程序。《个人所得税法》中的类似程序尚付之阙如，从应然层面审视，《个人所得税法》中的一般反避税规则较之《企业所得税法》应当受到更严格的程序规范。

该案涉及股东和企业之间的交易，虽双方之间构成关联关系，但无论是财税〔2003〕158 号文还是税务处理均不涉及对计税依据的调整，而是对应税交易性质的调整。如果该案发生在 2018 年《个人所得税法》修订之后，法律依据应当为《个人所得税法》的一般反避税规则而非特别反避税规则。如前所述，由于规则的缺失，无论是财税〔2003〕158 号文，还是税务机关对该案的处理，并不符合一般反避税规则对程序合法性的要求。而在该案争议产生的 2015 年，可以说财税〔2003〕158 号文既无上位法的依据，也不符合税收法定原则的内在要求。

二、反避税立法的目的与适用要件

在税收法定与实质课税的冲突中，反避税规则对后者的偏重折射了其立法的财政目的。换言之，反避税规则的重要目的之一即在于缩小能合法减少税收或获得税收减免的范围。那么，是否有其他非“拟制”为股息红利的方式？如果有，该其他方式在适用的客观要件、主观要件与法律后果上是否更具合理性？由于该案涉及股东和企业之间的交易，那么当从个人所得税反避税视角切入面临巨大的法律漏洞时，可否考虑从企业所得税反避税视角切入？

就客观要件而言，该案中的资金从企业向股东流动，在法律形式上表现为企业对股东的借款。而财税〔2003〕158 号文否定了该交易的借款性质，而以“纳税年度终了后既不归还”“又未用于企业生产经营”此类并非体现借款合同基本特征的要件作为判定其不属于借款合同的客观标准。而这种简单的标准，似与实质课税所追求的经济实质并不匹配。由此，该反避税规则在手段与目的之间是否符合比例原则有待进一步论证。

就主观要件而言，对于交易性质的否定相当程度上表明该交易可能隐藏了双方真实的商业目的。换言之，税务机关认为企业与股东之间以合法有效的法律形式（“借款”）掩盖真实交易（“股息红利发放”）。而该行为符合《民法典》中的“行为人与相对人以虚假的意思表示实施的民事法律行为”,即通谋虚伪行为。[1] 但值得注意的是,在民事领域并无法律法规或司法解释对这种借款行为进行“名为……实为……”的界定时,如要确认其无效,也必须对双方真实的意思表示进行探求。但遗憾的是,在税法层面,却不曾考量主观性标准及相应证据支撑及其证明力,这是否可以说明,其欠缺了行政处分行为中行政相对人主观方面的必备要件?

就适用结果而言,财税〔2003〕158 号文的初衷在于挽回可能流失的税收利益。一方面,是因为股东可能采用借款的形式以逃避“利息、股息、红利所得”的个人所得税;另一方面,也可能是因为该借款以低息或无息贷出时,无法对企业的利息所得课税。因此,或者可以考虑从企业所得税的现有法律规则包括反避税规则着手,去尝试解决可能的税收利益流失问题。

从现行企业所得税法律制度来看,当企业对股东的借款是低息或无息时,在形式上符合了关联企业转让定价调整的适用条件;在增值税上,则可以视同销售服务核定贷款服务的销售额;即便是根据《税收征收管理法》,也符合“计税依据明显偏低”这一条件,只需对“无正当理由”进行判断,即可决定是否适用核定征收。因此,税务机关不但可以在适用特别反避税规则还是税收核定规则中进行选择,还可以从不同税种角度考虑挽回税收利益,并不只存在通过拟制股息以避免税款流失这一个选项。

三、其他规则对于税收利益的实现可能性

税收法定原则与实质课税原则在税收征管实践中都现实存在且彼此冲突,这两个原则的协调适用对于税收法治具有重要的意义。税收法定不仅意味着国家课税权受到约束,也意味着纳税人的私法交易应当得到尊重。实质课税原则的适用不仅要符合主客观相统一的标准,且相关标准也应符合比例原则。就该案以及涉及的规范性文件而言,在可以借由法律形式的判断从而寻求既有规则调整以挽回国家税收利益的损失时,是否需要引入反避税规则值得探究。

如前所述,就既有法律制度而言,借款自应产生孳息,即利息。在企业与股

[1] 《民法典》第 146 条规定:“行为人与相对人以虚假的意思表示实施的民事法律行为无效。以虚假的意思表示隐藏的民事法律行为的效力,依照有关法律规定处理。”

东之间的借款合同为低息或无息时,无论是《税收征收管理法》中的税收核定规则还是《企业所得税法》中的特别纳税调整制度均可以重新确认收入和所得。即使当股东作为借款人在之后的纳税年度归还借款,也不存在对交易重新定性的必要。

可见,税务规范性文件应当对涉及的税种及诸多相关问题予以全面考虑,一方面可以提高税法适用的准确性和纳税人遵从税法的合理预期;另一方面也可提高税务机关执法的合规性并降低执法风险。

反避税的法律逻辑与裁判路径

王宗涛*

一、反避税的性质与法律逻辑

关于反避税的法律性质,学理上有"事实拟制说""法律解释说""法律漏洞补充说"等几种不同观点。"事实拟制说"属于事实层面的问题,"法律解释说""法律漏洞补充说"属于规范层面的问题。从法理上讲,反避税的法律适用包括事实认定和规范解释的统一。故单纯的"事实拟制说""法律解释说""法律漏洞补充说"都有一定的片面性。

就规范解释而言,反避税应定性为税法的法律漏洞补充,此种漏洞具体表现为税法文义无法涵盖税法的目的或意旨,即避税为纳税人滥用税法文义但违背税法目的或意旨的行为。[1] 从此原理出发,反避税系对税法进行目的或意旨解释,补充税法文义漏洞的法律漏洞补充行为。即无论是法院或税务机关,反避税裁决中必须对纳税人所滥用的具体税法条款进行目的或意旨解释,论证该条款存在的漏洞,纳税人正是运用此一漏洞进行的避税筹划——此为反避税的法律逻辑。

就该案而言,法院或税务机关必须对当时的2011年《个人所得税法》第2条、《个人所得税法实施条例》第8条关于"利息、股息、红利所得"的条款[2]进行目的或意旨解释,并结合案件事实论证案件系为纳税人滥用该条款文义而进行的避税行为,进而应对该条款进行漏洞补充。从该案的二审判决书、再审裁决

---

* 厦门大学法学院副教授,法学博士、法学博士后。

[1] 参见王宗涛:《一般反避税条款研究》,法律出版社2016年版,第37页。

[2] 2011年《个人所得税法》第2条规定:"下列各项个人所得,应纳个人所得税……七、利息、股息、红利所得……";2011年《个人所得税法实施条例》第8条规定:"税法第二条规定的各项个人所得的范围……(七)利息、股息、红利所得,是指个人拥有债权、股权等而取得的利息、股息、红利所得……"

书来看，法院、税务机关、纳税人仅围绕财税〔2003〕158 号文进行争论，而未对 2011 年《个人所得税法》第 2 条、《个人所得税法实施条例》第 8 条进行解释、补漏，即未遵循严谨的反避税法律逻辑予以演绎、说理并作出裁判。此为该案值得检讨的一大问题——缺乏对反避税法律逻辑的正确认知与适用。

二、反避税裁判的法律依据与规范基础

一种观点认为，基于前述逻辑，反避税系为对某个具体税法条款进行目的或意旨解释以补充漏洞，似乎并不依赖具体的反避税条款作为法律依据。正如美国、英国等英美法系国家在实践中通过法院解释税法予以反避税，创造出反避税的司法方案，即并不需要具体的反避税条款作为依据。〔1〕与此相反的另一种观点是，反避税必须要有明确的法律依据，法院或税务机关的反避税权力依托反避税条款的授权。由此，诸多国家或地区创造了一系列特别反避税条款，且纷纷在立法中引入兜底性的一般反避税条款。但即便持这一种观点，也应该认识到，反避税仍系对具体税法条款进行目的或意旨解释以补充漏洞。即便需要反避税条款作为法律依据，该条款也仅为对具体税法条款进行漏洞补充的宣示，规范该条款之解释适用以及限制其滥用等功能——该反避税条款系为宣示税法条款存在漏洞并且可以进行漏洞补充，且为法院或税务机关在补充漏洞时构造具体构成要件、标准及适用程序，以及限制其权力的滥用等。〔2〕基于此，反避税需要明确的法律依据。基于当下我国落实税收法定原则的这一背景，尤其应当如此坚持。

不限于此，法院或税务机关在反避税裁决中应构造一套反避税的规范基础，具体而言，包括两个层次：一是纳税人规避的具体税法条款；二是反避税的法律规则依据。必须认识到的是，反避税的规范基础不仅是反避税法律规则，还包括纳税人所规避的具体税法条款。因为避税行为规避的是具体税法条款而不是反避税规则，故反避税首先需要对具体税法条款进行目的或意旨解释，而后适用反避税法律规则予以具体认定，两者共同构成反避税的合法性基础和法律依据。也就是说法院或税务机关在裁决中应对税法条款进行目的或意旨解释，对其存

---

〔1〕 值得注意的是，近年来，在坚守司法反避税传统的国家如英国、美国等，也认识到立法创制反避税条款的重要性，并尝试在立法中引入一般反避税条款。

〔2〕 参见王宗涛：《我国一般反避税条款：法律性质及其立法建构》，载《税务研究》2014 年第 8 期。

在何种漏洞补充予以明示;对反避税法律规则中构成要件、标准及程序予以具体阐明,并结合案件事实进行说理论证。

就该案而言,法院的裁判或税务机关的处理存在明显问题。一是基于对反避税法律逻辑的认知缺乏,未构造出一套完整的反避税规范基础。仅援引反避税的法律规则即财税〔2003〕158号文,而非对具体税法条款予以解释或补漏。二是基于依法裁判原则,财税〔2003〕158号文不足以构成该案反避税的法律依据。财税〔2003〕158号文为部门规范性文件,并非法律、行政法规、部门规章。按照《行政诉讼法》第63条的规定,"人民法院审理行政案件,以法律和行政法规、地方性法规为依据……人民法院审理行政案件,参照规章"。财税〔2003〕158号文不能作为该案裁判的法律依据。值得注意的是,最高人民法院《关于适用〈中华人民共和国行政诉讼法〉的解释》第149条规定:"人民法院经审查认为行政行为所依据的规范性文件合法的,应当作为认定行政行为合法的依据。"该解释似乎赋予规范性文件一定的裁判准据地位,但前提是法院必须审查认为其具有合法性。但从该案的一系列裁判文书来看,各级法院并未对财税〔2003〕158号文的合法性进行说理论证,即法院在该案中缺失自主构造裁判依据的自主性和能动性。

三、反避税的构成要件和标准界定

反避税在本质上属于法律适用,兼具规范解释与事实认定的法律适用逻辑的统一。一个完整的反避税逻辑过程仍需对交易进行事实认定——该案是否构成避税问题——并有赖构造一套反避税的构成要件和标准。从学理上看,避税是客观要件和主观要件的统一,两者缺一不可,反避税的认定亦当如此。客观要件涉及实质课税原则之适用,即需认定纳税人采取非常规交易形式达到与常规交易形式相同的经济实质并获取税收利益;主观要件涉及税收利益或(合理)商业目的的认定,即需认定纳税人的避税行为以税收利益为主要目的或唯一目的。[1]

就该案而言,法院或税务机关仅依据财税〔2003〕158号文,以"纳税年度终了后既不归还""又未用于企业生产经营"两个客观性标准作为该案交易构成避

〔1〕 参见王宗涛:《一般反避税条款研究》,法律出版社2016年版,第210~217页。

税的要件和标准，似乎并不符合前述学理标准：一是违背主客观相统一标准，仅有客观性标准，而缺乏对主观性税收利益标准的判定；二是客观性标准的考量因素不足，容易导致反避税打击扩大化，侵蚀纳税人的交易自由。该案法院或税务机关适用实质课税原则时，不应局限于前述两个客观性标准，似乎还可以考虑借款合同、借款期限、借款利息、是否有担保事宜、是否有中期还款、股东如何使用该借款、该借款的规律性和偶然性、股息分配的历史等情况予以综合判定，以便更准确地判定是否构成避税。

一个严谨的反避税裁判应基于对反避税法律逻辑的准确认知，据此构造反避税的规范基础与法律依据，与此同时，兼顾构造一套反避税的构成要件与标准，并在此基础上，立足于案件事实准确解释税法，认定事实并得出裁判结论。裁判思维演绎、裁判路径及文书说理写作，皆应按照上述逻辑思路展开，法院判决如此，税务机关的反避税处理决定亦当如此。

“博皓案”中的反避税法律依据问题

李　貌*

一、该案判例性规范的抽取

判例，是指整个法学共同体对于某个判决立场达成的共识。[1] 案例研究的目的在于抽取出判例性规范，即抽象出判决形式形成的法理规范，从而形成税法适用的经验范式的类型化积累，为之后的同类案件的裁判提供法教义学意义上的参考，所以判例是承载法教义学经验的重要容器。[2] 具体来说，这种判例性规范主要由法学上的命题以及如何发展成为该案例上的判决理由两大部分构成。而这种法学上的命题往往是由一个具体税法条款适用上产生的两种税收法律原则的竞合产生的。而这种竞合后的裁判规范选取，往往是价值衡量的结果。下面就针对这个问题，以“博皓案”为分析素材进行探讨。

二、该案在税法判例上的定位：法律实质主义的适用

论及反避税措施的法理依据为“实质课税原则”，意思是指根据交易的实质来判定课税客体的归属。具体来说，可以分为两类：第一类是指根据该交易的法律关系实质来判定课税客体的归属，叫作“法律实质主义”；第二类是指根据该交易的经济关系实质来判定课税客体的归属，叫作“经济实质主义”。[3]

在判决中采用了“经济实质主义”来论定反避税正当性的是 2017 年结案的

* 华中科技大学法学院讲师，法学博士。

〔1〕 解亘：《先例性规范的抽取》，载《法律适用》2019 年第 4 期。

〔2〕 李剑：《判例的形式构成及其“成分”分析——以德国法教义学为视角》，载《交大法学》2018 年第 3 期。

〔3〕 金子宏『租税法』（弘文堂，2017 年第 22 版）第 173 – 175 頁参照。

广州“德发案”。[1] 该案判决认为,德发公司房屋拍卖价格与市场价格差距过大,这种低价让渡行为符合《税收征收管理法》第35条第1款第6项规定的“纳税人申报的计税依据明显偏低,又无正当理由的”这一构成要件,故需要启动“税收核定”重新计税。从交易价格的差额来认定交易行为的避税性质,从而将该案件事实类比套入税法相应条款假定的法律事实,属于典型的运用“经济实质主义原则”来进行反避税判定的举措。

与“德发案”不同,该案裁判承认了税务机关反避税行为的正当性,其背后的法理依据是“法律实质主义”。也就是说,税务机关将案件事实中的“借款行为”拟制为“分红行为”,等于是将一个民事借贷法律关系,拟制成了公司法上的红利分配的商事法律关系。而这种行为的正当性根据仅源于一个税务规范性文件。对此,胡邵峰老师指出,忽视《个人所得税法》等上位法而直接适用税务规范性文件的做法有与“税收法定主义”的要求相悖的嫌疑。

那么,为了符合税收法定主义的“课税要件法定原则”和“课税要件明确原则”的要求,[2] 无论是经济实质主义,还是法律实质主义,在适用实质课税原则的时候,除像《税收征收管理法》第35条第1款第6项那样抽象的一般反避税条款外,是否需要明确而具体的税法条款规定?关于这个问题,我们来看看学界的意见。

三、反避税是否需要法律依据:学界探索的到达点

根据国内研究反避税的专家王宗涛老师的观点,反避税是否需要具体的税法规定,有如下两种不同观点。[3]

第一种是“具体税法依据不要论”。这种观点的逻辑是,反避税是对某税法条款进行目的解释以补充漏洞的措施,无须具体的反避税条款作为法律依据。第二种是“具体税法依据必要论”。这种观点认为,反避税必须要有明确的法律依据,法理依据来自税收法定主义。

---

〔1〕 贺燕:《“德发案”与实质课税原则——兼论经济实质及其确定方法》,载熊伟主编:《税法解释与判例评注》第12卷,法律出版社2019年版,第66~67页。

〔2〕 金子宏『租税法』(弘文堂,2017年第22版)第76－81頁参照。

〔3〕 这些观点来自王宗涛关于该案的文章。

笔者认为,不宜片面地判断“反避税需要或不需要具体的税法依据”,而是应当通过对反避税具体税法原理即实质课税原则的类型化处理,分两种情况区别对待。[1]

第一,基于法律实质主义的反避税措施,并不需要具体的税法条款作为其法律依据。税收法定主义是通过限制国家的课税权来保护国民财产和自由的一种税法原则,这是自由主义在税法上的体现。与此相对,自由主义在私法上的体现就是意思自治原则。也就是说,自由主义是税收法定和意思自治两大原则的共同上位原则。[2] 法律实质主义对于税收法定主义来说是一种外在性原则,受到自由主义理论的支持。另外,法律实质主义只是用一种私法法律关系去类比或拟制另一种私法法律关系,无论哪种私法法律关系都有私法上的根据,因此不需要具体的税法条款作为其法律依据。

第二,基于经济实质主义的反避税措施,必须要有具体的税法条款作为其法律依据。因为经济实质主义脱离了对应交易行为的私法法律关系的分析,仅仅着眼该行为的经济性成果来认定课税要件事实以及课税客体的归属,超出了自由主义之保护国民的财产和自由的界限,所以必须要有明确的法律依据。如前所述,英美法上是用判例的方式来创造反避税的先例性规则,无论是经济实质主义还是法律实质主义的反避税措施,都不需要在立法上明确规定。但这仅仅是英美法的法源特征和传统的体现。因为英美法上的首要法源就是普通法(判例法),背后是中世纪以来司法权对领主权乃至以后的行政权进行制衡的英国法传统的体现。[3] 因此,应该正视我国的成文法传统,在适用经济实质主义的反避税措施时,必须找到税法条文上的明确规定。

四、判旨评价:从判例性规范抽取的角度

如前所述,案例研究的意义在于抽取出判例性规范,为之后的类案裁判提供

---

〔1〕 李貌「中国の租税事件における実質課税の原則」東洋文化研究所紀要第179冊(2021年)第124-126頁参照。

〔2〕 谷口津勢夫『租税回避論—税法回避の解釈適用と租税回避の試み』(清文社,2014年)第33-37頁参照。

〔3〕 勝田有恒他編『西洋法制史』(ミネルヴァ書房,2004年)第305頁参照。

法教义学意义上的经验。

首先,法律获取的层级方面。法律获取是审判时演绎三段论中的第一步,正如之前胡邵峰老师指出的,该案裁定直接跳过单行税法和实施条例,甚至是跳过《税收征收管理法》的一般反避税规定,直奔税务规范性文件的规定,至少在形式上与税收法定的宗旨是相悖的。裁判规范是法律规范的具体化,而判例中的反避税规范显然也只能从税法上获取,税务规范性文件在层级上显然达不到这一点,它只能起到一定的参照作用。当然,如果该案法官能认识到法律实质主义为理论基础的反避税不需要具体法律依据,完全可以在司法裁判中利用法理直接形成判例性规范。

其次,法律事实认定方面。案件中的法律事实并非生活中事实,也不是案件中的事实的原型,而是经过法律理论加工过后的事实。而该案的事实认定,仅仅是生硬适用财税〔2003〕158 号文规定的事实要件,将行政立法假定的事实强行套用到该案案情上,没有任何价值权衡和法律分析。

再次,解释方法与税收法定原则方面。因为税法具有侵权法的性质,故其解释应该遵循从文理解释到目的解释的步骤,且不得类推和扩大解释,依次制约国家在课税上的裁量权,以保护国民的自由和财产。而该案裁判直接对财税〔2003〕158 号文进行了目的解释,认为该规定是为了防止个人投资者以借款的形式掩盖红利分配,显然违反了税法解释的一般步骤。此外,尚有一系列的问题需要回应,如“以借款形式掩盖红利分配”的行为为何需要采用反避税措施?该行为的成立要件和法律后果是什么?等等。

最后,运用反避税措施之后的税法法理方面。基于税收公平主义,对一些严重违反公平原则的避税行为采取反避税措施,当时的税法法理是允许的,这也是实质课税原则存在的意义。然而,本裁判并没有上升到这一高度。该避税措施是基于经济实质主义还是法律实质主义并没有得到说明,更何况,基于法律实质主义的反避税措施其实不需要具体法律依据。因为没有这些理论的支撑,“以借款形式掩盖红利分配”的行为如何认定,该行为的主观要件和客观要件是什么,对这些要件的解释标准是什么,这些法教义学上的类型化经验自然无法形成。

五、判旨之“射程”

法教义学的基本工作是,运用法学方法论从具体个案中抽象出具有普适性经验,而这种经验主要来自法学命题及其背后的理论依据。虽然该案司法机关并未完成这一任务,但学界完全可以在判例评注的基础上,将这项工作进行下去。

根据以上分析,可以将“德发案”和该案结合起来,对“反避税是否需要法律依据”作出正面回答。在回答这个问题之前,首先要对反避税的税法理论基础作一个类型化的区分。如果是基于法律实质主义的反避税措施,则不需要具体的税法条款作为法律依据,依据抽象性的一般反避税条款进行法律解释即可;如果是基于经济实质主义的反避税措施,则必须要以具体的税法条款作为法律依据。[1] 而且,该条款规定的避税行为之主观要件和客观要件都要在税法中明确规定,并在税法解释中严格依照文理进行解释。

---

〔1〕 一般反避税条款和具体反避税条款的区别主要在于两点:一是一般反避税条款在税收征收管理法或税收通则法这种可以规制整个税法体系的法律中规定,具体反避税条款一般在各单行实体税法中规定;二是一般反避税条款条文比较抽象,其适用要件要根据复杂而缜密的法解释学方式来阐释,而具体反避税条款在成立要件、阻却事由及法律后果等方面都比较详细,一般根据文理解释即可。

“博皓案”中的重大税务案件审理程序问题

刘颖杰*

2013年2月28日，黄山市地方税务局稽查局对博皓公司涉嫌税务违法行为立案稽查，并于2014年2月20日作出处理决定和处罚决定。值得注意的是，裁判文书中载明，诉讼过程中，黄山市地方税务局稽查局举出了这样一组证据：“11、重大税务案件审理提请书、黄山市地税局审理纪要。”可见，该案属于重大税务案件，是经重大案件审理委员会审理后，才作出的处理决定和处罚决定。

一、稽查局在重大税务案件审理程序中的执法权限

国家税务总局于2001年2月17日颁布的《重大税务案件审理办法(试行)》[1](国税发〔2001〕21号)，对重大税务案件的审理程序作出了规定。该办法第2条规定：“重大税务案件审理工作是指税务局对调查终结的、符合一定标准的案件进行审核和作出处理决定。”第6条规定：“县级(含县)以上税务局设立审理委员会。审理委员会设主任一名，副主任若干名，成员由税务局领导及有关部门负责人组成。”第9条规定：“各级税务机关所有案件稽查部门，在案件调查终结后，对符合重大税务案件标准的案件，应在填写《重大税务案件审理提请书》后，将所有与案件有关的材料一并移送审理委员会办公室。”第13条规定：“……(六)审理委员会办公室根据审理委员会的审理结论，制作《重大税务案件审理纪要》报案件审理会议主持人审批后，以审理委员会所在机关名义制作税务处理决定书，交稽查部门执行。”

---

* 安徽鑫和律师事务所合伙人律师，安徽省律师协会财税法律专业委员会副主任委员。

〔1〕 该案发生于该文件的有效期间，现已废止。国家税务总局于2014年公布《重大税务案件审理办法》，自2015年2月1日起施行，2021年再次修正，其第35条规定：“稽查局应当按照重大税务案件审理意见书制作税务处理处罚决定等相关文书，加盖稽查局印章后送达执行。”可见，国家税务总局可能是出于对稽查局职责划分和确保执法主体一致性的考虑，将经重大税务案件审理程序的文书出具主体由原审理委员会所在机关又调整至稽查局。

依据《税收征收管理法》等法律和当时有效的《重大税务案件审理办法(试行)》之规定,安徽省地方税务局于2006年9月21日颁布了《安徽省地方税务系统重大税务案件审理办法》(皖地税〔2006〕143号)。其第23条第6项规定:"在审委会主任或主任授权的副主任领导下形成案件审理结论。审理结论的形成应遵循少数服从多数的原则。审委办根据案件审理结论,负责制作《重大税务案件审理纪要》,报审委会主任或主任授权的副主任审核批准后,以审委会所在机关名义下达有关文书,交稽查部门负责执行。"

依据上述规定,该案属于重大税务案件,应由黄山市地方税务局稽查局负责调查,调查完毕后,再提请黄山市地方税务局审理委员会进行审理,最终以审理委员会所在机关即黄山市地方税务局的名义作出税务行政处理决定和处罚决定。在该案稽查和审理期间,上述规定未被修改或撤销,均处于生效状态。据此,该案的审理权限属于黄山市地方税务局审理委员会,并不是稽查局。进入重大税务案件审理程序后,稽查局只是执行部门,无权以自己的名义作出处理决定和处罚决定。

二、《重大税务案件审理办法(试行)》与《安徽省地税系统重大税务案件审理办法》的法律效力

《重大税务案件审理办法(试行)》与《安徽省地税系统重大税务案件审理办法》是有依法授权的。2002年颁布的《税收征收管理法实施细则》第9条第2款规定:"国家税务总局应当明确划分税务局和稽查局的职责,避免职责交叉。"即国务院通过行政法规授权国家税务总局,由国家税务总局自行划分税务局和稽查局的职责。取得授权后,国家税务总局并未修改或撤销《重大税务案件审理办法(试行)》,安徽省地方税务局还于2006年依据国家税务总局的规定,制定了《安徽省地税系统重大税务案件审理暂行办法》,下发省内各地方税务局执行。因此,国家税务总局制订的《重大税务案件审理办法(试行)》和安徽省地税局制定的《安徽省地方税务系统重大税务案件审理暂行办法》,均符合《税收征收管理法实施细则》第9条第2款授权国家税务总局划分税务局和稽查局职责的要求。根据上述规定,在该案中,黄山市地方税务局稽查局对重大税务案件不具有作出税务行政处理决定和行政处罚决定的职权,其以自己名义作出被诉税务行政处理决定和行政处罚决定超越法定职权。

三、该案复议机关的确定

关于复议机关,《行政复议法实施条例》第 13 条规定:“下级行政机关依照法律、法规、规章规定,经上级行政机关批准作出具体行政行为的,批准机关为被申请人。”《税务行政复议规则》(国家税务总局令第 21 号)第 29 条规定:“税务机关依照法律、法规和规章规定,经上级税务机关批准作出具体行政行为的,批准机关为被申请人。申请人对经重大税务案件审理程序作出的决定不服的,审理委员会所在税务机关为被申请人。”行政法规和规章之所以规定审理委员会所在税务机关的上一级税务机关是复议的受理机关,是基于任何人不能作为自己案件的法官这一法治基本要求。该案的执法文书是由黄山市地方税务局稽查局以自己的名义制作并送达的,但它实际上执行的是黄山市地方税务局的审理决定。黄山市地方税务局当然不能再作为该案的复议机关,否则便是对自己作出的行政决定进行复议,有违程序正当原则。稽查局在作出并送达税务行政处理决定和行政处罚决定时,应明确告知博皓公司该案的被申请人和复议机关。博皓公司也应依法将黄山市地方税务局作为被申请人,向安徽省地方税务局提出行政复议。这不仅符合上述行政法规和规章的规定,而且由级别更高、经验更丰富的省一级机关复议该案,可能对博皓公司更有利。

综上,鉴于黄山市地方税务局稽查局绕开黄山市地方税务局,对经重大税务案件审理程序审理的案件,以自己名义作出了税务行政处理决定和行政处罚决定,属超越职权,依据《行政诉讼法》之规定,人民法院应判决撤销该等行政行为。

“博皓案”中的扣缴义务评析

蔡　明*

一、个人所得税代扣代缴义务的法律依据

根据当时有效的《个人所得税法》及《个人所得税法实施条例》之规定，个人所得税，以所得人为纳税人，以支付所得的单位或者个人为扣缴义务人；利息、股息、红利所得，偶然所得和其他所得，以每次收入额为应纳税所得额；扣缴义务人在向个人支付应税款项时，应当依照税法规定代扣税款，按时缴库，并专项记载备查。从当时有效的法律规定可以获取几个关键信息：一是代扣代缴系个人所得税的主要纳税方式；[1]二是扣缴义务人系支付所得的单位或者个人；三是纳税人取得利息、股息及红利所得均需由扣缴义务人代扣代缴个人所得税；四是代扣税款的时点系向个人实际支付应税款项之时。通过这些信息即可简单拼凑出个人所得税代扣代缴义务之构成要件，本文亦以此作为该案争议焦点评析的核心要素。

二、博皓公司并无法律上的代扣代缴义务

该案中，博皓公司分别借款给其股东苏某、洪某南及倪某亮的发生时间为2010年年初，而该案司法裁判以黄山市地方税务局稽查局于2012年对博皓公司稽查发现股东所借款项未及时归还为由，并以财税〔2003〕158号文第2条为裁判依据，判定3位自然人股东所借款项视为企业对个人投资者的红利分配，依照“利息、股息、红利所得”项目计征个人所得税，从而推定博皓公司未履行代扣代缴义务。这一司法裁判逻辑有误。

---

* 南昌国浩律师事务所律师，法律硕士。

〔1〕 根据《个人所得税法》(2007年修正)的规定，个人所得税主要采取代扣代缴方式，此后经两次修正，个人所得税的缴纳方式逐步转化为代扣代缴和主动申报相结合的方式。

按照代扣代缴义务构成要件之应税款项实际支付时点,博皓公司于借款支付时点无法判断3位自然人股东所借前述款项是否会超过当年的会计核算年度,也就是说博皓公司向3位自然人股东支付借款之时,3位自然人股东的个人所得税的纳税义务并未发生,博皓公司也就不存在代扣代缴义务。因此,在博皓公司支付借款时点上,博皓公司的上述代扣代缴义务之构成要件并不成立。

2012年,黄山市地方税务局稽查局在对博皓公司的稽查中发现,3位自然人股东所借款项超过借款当年会计核算年度未归还,且未用于企业实际经营,并以此推定该款项为博皓公司对3位自然人的分红。且无论该税务机关的推定结论是否合法、准确,暂以该结论为前提,在此情形下,根据《个人所得税法》之规定,由于没有扣缴义务人,纳税人应当依法办理纳税申报。税务机关要追究税款补缴的法律责任,也只能追究3位自然人股东补缴税款、滞纳金及罚款的法律责任。虽然财税〔2003〕158号文对借款不归还的行为视为"利息、股息、红利所得",但这条规定毕竟是拟制条款,与《个人所得税法》直接规定的"利息、股息、红利所得"不同,两者在税款征收方式上应当有本质区别。

三、将博皓公司所出借的款项定性为对股东的分红证据不充分

财税〔2003〕158号文出台的目的,是防止股东主观上以向企业借款的方式进行利润分配从而导致税款的偷逃。而财税〔2003〕158号文之所以如此规定,是因为个人从企业取得的红利之行为具有个人所得税纳税义务的税法约束力,那么红利本身就与个人所得税的纳税义务息息相关,即有红利就要缴纳个人所得税,无红利也就无缴纳个人所得税之说。这就意味着适用财税〔2003〕158号文时,需判断企业向自然人股东支付借款之时,企业是否存有利润?如企业有利润,才有利润分配这一概念;若企业连利润都没有,向股东借款也就无利润分配之根据。

回到该案,税务机关及司法机关在没有对博皓公司进行账务会计核算的前提下,机械地套用财税〔2003〕158号文对博皓公司进行征税,显然证据不充足。

由此可见,财税〔2003〕158号文的规定与《个人所得税法》上对"利息、股息、红利"征收个人所得税的规定不符。因此,这个文件违反了上位法的规定,应属无效。即使该案的3位自然人股东所借款项主观上存有不归还之意愿,也只能通过适用《公司法》《刑法》等其他相关法律,追究其抽逃出资等行为的法律

责任。

综上,“博皓案”虽属个案,但该案却反映了当前税务机关、司法机关对税法的理解和适用存在深度不够、理解偏差甚至错误的问题,同时反映出规范性法律文件在制定过程中,制定者对上位法立法本意和法理逻辑理解不深,由此可见,税收法定任重而道远。

执法实践

司法拍卖中税收优先权制度的理解与适用

张聪敏*

摘　要：司法拍卖过程中的税收优先权涉及法院拍卖资产本身所产生的各种税费和此前形成的欠税。目前，我国相关法律法规对前者并没有明确的规定，司法实践中对此类案件的处理结果也不尽相同。本文结合现实案例，区别涉案财产是否存在担保物权，税款系本次交易产生还是以往欠税等方面进行分析，并就相关法律法规的完善、拍卖交易产生税款的性质认定、税收优先权的适用条件、税务机关征管权的行使等问题提出建议。

关键词：司法拍卖；税收优先权；担保物权

一、案情简介与争议焦点

（一）拍卖物被设定担保的案例[1]

某市中级人民法院（以下简称市中院）依法拍卖被执行人刘某某所持有的甲公司80%股权（其中75%股权质押给乙公司），拍卖公告未对此次股权拍卖产生税费的承担作出特别约定。2019年7月2日，丙公司通过公开竞价以3200万元竞得上述涉案股权。2019年8月16日，税务局向刘某某、丙公司分别发出《税务事项通知书》，要求刘某某就本次拍卖缴纳个人所得税5,706,666.67元或由丙公司代缴。因丙公司已将拍卖款项3200万元全额支付至市中院，无法履行代扣代缴义务，税务局遂于2019年10月17日向市中院发函，请求该院协助从拍卖款项中扣缴税款。2019年10月30日，市中院向税务局发出的执行通知书中认定：该院处置被执行人刘某某持有的涉案股权中有75%股权质押给了乙公司，因刘某某应缴纳的税款发生在上述质押权设定之后，依照《税收征收管理法》第45条之规定，税务局对该75%股权对应的拍卖款无优先权。税务局不

---

* 国家税务总局石家庄市税务局公职律师，法律硕士。

〔1〕 福建省高级人民法院（2020）闽执复7号执行裁定书。

服,向市中院书面提出执行异议。其主要理由为,依照《个人所得税法》第15条的规定,个人转让股权办理变更登记的,市场主体登记机关应当查验与该股权交易相关的个人所得税的完税凭证。如果应交税款未予缴纳,将造成国家税款的流失。

2019年11月26日,市中院作出执行裁定认为,税务局主张的税款系被执行人刘某某名下股权在司法拍卖交易环节产生的税款,属于司法拍卖过程中必须支出的税费,应直接在拍卖款中先行扣除,以依法保障转让过户手续最终完成,实现司法拍卖目的,该税款在实现顺序上应先于担保物权。《税收征收管理法》第45条规定的欠缴税款主要是指在标的物拍卖之前,按规定应缴而未缴的税费,该院作出的执行通知书引用该法条不当,应予纠正。

乙公司不服,向该省高级人民法院(以下简称省高院)申请复议。省高院认为,根据《个人所得税法》第2条第1款第8项"财产转让所得应当缴纳个人所得税",第9条第1款"个人所得税以所得人为纳税人,以支付所得的单位或者个人为扣缴义务人",第15条第2款"个人转让股权办理变更登记的,市场主体登记机关应当查验与该股权交易相关的个人所得税的完税凭证"之规定,财产转让产生个人所得税,该所得税应由财产所有人交纳或由支付相应对价的单位或个人代缴,股权转让后的变更登记,以完成与该股权交易相关的个人所得税的缴纳为前提条件。该案中,市中院强制拍卖了被执行人刘某某名下持有的涉案股权,因该股权转让所产生的个人所得税应由刘某某承担,故市中院从拍卖所得款项中予以代缴,并无不当。《税收征收管理法》第45条系就纳税人之前欠缴的税款与担保物权受偿顺序所作的规定。该案所争议的并非刘某某之前所欠的税款而系因本次股权拍卖而产生的税款,故市中院的执行通知书认为刘某某应缴纳的个人所得税不应优先于复议申请人所享有的质押权,系适用法律错误,应予撤销。

(二)拍卖物未被设定担保的案例〔1〕

2016年12月19日至2019年2月13日,某县基层人民法院立案受理被执行人为易某某、甲公司等的执行案件共计80件。案件执行过程中,法院依法对被执行人甲公司投资开发的房产分两批采取拍卖、变卖和以物抵债执行措施进行处置。甲公司的主管税务局分别于2019年7月5日、2019年9月11日、2019

〔1〕 江西省九江市中级人民法院(2020)赣04执复46号执行裁定书。

年9月24日、2020年4月10日向案件执行法院发函,要求协助从甲公司第二批房产拍卖款物中优先扣留甲公司所欠税款。案件执行法院就处置甲公司第二批房产所得款物于2020年2月27日作出执行财产分配方案,对拍卖款10,847,000元、流拍房产49套(价值15,463,600元)合计26,310,600元进行了分配,该分配方案以税务局没有提供正式有效的税务处理决定书为由,对其要求优先分配税款的请求不予支持。税务局对该分配方案不服,向执行法院提出异议。

执行法院认为:(1)对于法院应否协助扣留被执行人甲公司所欠全部税款问题,《税收征收管理法》第5条第3款规定,“各有关部门和单位应当支持、协助税务机关依法执行职务”。该规定原则上设定了“各有关部门和单位”协助税务机关征税的义务。国家税务总局对最高人民法院《关于人民法院依法强制执行拍卖、变卖被执行人财产后,税务部门能否直接向人民法院征收营业税的征求意见稿》回复的《关于人民法院强制执行被执行人财产有关问题的复函》中,并未明确法院应当协助税务机关从控制的财产收入中扣留纳税人所欠全部税款,但结合该函全文可以理解为,法院应当协助税务机关优先征收本次拍卖、变卖财产产生的税款。从该案具体情况来看,本次分配款物共计26,310,600元,税务局要求扣留欠税22,480,632.19元,即使不考虑第二次拍卖房产产生的税款,如全部协助扣留,本次参与分配的当事人已无多少财产可以分配。根据法律公平原则和兼顾国家、集体、个人三者利益准则,因处置甲公司第一批房产的拍卖款物已分配完毕,而处置甲公司第二批房产的拍卖款物尚在法院控制中,未实际分配,故法院应当依法协助扣留处置甲公司第二批房产产生的税款。(2)对于扣留税款是否具有优先权问题,根据《税收征收管理法》第45条的规定,该案均为普通债权,故法院协助扣留的税款应优先于普通债权受偿。(3)对于税款是否属于执行过程中产生的费用问题,依据相关规定,执行费用优先于债权受偿,而执行费用是指评估费、案件受理费、执行费等费用,并不包括被执行人所欠税款。综上分析,执行法院认为税务局在该案执行程序中不具有申请分配的主体资格,但法院有义务协助从该案第二次拍卖款物中优先扣留本次处置房产产生的税款,余款再依法进行分配。法院裁定撤销原执行分配方案,重新制作分配方案。

税务局不服执行法院作出的异议裁定,向市中院申请复议,要求撤销该裁定,依法对债权重新分配,并优先支付全额税款。市中院认为:(1)民事执行方面的法律以及司法解释没有关于税收优先权可在执行程序中参与案款分配并优先实现的规定。税务局作为税款征收管理的行政执法主体,不具备民事诉讼法第225条规定的利害关系人主体资格。(2)税务局在未向执行法院提交证据证明甲公司名下无其他财产可供执行的前提下,要求参与到该案中的执行分配程序中以满足其税收优先受偿权,不具有事实基础和法律依据。(3)税务局作为税款征收管理的行政执法主体,其参与民事执行程序前,应穷尽《税收征收管理法》所赋予的税收强制执行手段,并完成相关行政文书的送达。但在该案中,税务局并未向法院提交《税务处理决定书》与《税务行政处罚决定书》等相关文书的送达凭证。(4)依据《税收征收管理法》第5条的规定,法院有义务协助税务局从该案第二次拍卖款中优先扣留处置房产产生的税款。综上,市中院裁定驳回税务局复议请求,维持执行法院异议裁定。

(三)案件争议焦点

上述案例的争议焦点主要集中在以下几个方面:(1)司法拍卖产生的税款能否适用《税收征收管理法》第45条关于税收优先权的规定;(2)司法拍卖产生的税款能否作为执行费用优先受偿;(3)被执行人在司法拍卖前已经形成的欠税能否在拍卖价款中优先受偿;(4)税务机关主张税收优先权是否以已经依法行使税收管理权或被执行人无其他财产可供执行为前提。

二、司法拍卖产生的税款是否有税收优先权

在上述案例中,各法院对司法拍卖交易环节产生税款是否享有优先权所适用的法律依据存在两种截然不同的观点。在涉案财产被设定担保物权的案例中,关键的争议点在于,司法拍卖产生的税款是否属于《税收征收管理法》第45条规定中的"纳税人欠缴的税款"。关于这一点,可以从以下几方面来进行分析。

首先,可以采用文义解释方法进行分析。文义解释方法,或称语义解释方法,是通过对税法条文的文义进行解析,来对税法内容作出明确、具体阐释的方法。它是税法解释常用的一种重要方法。一般认为,税法的解释应先进行文义解释,并且所作的解释不应超出可能的文义。[1]《税收征收管理法》第45条第1款规定:"税务机关征收税款,税收优先于无担保债权,法律另有规定的除外。"这一规定并未对"征收税款"作任何限定,应理解为适用于所有征税行为。后半

---

[1] 张守文:《税法原理》,北京大学出版社2019年版,第99~100页。

部分"纳税人欠缴的税款"如何定义,可参考国家税务总局《关于贯彻〈中华人民共和国税收征收管理法〉及其实施细则若干具体问题的通知》(国税发〔2003〕47号)对税款优先的时间确定问题进行的解释。该通知明确:"欠缴的税款是纳税人发生纳税义务,但未按照法律、行政法规规定的期限或者未按照税务机关依照法律、行政法规的规定确定的期限向税务机关申报缴纳的税款或者少缴的税款,纳税人应缴纳税款的期限届满之次日即是纳税人欠缴税款的发生时间。"由此可知,超过税款缴纳期限未缴纳的均属于"欠缴的税款"。通过司法拍卖产生的税款只有在超过了规定期限时才属于"纳税人欠缴的税款"。该通知的上述规定是为解决税收债权和担保物权同时存在的情况下如何确定税收债权发生时间的问题。显而易见,因行使担保物权而拍卖变卖财产所产生的税款必然发生在纳税人以其财产设定抵押、质押或者纳税人的财产被留置之后,从逻辑上来讲,通过司法拍卖新产生的税款不可能依据《税收征收管理法》第45条第1款的规定而优先于有担保的债权。但这并不代表通过司法拍卖新产生的税款完全不适用《税收征收管理法》第45条之规定,对于无担保的债权,税收依然具有优先性。

其次,可以采用目的解释方法进行分析。目的解释方法,是通过对税法立法目的的把握,来阐释税法规范意旨的方法。从税法立法的整体目的来说,财政目的强调税法的调整应确保税款应收尽收,以保证国家的财政收入,从而使各级政府能够有效提供公共物品。有学者认为,进行目的解释,除法律的整体目的外,还应包括个别法条、个别制度的规范目的。[1] 而税收优先权制度的设定是为了保障国家税款征收。无论是何时产生的税款都是国家税收的一部分,拍卖交易环节产生的税款与纳税人以往欠缴的税款在性质上并无差别,只存在发生时间先后的区别,理论上均应当依法给予特殊保障。因此,无论是从税法立法整体目的还是从税收优先权制度的设定目的来分析,司法拍卖产生的税款均应适用《税收征收管理法》第45条关于税收优先权的规定。

再次,可以结合《税收征收管理法》的相关规定进行体系解释。《税收征收管理法》第45条第3款规定:"税务机关应当对纳税人欠缴税款的情况定期予以公告。"第46条规定:"纳税人有欠税情形而以其财产设定抵押、质押的,应当向抵押权人、质权人说明其欠税情况。抵押权人、质权人可以请求税务机关提供有

〔1〕 张守文:《税法原理》,北京大学出版社2019年版,第103页。

关的欠税情况。”但在抵押权人、质权人申请法院拍卖、变卖之前,此次交易税款尚未产生,税务机关无法对其进行公告,也无法提供此项欠税情况。可见,《税收征收管理法》第45条第1款所称“纳税人欠缴的税款”是指特定时点客观上已经存在的税款。在纳税人以其财产设定担保时,担保物权人对尚未发生的税款无法预知。如果将尚未发生的税款也优先于有担保的债权受偿,将会影响担保物权人在接受担保时对该财产可担保的债权数额作出准确判断,进而侵害担保物权人的合法权益。从这一角度出发,担保物权设定后新产生的税款不应优先于该担保物权。

最后,国家税务总局《关于人民法院强制执行被执行人财产有关税收问题的复函》中引用了《税收征收管理法》第45条第1款之规定说明税收具有优先权,并表示人民法院应当协助税务机关依法优先从该收入中征收税款。结合该函全文可以理解为拍卖、变卖财产产生的税款仍然应当适用《税收征收管理法》第45条关于税收优先权的规定。

综上,法院拍卖、变卖财产过程中产生的税款原则上适用《税收征收管理法》第45条的相关规定,优先于无担保债权;当财产上存在担保物权时,拍卖新产生的税款不能依据此条款而享有优先权。但是,这并没有完全解决在纳税人欠缴的税款发生在纳税人以其财产设定抵押、质押或者纳税人的财产被留置之后的税收优先性的问题。

三、司法拍卖产生的税款是否应作为执行费用优先受偿

在第一个案例中,法院认为,司法拍卖交易环节产生的税款属于司法拍卖过程中必须支出的税费,在实现顺序上应先于担保物权,直接在拍卖款中先行扣除,以保障转让过户手续最终完成,实现司法拍卖目的。在第二个案例中,税务机关主张在执行过程中产生的税款依法应属于执行费用,人民法院应依法予以扣除。但法院认为,执行费用是指评估费、案件受理费、执行费等费用,并不包括被执行人所欠税款,只是依据《税收征收管理法》第5条的规定,法院有义务协助税务局优先扣留处置房产产生的税款。司法实践中的这种分歧并不少见。对此,可以从以下几个方面进行分析。

首先,从法律依据来看,两个案例中法院均未明确指出拍卖交易环节税款是否属于执行费用以及是否应当优先扣除的法律依据。有观点认为,对于存在担

保物权的涉案财产拍卖应当适用《民法典》中担保物权的相关规定。《民法典》第 389 条规定："担保物权的担保范围包括主债权及其利息、违约金、损害赔偿金、保管担保财产和实现担保物权的费用。当事人另有约定的，按照其约定。"但该条文中未对"实现担保物权的费用"范围进行明确，无法确定拍卖交易环节产生的税款是否适用该条款，也无法得出实现担保物权的费用相较主债权及其利息、违约金等其他债权具有优先权的结论。笔者也认为，从法律解释角度来分析，将税款作为实现担保物权的费用可能存在以下问题：第一，从文义上理解，"税款"很难理解为"费用"范畴，不能随意作扩大解释。第二，从主体上分析，"实现担保物权的费用"应当是指担保物权人为了实现担保物权而负担的费用，是担保物权人为实现自己的权利已经支付或预期应当支付的费用，而这里所研究的税款是被执行人依法应当缴纳的，与担保物权人无关。第三，从立法目的来看，该条款的是为了保护担保物权人的利益，使其债权能够尽可能获得清偿，如果将拍卖环节产生的税款也作为实现担保物权的费用而且优先受偿，在拍卖款不足以清偿全部税款和债务的情况下，势必会导致担保的债权无法完全受偿，损害担保物权人的利益，这与立法目的是背道而驰的。

其次，从适用条件来看，认为拍卖交易环节税款属于执行费用因而应当优先扣除的，其主要是因为该笔税款的征收是拍卖能够顺利实现的必要前提条件。第一个案例中的法院根据《个人所得税法》第 15 条第 2 款规定的以缴税为股权转让变更登记的前提条件，认定涉案税款属于司法拍卖过程中必须支出的税费，应直接在拍卖款中先行扣除。《不动产登记暂行条例实施细则》第 15 条也规定："不动产登记机构受理不动产登记申请后，还应当对下列内容进行查验……（四）法律、行政法规规定的完税或者缴费凭证是否齐全。"因此，当涉案拍卖财产为不动产时，交易环节产生的税款也可以此为依据被认定为必须支出，是顺利完成不动产交易的前提，故应当优先从拍卖款中扣除。但这里存在一个问题，如果被拍卖的财产是不需要办理相关登记的有形动产，或者缴纳的税款不是个人所得税，在没有相关法律规定交易的完成必须要以纳税为前提条件时，这一类案件的交易税费是否就不属于可能优先执行的执行费用？根据当前的理论和制度规定，如果完成拍卖交易不以缴纳税款为前提，则该税款应该是不能被认定为执行费用而优先扣除的。

最后，从司法实践来看，被申请法院强制执行的债务人很大一部分可能存在资金不足的问题，属于无法正常经营的企业，或者是故意逃避债务，甚至下落不明。如果在法院实际控制被执行人的拍卖所得时协助税务机关优先扣除税款,则能够最有效地保障税款顺利征收,避免因日后难以追缴而造成国家税款流失。另外,前文提到被拍卖财产是不动产或者股权等需要办理过户登记的资产,相关登记机构在办理过户登记时是需要查验完税凭证的,也就是说依法纳税是完成拍卖交易的前提条件。如果不将税款优先扣除,依据“先税后证”的制度规定,买受人即便按照法律规定缴清了自己的税款,也会因为被执行人欠缴税款而无法取得完税凭证,进而无法办理过户手续,买受人的权利因此受损。[1]

综上,虽然拍卖交易环节产生的税款作为执行费用优先扣除在目前并无明确的法律依据,但在实践中确实需要对此类问题予以妥善解决。自2021年9月1日起施行的《契税法》第11条规定:“纳税人办理纳税事宜后,税务机关应当开具契税完税凭证。纳税人办理土地、房屋权属登记,不动产登记机构应当查验契税完税、减免税凭证或者有关信息。未按照规定缴纳契税的,不动产登记机构不予办理土地、房屋权属登记。”可见,“先税后证”有其存在的现实意义,并被越来越多的法律文件所接受。笔者认为,对于有法律法规明确规定完成拍卖交易必须要缴纳的税款,可以在法律法规或司法解释中将其纳入执行费用的范围,在拍卖款中优先扣除,以保障交易顺利进行,维护国家税款安全和交易双方的合法权益。但是优先扣除的税款范围不能无限扩张,应当以税法的明确规定为限。[2]从长远来看,应进一步完善相关法律法规,明确拍卖交易环节的税款应优先从拍卖所得中扣除。

四、司法拍卖中税收优先权的实现途径

(一)被执行人以往欠税的优先权问题

在司法拍卖中,税务机关申请法院协助优先支付的除本次拍卖交易产生税款外,经常还包括被执行人以往的欠缴税款。案例二中,税务机关主张以往欠税也应当优先扣除,但法院以“如全部协助扣留,本次参与分配的当事人已无多少

---

[1] 裴永胜、廉玉光:《不动产强制执行中存在的涉税冲突及应对》,载《人民法院报》2021年6月30日,第7版。

[2] 程国琴:《从扩张走向限缩:税收优先权在民事执行程序中的实现路径》,载《税务研究》2021年第3期。

财产可以分配"为由,"根据法律公平原则和兼顾国家、集体、个人三者利益准则"驳回了关于协助扣缴以往欠税的请求。另有法院还以申请扣缴的以往欠税是否与被执行财产有关为依据判断是否优先扣缴。例如,在某案例中法院认为,对有确切证据证明被执行人另有其他财产可供执行的,人民法院对税务机关的受偿申请可不予支持,但因占有、使用被执行不动产而欠缴的房产税、城镇土地使用税等不动产过户应清缴的税费及滞纳金,对税务机关的申请应予支持,并按法律法规和相关规定的顺序依法受偿。[1] 但也有法院认为,根据《税收征收管理法》第 45 条之规定,税收优先于无担保债权,税款优先的范围包括以往欠税在内的所有税款,不以其他条件为限制。[2] 由此可见,对《税收征收管理法》第 45 条的理解是存在争议的,在司法实践中的做法也并不一致。

笔者认为,如果依据现行《税收征收管理法》关于税收优先权的规定,在无担保的情形下,对包括以往欠税在内的所有欠税均应予以优先扣除。但当欠税金额过大而导致其他债权无法被全额清偿时,确实会对相关债权人的合法权益造成损害,甚至导致债权人的申请强制执行的目的落空。在破产法领域,学理上也有否定税收优先权的理由,认为企业破产清算作为公平偿债程序,普通债权人处于更加弱势地位,此时国不应与民争利。[3] 利益是权利的基础和根本内容,而权利是利益的表现,因此,税法中的利益平衡也应围绕纳税人权利与国家税权的分配进行。[4] 为合理实现公权力与私权利之间的利益平衡,督促税务机关积极行使征收管理权,应当完善相关法律法规,对税收优先权的行使条件进行明确。另外,需要进一步厘清不同债权的实现顺序:当拍卖款项不足以扣缴全部税款时,不同税款的清偿顺序如何确定?是优先扣除本次交易产生税款还是优先清偿以往欠税?以往欠税不足以全额清偿时是否按照欠税形成的时间顺序清偿?等等。

(二)税务机关征收管理权的有效行使

在案例二中,执行法院最初的分配方案以税务局没有提供正式有效的税务

---

〔1〕 浙江省金华市中级人民法院(2020)浙 07 执复 139 号执行裁定书。

〔2〕 四川省攀枝花市中级人民法院(2019)川 04 执异 21 号执行裁定书。

〔3〕 徐战成:《企业破产中的税收法律问题研究——以课税特区理论为指导》,法律出版社 2018 年版,第 80 页。

〔4〕 龚伟:《税法中的利益及其平衡机制研究》,中国法制出版社 2016 年版,第 6~7 页。

处理决定书为由对其优先分配税款的请求不予支持。市中院认为,税务局在未向执行法院提交证据证明甲公司名下无其他财产可供执行的前提下,要求参与到该案中的执行分配程序中以满足其税收优先受偿权,不具有事实基础和法律依据。由此可见,税务机关是否依照法定程序履行征收管理职责、是否有合法的征税文书等依据、是否已经“穷尽一切手段”积极行使职权追征税款对法院判定税收是否具有优先权具有重要意义。

笔者认为,对于是否需要提供正式有效的税务处理决定书,需要根据不同情况具体分析。对于由纳税人依法自主申报产生的税款是不需要税务机关出具税务处理决定书等文书的。但如果出现纳税人未依法申报,或者税务机关不认可纳税人申报信息等情形,则税务机关有义务依法提供有效税务处理决定书等文书来确定纳税人的纳税义务和具体税额。而法律赋予税务机关行政强制权的目的就是更好地保障国家税款的征收,它客观上排斥了其他债权人,产生了税收优先受偿的效果。[1] 因此,税务机关作为少数几个拥有法定强制执行权的行政机关,理应积极行使自己的职权维护税款安全。但将证明被执行人名下无其他财产可供执行的举证责任分配给税务机关,并无明确的法律依据。至于欠税公告问题,《税收征收管理法》设定了税务机关应当对纳税人欠缴税款的情况定期予以公告的义务,如果税务机关未按规定进行公告,被执行人的其他债权人会因为无法知晓其欠税情况而影响判断。尤其是设定担保物权时,税务机关日后以欠税发生在设定担保之前而主张优先权,则会侵害担保物权人的合法权益,在这种情形下税务机关将无法主张优先权。综上,税务机关在日常征收管理过程中应当依法尽职履责,而不能将追缴税款过度寄望于申请法院协助执行。

(三)法院协助扣缴税款的实施

《税收征收管理法》第5条第3款规定:“各有关部门和单位应当支持、协助税务机关依法执行职务。”国家税务总局《关于人民法院强制执行被执行人财产有关问题的复函》也明确,“鉴于人民法院实际控制纳税人因强制执行活动而被拍卖、变卖财产的收入,根据《税收征收管理法》第5条的规定,人民法院应当协助税务机关依法优先从该收入中征收税款”。至于采用何种协助方式,是法院拍卖后主动通知税务机关还是需要税务机关主动向法院提交申请?现行法律没有明确。

[1] 熊伟、王宗涛:《中国税收优先权制度的存废之辩》,载《法学评论》2013年第2期。

在实践中，有法院认为，税务机关并非债权人，不属于案款分配中享有民事债权的主体，其既非案件的申请执行人和被执行人，也不属于法律上规定的利害关系人。[1] 案例二中市中级人民法院也是持此观点，认为税务局作为税款征收管理的行政执法主体，不具备《民事诉讼法》第 225 条规定的利害关系人主体资格。

笔者认为，法院的执行行为直接决定了税务机关主张的税款能否得到清偿及在多大程度上得到清偿，这已经充分说明税务机关与执行行为具有直接利害关系。税务机关虽然是行政执法主体，税收法律关系具有公法性质，但它在本质上还是一种"债权债务关系"。[2] 因此，税务机关可以通过提出执行异议参与到已经开始的民事执行程序并主张税收优先权。

在实践中，部分地区对法院协助扣缴税款的方式进行了有意义的探索，通过加强司法机关与税务机关的沟通协作，建立了人民法院强制执行与税务机关税费征缴协同联动机制，包括明确法院在司法拍卖等强制执行过程中向税务机关通报司法拍卖信息，并支持税务机关征缴相关税费，甚至对税收优先权的行使条件及债权的清偿顺序进行了规定。此外，在实践中也有观点认为，司法拍卖中的税款可以由支付价款的一方进行代扣代缴，案例一中税务机关也曾向丙公司发出《税务事项通知书》，要求丙公司代扣代缴本次拍卖被执行人应缴纳的个人所得税。但值得注意的是，虽然根据《税收征收管理法》第 30 条的规定，"扣缴义务人依照法律、行政法规的规定履行代扣、代收税款的义务"，但同时这一条也明确，"对法律、行政法规没有规定负有代扣、代收税款义务的单位和个人，税务机关不得要求其履行代扣、代收税款义务"。因此，对于负有法定代扣、代收税款义务的单位和个人，税务机关可以依法要求其代扣代缴，对于无法要求支付方代扣代缴的，还是应当由法院协助扣缴税款。

---

〔1〕 裴永胜、廉玉光：《不动产强制执行中存在的涉税冲突及应对》，载《人民法院报》2021 年 6 月 30 日，第 7 版。

〔2〕 董险峰、李春晓、乔喆沅：《税收法律关系简论》，广东高等教育出版社 2007 年版，第 35 页。

从“张某强案”看虚开增值税专用发票罪的犯罪构成

郭晓亮*

摘　要：对《刑法》第205条的罪状表述作语义解释会得出只要行为人实施了虚开行为即构成犯罪的结论。而最高人民法院在发布的“张某强虚开增值税专用发票案”中将骗取国家税款的目的、国家税款损失的结果作为虚开增值税专用发票罪的构成要件。本文主张，只有实施了《刑法》“分则”规定的行为，且造成国家税款实际损失或者形成国家税款损失的危险，才构成本罪。本罪既不是“目的犯”“结果犯”，也不是“行为犯”，而是“危险犯”。

关键词：虚开增值税专用发票；行为犯；目的犯；结果犯；危险犯

一、“张某强案”基本案情及裁判要点

2018年12月4日，最高人民法院在官方网站发布了《人民法院充分发挥审判职能作用保护产权和企业家合法权益典型案例（第二批）》（以下简称“第二批保护产权和企业家合法权益典型案例”）。其中第一个案例“张某强虚开增值税专用发票案”[1]再一次引发了理论界和实务界对虚开增值税专用发票罪认定问题的关注。

被告人张某强经营某龙骨厂（小规模纳税人）。2006～2007年，由于无法对外开具增值税专用发票，张某强借鑫源公司名义，先后与6家公司签订轻钢龙骨销售合同，购货单位均将货款汇入鑫源公司账户，鑫源公司为上述6家公司开具增值税专用发票共计53张，价税合计4,457,701.36元，税额647,700.18元。该案经某州市人民法院一审判决被告人张某强构成虚开增值税专用发票罪，并在判决生效后依法逐级报请最高人民法院核准。最高人民法院经复核认为，被

---

* 国家税务总局河北雄安新区税务局公职律师，法律硕士。

〔1〕《人民法院充分发挥审判职能作用保护产权和企业家合法权益典型案例（第二批）》，载最高人民法院官网，http://www.court.gov.cn/zixun-xiangqing-133721.html，最后访问时间：2021年5月31日。

告人张某强不具有骗取国家税款的目的，未造成国家税款损失，其行为不构成虚开增值税专用发票罪，裁定撤销一审刑事判决，将该案发回重审。该案经某州市人民法院重审后，宣告张某强无罪。

最高人民法院在复核程序中认为，张某强不构成虚开增值税专用发票罪的理由有两个：(1)不具有骗取国家税款的目的；(2)未造成国家税款损失。

将骗取国家税款的目的和造成国家税款损失的结果作为认定虚开增值税专用发票罪前提条件的主张，本文分别称其为“目的犯说”和“结果犯说”。而如果仅根据《刑法》第205条的罪状表述，[1]本罪的构成要件仅涉及虚开增值税专用发票行为，并未规定特定的结果或者目的。采用语义解释方法，就会得出只要行为人实施了虚开行为即构成犯罪的结论。[2]这也是该案一审得出有罪结论的主要理由。本文将这种主张称为“行为犯说”。

可见，以上对该案处理的不同观点，涉及的是虚开增值税专用发票罪是“行为犯”“目的犯”，还是“结果犯”的争议，并可以进一步引申出对虚开增值税专用发票罪完整犯罪构成的追问。

二、虚开增值税专用发票罪是否为“行为犯”？

单纯从字面理解《刑法》第205条，只要实施了规定的行为，无论主观目的如何、也无论客观上是否造成税款损失的后果，即构成犯罪。仅从文义解释的角度来看，“行为犯说”的观点更契合《刑法》“分则”的规定。

但“行为犯说”的观点有如下问题：

一是违反了刑法关于犯罪基本特征的规定。《刑法》第13条对犯罪概念作出了规定，“一切危害国家主权、领土完整和安全，分裂国家、颠覆人民民主专政的政权和推翻社会主义制度，破坏社会秩序和经济秩序，侵犯国有财产或者劳动

---

[1] 《刑法》第205条规定：“虚开增值税专用发票或者虚开用于骗取出口退税、抵扣税款的其他发票的，处三年以下有期徒刑或者拘役，并处二万元以上二十万元以下罚金……虚开增值税专用发票或者虚开用于骗取出口退税、抵扣税款的其他发票，是指有为他人虚开、为自己虚开、让他人为自己虚开、介绍他人虚开行为之一的。”

[2] 例如，在“周某毅虚开增值税专用发票案”中，行为人不具备骗取国家税款的目的，也没有造成国家税款损失的结果，虚开增值税专用发票的行为仍然被法院作出有罪判决。参见陈兴良：《虚开增值税专用发票罪：性质与界定》，载《政法论坛》2021年第4期。

群众集体所有的财产,侵犯公民私人所有的财产,侵犯公民的人身权利、民主权利和其他权利,以及其他危害社会的行为,依照法律应当受刑罚处罚的,都是犯罪,但是情节显著轻微危害不大的,不认为是犯罪”。犯罪的基本特征之一是具有严重的社会危害性。如果只是为了增加销售业绩而虚开增值税专用发票却不计划对外交付,或者为小规模纳税人虚开增值税专用发票,由于不存在抵扣税款的可能性,自然就不具备虚开增值税专用发票罪想要预防和打击的社会危害性,自然不应该构成本罪。“行为犯”这一观点的致命缺陷在于,会将没有社会危害性或者与本罪的社会危害性不相匹配的行为纳入本罪的刑罚范围。

二是违背条文立法目的。“目的是全部法律的创造者。每条法律规则的产生都源于一种目的,即一种实际的动机。”〔1〕“正确的解释,必须永远同时符合法律的文言和目的,仅仅满足其中一个是不够的。”〔2〕因此,有必要从目的解释的角度对立法目的进行深入探究。刑法以保护法益为目的,任何行为都是因为严重侵犯法益才被刑法规定为犯罪。〔3〕没有法益侵害性的行为,不会仅仅因为契合了刑法分则的文字表述而构成犯罪。在此意义上讲,世界上根本不存在纯粹的行为犯,只有严重侵犯法益且刑法明文规定处罚的行为才可能构成犯罪。〔4〕具体到虚开增值税专用发票罪,由于增值税专用发票的特性是能抵扣增值税税款,将其单列一罪并与虚开普通发票罪相并列,显然其所要保护的法益是增值税税款。如果对增值税税款没有任何侵害或威胁,就没有侵害到该法条想要保护的法益,自然不构成本罪。

---

〔1〕德国法学家耶林的著名观点,转引自[美]E. 博登海默:《法理学:法律哲学与法律方法》,邓正来译,中国政法大学出版社 1999 年版,第 109 页。

〔2〕Claus Roxin, Strafrecht Allgemeiner Teil, Band I, 4. Aufl. , C. H. Beck 2006, S. 151. 转引自张明楷:《实质解释论的再提倡》,载《中国法学》2010 年第 4 期。

〔3〕参见张明楷:《刑法学》(上),法律出版社 2016 年版,第 92 页。

〔4〕行为犯属于抽象危险犯,具备立法推定的危险,从这个意义上说,行为犯属于广义的危险犯。参见罗翔:《罗翔讲刑法(理论卷)》,中国政法大学出版社 2020 年版,第 43 页。至于立法当时推定的危险如果随着社会经济生活的发展而不再具备高度盖然性,或者被当事人反证不具备危险性,这种不具备危害社会可能性的行为是否还成立犯罪,详见后文论述。

三、虚开增值税专用发票罪是否为“目的犯”？

目的犯，是以特定的主观目的作为构成要件的犯罪。规定虚开增值税专用发票罪的《刑法》第205条并未将“骗取国家税款”作为该罪的构成要件，但主张本罪为“非法定目的犯”的观点并不鲜见。

最高人民检察院印发的《关于充分发挥检察职能服务保障“六稳”“六保”的意见》提出，“注意把握一般涉税违法行为与以骗取国家税款为目的的涉税犯罪的界限，对于有实际生产经营活动的企业为虚增业绩、融资、贷款等非骗税目的且没有造成税款损失的虚开增值税专用发票行为，不以虚开增值税专用发票罪定性处理，依法作出不起诉决定的，移送税务机关给予行政处罚”。可见，“非骗税目的且没有造成税款损失的虚开增值税专用发票行为”属于一般涉税违法行为，不具备值得刑法处罚的严重的社会危害性，不属于犯罪。最高人民法院在“张某强案”中就特别提到，“张某强并不具有偷逃税收的目的，其行为未对国家造成税收损失，不具有社会危害性”。〔1〕

有学者从犯罪客体和立法意图的角度来寻找非法定目的犯的正当性基础，主张《刑法》第205条保护的客体是税收征管制度，“如果行为人主观上没有抵扣税款的目的，只是一般的虚开，它不会侵犯税收征管制度，是一般的违反发票管理的行为，不能构成本罪”。〔2〕立法机关设立虚开增值税专用发票罪是为了惩治骗取国家税款的行为。当现实生活中出现了不以骗取国家税款为目的而虚开增值税专用发票的行为，为了不扩大本罪的惩治范围，必须对《刑法》第205条进行目的性限缩。〔3〕

综上，“目的犯说”的主要理由在于：一是本罪设立的目的是惩治骗取国家税款的行为，保护的客体是税收征管制度；二是不具备骗取国家税款目的的虚开增值税专用发票行为，由于不具备社会危害性或者不具备严重的社会危害性，不

〔1〕《人民法院充分发挥审判职能作用保护产权和企业家合法权益典型案例（第二批）》，载最高人民法院官网，http://www.court.gov.cn/zixun-xiangqing-133721.html，最后访问时间：2021年5月31日。

〔2〕陈兴良：《不以骗取税款为目的的虚开发票行为之定性研究——非法定目的犯的一种个案研究》，载《法商研究》2004年第3期。

〔3〕参见陈兴良：《虚开增值税专用发票罪：性质与界定》，载《政法论坛》2021年第4期。

属于犯罪。因此,应该对《刑法》第205条作目的性限缩,将偷骗税款的目的作为该罪成立的必要条件,从而避免扩大惩治范围。

诚然,如果片面按照"行为犯"的观点,不考虑行为人的主观目的,会导致刑罚畸重,违背了"罪刑相适应"的刑法原则,定罪结论的合理性让社会公众难以接受。例如,在上海的"周某毅案"中,交易方在没有真实交易的情况下,为了虚增经营业绩而相互"对开""环开"同等金额的增值税专用发票,本身并没有骗取国家税款的目的,也不会造成国家增值税款损失,并不具备《刑法》第205条想要预防的社会危害性,按该条定罪处罚并不合理。再如,以赚取开票费为目的,为小规模纳税人虚开增值税专用发票,受票方不可能抵扣相应进项税金,也就不可能危害到国家增值税税款。如果将以上行为定性为虚开增值税专用发票罪,并课以重刑,其结论的妥当性难以让人信服。所以,主张在本罪的犯罪构成中加入特定目的要素,从而将不具备社会危害性或者社会危害性不大的行为出罪,以达到"罪刑相适应"的效果,是有一定合理性的。

但"目的犯说"有以下问题:

一是违反罪刑法定原则。罪刑法定原则是刑法的"帝王原则",是刑法的生命,它要求是否构成犯罪、构成何种犯罪、如何处罚的所有事项都必须由刑法作出规定。非法定目的犯一般适用于两种情形:其一,该非法定目的得到了司法解释或刑法其他条款的印证;其二,刑法分则描述的行为本身必然包含特定目的。在上述情况下,非法定目的犯本身并不违反罪刑法定原则。但虚开增值税专用发票罪并不属于上述情形。强调其目的是人为增设犯罪构成要件,有违罪刑法定原则之嫌。因此,法官在审判时很难有勇气去假想一个"目的"要件,执法人员出于对执法风险的忌惮也不会轻易在没有法律明文规定的情况下主动去追加"目的"要件。这就可以合理解释,在"张某强案"中,基层人民法院并没有底气为本罪增加"目的"要件从而缩小入罪范围,只有在得到最高人民法院明确的复核意见时,才改判无罪。

二是可能放纵值得刑法处罚、具有社会危害性的其他行为。虚开增值税专用发票的目的多种多样,有的以赚取开票费为目的,有的以抵扣税款、偷税为目的,有的以骗取出口退税为目的,不一而足。在"张某强案"中,最高人民法院表述要以"骗取国家税款"为目的要件。但在最典型的"为他人虚开"情形中,虚开方的目的和动机往往是赚取开票手续费,牟取非法利益。有人主张,这种情形下开票方纵容受票方骗取国家税款,等同自己也有了骗取国家税款的目的。但这种解释脱离了语言文字可能涵摄的文义范围,并不可取。如果以骗取国家税款为目的要件,可能导致最基本和典型的虚开行为都无法适用本罪,明显违背了本罪的设置目的。正因为虚开的目的多种多样,如果仅将某种特定目的作为犯罪构成要件,将会放纵大量具有其他目的且具有严重社会危害性的行为。

三是人为增加目的要件的必要性不足。诚然,虚开增值税专用发票罪由于处罚过于严苛、处罚范围过于宽泛,确实饱受诟病。特别是一些没有偷逃税款目的、不会侵害该罪名法益的环开、对开行为,如果也纳入本罪的规制范围并不合理。但解决这个问题的手段,并不一定要以破坏刑法理论的体系、逻辑为代价,生硬地添加某个目的要件。增加目的要件会带来很多无法解释的现实困境问题,没有充足的说服力、解释力。事实上,这个问题完全可以通过完善本罪的犯罪构成加以解决。

四、虚开增值税专用发票罪是否为“结果犯”

结果犯是以实际发生法定的犯罪结果为犯罪构成要件的犯罪。《刑法》第205条并未将“国家税款损失”的实际发生作为该罪的构成要件。与“目的犯说”主张的理由相似,“结果犯说”主张增加结果要件的理论依据仍然在于“罪刑相适应”原则,以维护刑法的谦抑价值立场和其规定的实质合理性。[1]

这种主张的问题在于:

一是违反罪刑法定原则。理由与“目的犯说”类似,恕不赘述。

二是会放纵有严重社会危害性的行为。将增值税专用发票对外虚开,其实施行为已完成,如果受票方处于进项税金留抵状态,未实际抵扣税款,国家税款损失的结果还未形成。但受票方只要发生销售,就会随时发生抵扣。因此,一般情况下只要对外虚开增值税专用发票,就已经形成了国家税款损失的危险状态,虚开行为就具备了社会危害性,应该纳入该罪所要规制的范围。

三是可能导致实践无法操作的现实困境。增值税纳税义务的核算以纳税人整体财务核算为前提。而结果犯的主张实质上是将行为人罪与非罪的判断和受票方的财务、经营整体状况相关联,从而削弱了与具体实施行为的联系,这样会造成《刑法》第205条无法适用的困境。具体来说,如果受票方当期既实际抵扣

---

〔1〕 参见孙国祥、魏昌东:《经济刑法研究》,法律出版社2005年版,第80~83页。

了部分税额,又有部分留抵税额,从实践角度根本无法判断行为人虚开的增值税专用发票是受票方实际抵扣的那部分还是留抵的那部分。例如,A、B 企业分别为 C 企业虚开税额为 100 万元的增值税专用发票,合计 200 万元。而 C 企业当期实际抵扣进项税金 100 万元,留抵税额 100 万元。我们无法判断留抵税额的 100 万元是 A 企业开具形成的,还是 B 企业开具形成的,抑或是其他企业正常开具形成的。如果坚持税款损失结果作为本罪的构成要件,按照"疑罪从无"的原则,两个虚开专用发票的 A、B 企业就都构不成犯罪。这种结论显然是无法让人信服的。

四是与最高人民法院关于虚开的司法解释精神冲突。在最高人民法院《关于适用〈全国人民代表大会常务委员会关于惩治虚开、伪造和非法出售增值税专用发票犯罪的决定〉的若干问题的解释》(法发〔1996〕30 号)中,明确了虚开增值税专用发票罪的四档量刑情节,无一例外地分别采用了虚开税款数额、致使国家税款被骗数额两种不同的情形。以第一档刑期为例:"虚开税款数额 1 万元以上的或者虚开增值税专用发票致使国家税款被骗取 5000 元以上的,应当依法定罪处罚。"其中,虚开税款数额只要达到 1 万元,不考虑税款是否实际损失,即达到起刑点;如果国家实际被骗税款数额为 5000 元,同样达到起刑点。该司法解释已经明确将未造成国家税款实际损失的情形包括在定罪量刑范围内,可以说是对"结果犯说"的最好回应。虽然本罪的量刑标准后来被最高人民法院《关于虚开增值税专用发票定罪量刑标准有关问题的通知》(法〔2018〕226 号)修正,但对犯罪构成并没有实质影响。

五、虚开增值税专用发票罪犯罪构成的应然分析

(一)犯罪构成理论介绍

按照"三阶层"的犯罪构成理论,一个行为是否构成犯罪,可以从以下三个阶层依次进行判断:构成要件该当性、违法性和有责性。[1]

第一个层次即构成要件的该当性,其考察目标行为是否符合刑法分则规定的构成要件。构成要件的客观要素包括行为主体、行为对象、行为、行为危害后果(实害与危险)、行为与危害行为的因果关系五个方面。在客观要素的判断

〔1〕 参见张明楷:《刑法学》(上),法律出版社 2016 年版,第 96 ~ 97 页。

上,尤其值得关注的是“危害后果”。

《刑法》“总则”第13条规定,犯罪行为的基本特征是严重的社会危害性。另外,《刑法》“分则”规定的构成要件是违法行为的类型化,由于违法性的本质是对法益的侵害与威胁,对构成要件的解释必须以法益保护原则为指导。[1] 简言之,只有目标行为严重危害了《刑法》“分则”所要想保护的法益,才可能达到某具体罪名的构成要件符合性。所以,在这个层次的判断上,要对《刑法》“分则”法条作实质性的解释,即其描述的行为都具备特定的、严重的社会危害性,必须将单纯字面上符合构成要件、实质上对法益不具有严重危害性的行为排除在构成要件之外。客观要素中的行为危害后果是犯罪构成中的必备要件。而社会危害性有两种表现形式:一是对法益造成实质侵害,二是对法益形成了威胁。所以,即便《刑法》“分则”没有明文规定具体的犯罪后果,一个行为也只有对具体法益形成实际侵害或者侵害危险才有可能构成犯罪。如果《刑法》“分则”明确规定了实际侵害事实要素,从其规定;如果没有明确规定,则最少要造成法益的危险状态。而缺乏法益实害或威胁的行为,由于缺乏必要的客观要素,即危害后果,在构成要件符合性的客观层面即可排除其构成犯罪。

以虚开增值税专用发票罪为例,本罪要保护的法益是比较清楚的,即国家的增值税税款。构成本罪的行为必然要对国家的增值税税款造成实际侵害或形成损失的危险。由于《刑法》“分则”并没有明确规定实际侵害要件,所以只要形成增值税税款损失危险,就可以构成本罪,从这个意义上说,虚开增值税专用发票罪是危险犯。

通说认为,危险犯分为具体危险犯和抽象危险犯。具体危险犯的危险属于司法认定的危险,应当进行司法的个案判断,而抽象危险犯则属于立法拟制的危险,无须进行司法的个案判断。[2] 本文认为,《刑法》设立本罪时的初衷是将其作为“抽象危险犯”对待的。因为在立法当时的社会实践中,虚开增值税专用发票行为都会形成增值税税款流失的危险状态,所以立法者推定虚开行为一旦实施即具备危险,而无须司法者加以举证。但随着社会经济的发展,已经出现很多不会形成增值税流失风险的虚开增值税专用发票行为,立法者当初设想的增值税流失风险的高度盖然性已经悄然发生变化。在这种情况下,应该给予行为人

---

〔1〕 参见张明楷:《实质解释论的再提倡》,载《中国法学》2010年第4期。

〔2〕 参见陈兴良:《虚开增值税专用发票罪:性质与界定》,载《政法论坛》2021年第4期。

反证自身行为不具备危险性从而出罪的机会。简言之,应仍然推定虚开增值税专用发票的行为具备危险性,司法机关无须举证虚开行为的危险性,但要允许行为人反证行为没有危险性。按这种理解,虚开增值税专用发票罪是否仍然属于刑法教义学所称的"抽象危险犯",就纯粹属于概念之争了。虽然如此,考虑到对于所有犯罪的盖然性风险都可能随着社会生活的变化而改变,本文还是认为,所有的"抽象危险犯"都应该给予行为人反证的机会,本罪仍然属于"抽象危险犯"。

构成要件的主观要素包括行为故意、行为过失和具体犯罪要求的特殊目的要件。只有坚持"主客观相一致"的原则,将行为人客观的、外部的行为举止与主观的、内心的心理状态结合起来,才能准确识别一个行为的性质和种类,才能在此基础上尝试寻找具体的法律条文,以判断该条文规定的构成要件与具体的案件事实是否相契合。这也是判断"构成要件该当性"的前提和基础。

刑法以惩罚故意犯罪为原则,惩罚过失犯罪需要《刑法》"分则"的明文规定,而《刑法》第 205 条并没有明确规定处罚过失犯,所以相应地,虚开增值税专用发票的行为主观状态必须是故意,才符合该条规定的构成要件。由于目的要件属于特殊规定要件,《刑法》"分则"并没有明确规定目的要件,所以构成本罪不需要行为人必须持有骗取国家税款的目的。

综上,虚开增值税专用发票罪,不是"目的犯"、"结果犯"和"行为犯",而是"危险犯"。在满足其他条件的情况下,只有形成国家增值税税款损失的危险状态(造成实际损失构成犯罪自不待言),才可能构成本罪。

第二个层次是"违法性"判断,考察相关行为是否具备违法性。目标行为通过第一个层次"构成要件的该当性"的测试后,才需要继续进行第二个层次的测试,否则可以直接认定无罪。在一般情况下,通过了构成要件符合性测试即推定具备违法性,所以又称"积极的违法事由"。而第二个层次上主要考察是否具备正当防卫、紧急避险等违法阻却事由,也可称为"消极的违法事由"。由于虚开增值税专用发票罪是经济犯罪,一般不涉及正当防卫和紧急避险。

第三个层次是"有责性"判断,考察行为主体是否应该对其行为承担责任。同样,目标行为只有通过第一个层次和第二个层次的测试后,才需要继续进行第三个层次的测试。总体来说,这一个层次需要考虑两个方面的要素:一是判断是否具备"责任阻却事由"。主要内容包括判断行为人是否达到刑事责任年龄、是否具备刑事责任能力、是否具备不可避免的违法性认识错误等。二是考虑犯罪故意、犯罪过失、犯罪目的、犯罪动机等主观要素。如果符合构成要件的行为不具备违法阻却事由和责任阻却事由,即成立犯罪。在判定犯罪已经成立的情况下,这些主观要素的考量就属于量刑情节而非犯罪构成的范畴。具体到虚开增值税专用发票罪的认定,在这一个层次的判断上争议比较罕见,亦不再赘述。

(二)犯罪构成理论在虚开增值税专用发票犯罪中的具体应用

具体到“张某强案”,张某强以鑫源公司名义对外签订销售合同,通过鑫源公司收取销售款项并开具发票。这些事实足以证明双方就名义借用达成合意,并形成挂靠经营关系。鑫源公司只要同意出借名义,在对外销售的民事法律关系中就是合法的销售方,应该就被挂靠经营行为对外承担合同责任和纳税义务。又因为鑫源公司有纳税义务,它就要同时承担开具发票的义务。可以说,鑫源公司对外开具增值税专用发票不仅不构成犯罪,而且开具发票是其法定义务,不对外开具反而构成发票管理上的行政违法。由于其对外建立了销售关系,且开具的发票与销售业务内容一致,其开具发票的行为不属于虚开行为。在第一个层次“构成要件的该当性”的判断上,鑫源公司如实开具与经营业务内容一致的增值税专用发票,不属于“为他人虚开”的行为,在此前提下,张某强也不构成“让他人为自己虚开”,他们实施的行为并不符合《刑法》第 205 条描述的犯罪构成要件,不能通过第一个层次的测试,从而可以直接认定“张某强案”不构成虚开增值税专用发票罪。

为了虚增经营业绩而“对开”“环开”同等金额增值税专用发票的行为,由于行为主体通过一系列合同安排事实上控制了国家增值税税款流失的风险,不具备危害后果,也就达不到“构成要件该当性”,亦可以判定不构成虚开增值税专用发票罪。

向小规模纳税人虚开增值税专用发票,由于受票方不能抵扣进项税金,这种行为事实上未形成国家增值税税款流失的风险,同样可以判定不构成虚开增值税专用发票罪。

可见,上述行为的出罪理由并不是缺少了在刑法之外人为增加的目的要件和结果要件,依据犯罪构成理论完全可以解决“目的犯”和“结果犯”论者担心的“罪刑失衡”问题。它无须以违反罪刑法定原则、破坏刑法理论逻辑为代价,同时克服了“行为犯”观点呆板认定犯罪的缺陷。

六、启　　示

虚开增值税专用发票罪的认定,在实务中存在比较严重的泛化倾向,一向是争议不断的领域。本文认为,在处理类似案件中,要注意以下几个方面:

一是贯彻“责任自负”的法律原则。责任自负原则,是指实施了违法行为或违约行为的人,应当对自己的违法行为或违约行为独立承担法律责任。没有法律规定的情况下,不能让没有违法行为或违约行为的人承担法律责任。具体到“张某强案”中,该类挂靠经营模式带来的税收风险是,鑫源公司对外开具发票要全额计提销项税额,但不能同步取得进项发票抵扣进项税额。鑫源公司或许会从他处取得虚开的发票以抵扣进项税额,从而造成税款流失风险。如果鑫源公司确实这样做了,有可能涉嫌“让他人为自己虚开”从而构成虚开增值税专用发票罪。但这种或然性事件,与张某强和鑫源公司的挂靠经营行为并无必然关系。在实践中存在一种普遍的观点是,因为被挂靠方违法的概率存在,就否定挂靠经营的合法性,从而认定挂靠方属于“让他人为自己虚开”,被挂靠方是“为他人虚开”,从而双双被追究刑事责任。在挂靠方和被挂靠方之外,另一个“躺枪”的往往是挂靠经营的对手方,即购买货物并接受发票的一方。由于上述观点否认被挂靠方的销售方地位,从而否定被挂靠方和购买方之间存在真实交易。如果购买方对挂靠经营事项知情,可能被认定为“让他人为自己虚开”或“逃税”;即使不知情,也可能被认定为“善意取得”虚开的增值税专用发票,面临进项税额转出的经济风险。按照“责任自负原则”,挂靠方不应为被挂靠方或然的违法行为承担责任,被挂靠方也只能为自己的违法行为承担责任,而不必为自己合法的行为承担不利责任。至于购买方,更不应该为交易对手与第三方之间的内部合作关系而承担责任。

二是准确把握税法与民法的法际关系。税法以民商事经济活动为评价对象,作出税与非税、课何种税、税多税少的判断。但民商事活动首先接受民商法的调整,形成民商事权利义务关系。而这些权利义务的内容,是税法评价考量的重要内容。例如,税法往往将合同约定的价款确认为计税基础,将合同约定的付款时间确认为纳税义务发生时间,税法要对保本的投资收益征收增值税,但在合同价款、付款时间、是否保本的识别和判断上,税法必然要借助民商法的分析工具,断然没有必要也没有能力全部重新作出规定。也就是说,除非另有规定,税法概念的理解和适用,应与表述基本相同的民商法概念保持一致。民商法上,代理人在代理权限内以被代理人名义实施的民商事法律行为,对被代理人发生效力。在“张某强案”中,鑫源公司授权张某强以自己的名义对外经营,张某强以其名义实施的交易活动的效力要归属于鑫源公司。至于鑫源公司和张某强的内部关系判断,是民商法当然同时是税法需要判断的另一个问题。但在对外的民商事法律关系上,鑫源公司就是实际的销售方。由于税法没有作出特别规定,执行税法时只能将民商法上的销售方认定为税法上的销售方。令人遗憾的是,在“张某强案”中,一审法院否定了鑫源公司销售方的税法地位,而坚持认为张某强才是税法中的销售方,从而认定鑫源公司虚开发票、张某强让他人为自己虚开发票。在这个税法适用过程中,不仅否定了市场主体的民商法角色,还否定了市场主体交易的合法性,属于税法职能的明显越位,本质上是对民法和税法法际关系把握不准的体现。上述问题的根本原因在于税法基础理论指导作用的缺失,导致在处理税收实践问题时没有理论遵循。

三是应加强税务部门和司法部门合作交流。税收案件,无论是虚开案件还是逃税案件,往往发起于税务机关的行政处理。税务机关更注重的是通过实体税收规则的理解和运用形成纳税义务的实体判断。而在涉税刑事案件的把握上,税务机关缺少法律体系的大局观,缺少刑法理论的系统学习,也有避免执法风险的谨慎考虑,难免僵化地理解和运用刑法条文,大多将虚开增值税专用发票罪严格认定为行为犯并以此为标准向公安机关进行案件移送。这在一定程度上也影响了司法机关对该罪的认知。同时,由于税法实体规则适用的特殊性(如增值税的课税原理),如果不深入钻研其具体的运行规则,一般人很难凭社会生活经验掌握其规律特点。而刑法学界又更侧重研究和把握犯罪认定和处罚的一般规律,对税收专业知识积累有限。税务机关、司法机关应该主动交流,把理论界的声音引进来,使刑法学理论和税务实践更好地结合,在法学理论的科学指导下有理有据地解决实践问题。

从“刘某秀案”看课税要素灭失时的退税请求权

李晓玉*

摘　要：在课税事实灭失的情况下，是否以及如何适用《税收征收管理法》第51条的规定进行退税，对规范税务执法行为和维护纳税人合法权益都具有重要影响。由于税法设计的欠缺、税务机关自由裁量权的不当行使等原因，对该条的法律适用与司法裁判都存在问题。本文通过对“刘某秀案”的案情梳理和法理分析，揭示了纳税人寻求退税权利保护的困境，并提出当税法规则不明确时，应当以立法宗旨及原则对其进行漏洞补充，审慎规范税务机关自由裁量权的行使，并通过优化纳税服务以更好地平衡征纳双方的权利义务。

关键词：课税事实；退税；税收法定；量能课税；自由裁量权

一、案情简介[1]

2009年3月3日，刘某秀购买了位于北京市西城区的涉案房屋。2009年3月6日，刘某秀与刘某登记结婚。2010年1月26日，刘某秀与刘某协议离婚，并在离婚协议中约定涉案房屋归刘某所有，刘某秀协助办理过户，所欠贷款由刘某偿还。

2010年4月1日，因刘某秀与范某东民间借贷纠纷，北京市海淀区人民法院（以下简称海淀法院）作出民事调解书，确定由刘某秀在约定时间内偿还范某东85万元借款，如未按期还款，刘某秀应将涉案房屋过户给范某东或范某东指定的第三人。同月，因刘某秀未履行调解书确定的还款义务，海淀法院作出强制执行裁定书，将涉案房屋过户给范某东指定的第三人沈某。

在涉案房屋过户过程中，刘某秀前夫刘某发现其对涉案房屋的权利受到侵害，与刘某秀之间产生了一系列诉讼。2011年4月28日，刘某向海淀法院起

---

* 国家税务总局涿鹿县税务局一级行政执法员，工学学士。

〔1〕 参见北京市第二中级人民法院（2019）京02行终964号行政判决书。

诉刘某秀,要求确认涉案房屋归刘某所有。2011 年 8 月 29 日,海淀法院判决认定,因涉案房屋尚未办理产权证书,无法确认涉案房屋产权人,离婚协议书约定的条件尚未成立,故驳回刘某的诉讼请求。刘某不服提起上诉。2011 年 10 月 30 日,北京市第一中级人民法院(以下简称一中院)判决驳回上诉,维持原判。

2011 年 9 月 5 日,刘某秀到西城税务局第七税务所申报缴纳了涉案房屋过户给沈某产生的营业税、城市维护建设税、教育费附加共计 46, 750 元,同时代理沈某申报缴纳了契税 25, 500 元。

2012 年,刘某再次将刘某秀诉至北京市西城区人民法院(以下简称西城区法院),要求法院判令将涉案房屋过户到刘某名下。西城区法院于 2012 年 3 月 20 日判决刘某秀协助刘某办理将涉案房屋所有权证登记于刘某名下的手续。刘某秀不服,提起上诉,2012 年 11 月 9 日,一中院判决驳回上诉,维持原判。现涉案房屋已登记于刘某名下,刘某秀与沈某之间的房屋过户失败。

2016 年 12 月 13 日,刘某秀向国家税务总局西城区税务局(以下简称西城区税务局)第二税务所提出退税申请,请求退还其缴纳的税费共计 46, 750 元。西城税务局经审查,于 2016 年 12 月 26 日驳回了其退税请求。刘某秀不服,于 2017 年 1 月 9 日向北京市税务局(以下简称市税务局)申请行政复议,市税务局 2017 年 7 月 31 日作出复议决定,维持西城区税务局的不予退税决定。

之后刘某秀向法院起诉。一审法院(西城区法院)于 2018 年 4 月 25 日公开开庭审理了该案,支持了刘某秀的诉讼请求,撤销了西城区税务局和市税务局作出的决定。[1] 西城区税务局不服,提起上诉。二审法院(北京市第二中级人民法院,以下简称二中院)驳回了西城区税务局的上诉请求,维持了原判。

二、争议焦点

《税收征收管理法》第 51 条规定,只有在“超过应纳税额缴纳的税款”的情

〔1〕 参见北京市西城区人民法院(2017)京 0102 行初 813 号行政判决书。

况下才可能适用《税收征收管理法》第 51 条退税。[1] 但该案中,刘某秀认为,其依法缴纳的营业税等税款是在房屋交易成功的情况下由税务机关收取的,现由于与沈某之间的房屋交易失败,根本就不存在应缴纳的税款,而非"超过应纳税额缴纳的税款",西城区税务局应予退回。西城区税务局则认为,《税收征收管理法》第 51 条规定的"超过应纳税额缴纳的税款"的产生原因有很多种,包括因法律原因、技术原因以及其他原因导致的多缴税款,刘某秀之前缴纳的税款仍属于《税收征收管理法》第 51 条规定的"超过应纳税额缴纳的税款"。

《税收征收管理法》第 51 条将应退还的纳税人多缴的税款分为两种情况,即由税务机关发现和由纳税人自己发现。由纳税人发现的多缴税款,无论什么原因造成,都应在结算缴纳税款之日起 3 年内申请退还;超过 3 年申请退税的,税务机关不能办理退还手续。该案中,西城区税务局并不否认刘某秀之前缴纳的款项可以退还,只是由于刘某秀缴纳税款的时间是 2011 年 9 月 5 日,而提出退税申请的时间是 2016 年 12 月 13 日,已超过《税收征收管理法》51 条所规定的 3 年退税申请期限,因此认定其提出的退税申请不符合退税条件。

可以看出,原告刘某秀和被告西城区税务局之间的争议焦点有两个:第一,刘某秀先前缴纳的营业税、城市维护建设税、教育费附加等的性质是否属于《税收征收管理法》第 51 条规定的应退税款?第二,西城区税务局适用《税收征收管理法》第 51 条作出驳回退税申请的做法是否正确?肯定刘某秀之前缴纳款项属于"超过应纳税额缴纳的税款"是之后判断能否依据《税收征收管理法》第 51 条作出退税决定的前提条件。如果符合"超过应纳税额缴纳的税款"这一前提,那么根据《税收征收管理法》第 51 条的规定,刘某秀从 2011 年缴纳税款到 2016 年申请退税,时间已经超过 3 年,不符合退税要求。如果刘某秀缴纳的税款不属于"超过应纳税额缴纳的税款",就不受 3 年退税申请期限的限制。

---

[1] 《税收征收管理法》第 51 条规定:"纳税人超过应纳税额缴纳的税款,税务机关发现后应当立即退还;纳税人自结算缴纳税款之日起三年内发现的,可以向税务机关要求退还多缴的税款并加算银行同期存款利息,税务机关及时查实后应当立即退还;涉及从国库中退库的,依照法律、行政法规有关国库管理的规定退还。"

三、法理分析

税收法定和量能课税都是税法的基本原则。税收法定原则要求国家征收税款需做到有法可依,有据可循。而量能课税原则强调纳税人应当具备经济上可把握的负担能力。

从税收法定的角度来说,该案中税务机关的观点其实并非没有讨论的余地。我国税收立法虽取得了较大进步,但法律规范不够完善,不确定性突出,征纳双方权利义务的不平等现象广泛存在。《税收征收管理法》第51条规定的两种退税情形都有一个共同的前提,即该笔税款基于现实纳税义务的存在,而由可归责于纳税人或者税务机关的原因导致出现了多缴税款的情况。仅从字面意思来看,该条规定很难理解为对课税事实灭失这一特殊情形已经予以充分考虑。在《契税法》出台之前,[1]财政部、国家税务总局《关于购房人办理退房有关契税问题的通知》(已失效)中就明确了如果没有办理权属登记可以退还契税。这个文件中就涉及典型的课税事实灭失的情形,但它并未提到《税收征收管理法》第51条的适用,亦未强调《税收征收管理法》设定的退税条件。而对于刘某秀在该案中缴纳的营业税、城市维护建设税、教育费附加等并没有类似明确规定,这在实践中容易引发争议。在此认识的基础上,对于是否超过退税期限的问题,或许不宜过于偏执。西城区税务局片面强调《税收征收管理法》第51条的字面解释,局限于3年的退税期的限制,既不合理,又不见得合法。法院在这个问题上充分考虑到了立法宗旨和精神,认为刘某秀之前所缴纳税款在法院判决房屋权属归刘某后,纳税义务已经灭失,已不再属于《税收征收管理法》第51条规定的“超过应纳税额缴纳的税款”这一适用情形。故刘某秀在2011年缴纳税款后到2016年申请退税,虽然时隔5年,但也不应受《税收征收管理法》第51条关于3年退税期限的限制。

更应引起重视的是量能课税原则。回顾该案,征纳关系的形成是因为发生了法定的涉税行为。刘某秀基于生效的强制执行裁定书将涉案房屋过户给沈

---

〔1〕 参见《契税法》第12条规定:“在依法办理土地、房屋权属登记前,权属转移合同、权属转移合同性质凭证不生效、无效、被撤销或者被解除的,纳税人可以向税务机关申请退还已缴纳的税款,税务机关应当依法办理。”

某,不动产权属发生转移变更,刘某秀缴纳税费是基于此时的转让关系使刘某秀产生了收益,满足课税的基本构成要件。刘某秀作为房屋出让方缴纳营业税、城市维护建设税和教育费附加,并代沈某缴纳契税,符合法律的规定。西城区税务局基于涉案房屋产权转让行为征收的各项税费亦有法律依据。然而,基于后续刘某秀与刘某的产权纠纷,法院最终判定房屋归刘某所有,刘某秀与沈某之前基于以房抵债而发生的产权转移行为在法律上归于无效,从而让刘某秀经济上可把握的负担能力得而复失。根据原《营业税暂行条例》的规定,营业税的征税范围包括销售不动产,以销售不动产的单位和个人为营业税的纳税人。城市维护建设税和教育费附加又以实际缴纳的营业税为计税依据计征。依照上述法律文件的规定,课税事实的认定以转让房产这一基础民事法律关系的生效为前提,营业税等税款也是在房屋交易成功的情况下由税务机关收取的。现原告刘某秀与第三人沈某之间的房屋交易失败,房屋转让关系视为自始不成立。刘某秀和沈某都不会基于房屋转让而获取利益,这也意味着他们均不具备税法上的负担能力,国家也不再拥有征税的基础和理由。从税收客体上看,涉案房屋不再涉及以房抵债之客观条件,且未发生房屋权属变更登记至沈某名下的基础事实,税收客体亦不复存在。因此无论是刘某秀的应纳税款还是其代缴的契税,应由被告西城区税务局无条件予以退回。

自由裁量权的设定和合理运用是研判该案的另一个重要视角。税收规则的滞后性以及对未来事项的不可预见性导致在税务执法过程中行使税收自由裁量权十分必要。该案中,法院认为,《税收征收管理法》第 51 条规定,“纳税人超过应纳税额缴纳的税款,税务机关发现后应当立即退还”,也是考虑本着税收公平、公正等基本原则,赋予税务机关针对客观上确应予以退税的情形通过行政自由裁量权加以甄别和判断,不应加以期限限制,确保依法及时退还多缴税款,以最大限度地保护纳税人及相关利害关系人的合法权益。《税收征收管理法》第 51 条之所以规定“纳税人超过应纳税额缴纳的税款,税务机关发现后应当立即退还”,且不受 3 年期限的限制,不宜理解为以主体为标准对申请退税的各种情况所进行的一种非此即彼的划分,而是本着公平、公正等原则,给予税务机关自主判断纳税人退税申请是否符合条件的裁量权,以合理把握国家税收权益和纳税人合法权益的边界。其中暗含一种可能,即对课税事实灭失这类特殊情形,让税务机关灵活掌握执法的尺度。这种尺度不仅体现在判断课税事实灭失情形下是否退税,也包括退税的期限。税务机关不仅有及时足额保证税款入库,防止税款流失的责任,同时有保护行政相对人的合法权利的义务。正因如此,法院认为,西城区税务局应遵循税法的宗旨与目的进行综合考量,对纳税人提出的请求进行实质性的判断。税法不是要将税务机关与纳税人放在互相对立的立场上,而是在征收与纳税、权利与义务之间寻求平衡点,在正确履行税收管理职责的同时,切实维护好行政相对人的合法权益。税务机关的具体行政行为应秉承以行政合法性为基础,以行政合理性为补充的执法理念,从合法性与合理性两个方面进行综合考量,[1]在适用法律的过程要符合公平正义的价值目标,并努力实现"程序正义"。

最后,无论是执法还司法,都要基于权利义务的均衡来把握税收征纳法律关系。所谓征纳双方权利义务的均衡,是指平等地看待征纳双方的法律地位,既不过分强调税务机关税款征收权力的行使,也不过分强调纳税人应尽的各种义务而忽略其应当享有的诸多权利。但在我国传统观念中,税收是以政治权利为依托参与社会财富的分配,税务机关代表国家行使征收管理权,而纳税人则处于被动服从的地位。这种观念极易导致税务人员怠于履行职责和纳税人怠于行使自己的合法权利。该案的判决,为扭转这一传统观念进行了真诚的努力。法院主张,根据对涉案事实的分析,原告缴纳的税款性质发生变化,国家公权力在已不具备课税要素以及执法依据的前提下应对所征税款予以退还,如若不然,将不符合税收公平、适度、法治等基本原则,相对个人私权而言,涉嫌存在税收利益的不平衡和不合理,有违保护纳税人合法权益,促进经济和社会发展的税法立法宗旨,违背法的公平正义的基本价值取向。

四、启示与建议

通过上文分析可以发现,对《税收征收管理法》第 51 条的解读和公平适用将对纳税人权益的保护、税收征管秩序的维护产生重要的影响。未来,我国应当通过法治的完善来弥补退税制度的设计缺漏。而在司法裁判中,则应本着定分止争的出发点,以公平、法治等原则为依托,充分考虑税法维护经济秩序稳定、保

---

[1] 参见王东伟:《行政裁量行为的合理性审查研究》,载《北京理工大学学报(社会科学版)》2018 年第 6 期。

障纳税人权利的宗旨,对《税收征收管理法》第51条进行合理适用。[1]

(一)根据立法宗旨及原则对税法进行漏洞补充

一是完善《税收征收管理法》关于退税制度的具体规定。《税收征收管理法》第51条规定了超过应纳税额的税款如何进行退税,前提是肯定纳税人客观上存在纳税义务,但实践中不仅有多缴税款的情形,还包括该案中课税事实灭失的情形。因此,应将这类课税事实灭失情形下的税款退还补充到《税收征收管理法》第51条之中。

二是引入民法中的不当得利制度。借鉴民法上关于不当得利的相关规定,可以将税法中的不当得利定义为没有合法的征税根据,或之前依法征税,但事后丧失了征税的法律依据,致使纳税人遭受损失而获得的利益,税务机关应负返还的义务。[2] 将其作为《税收征收管理法》一般性的规定后,可以充分照顾到现实中的各种退税情形,避免税务机关滥用职权,这样更加符合公平的理念,也符合税收信赖主义原则。

三是从立法技术上对《税收征收管理法》第51条中的"发现"一词进行检讨。根据《税收征收管理法》第51条,是否适用3年退税期限的区分标准是该退税行为由谁发现。但"发现"一词容易引发歧义。发现,是指第一时间发现还是以后发现也可以?非由税务机关和纳税人发现的第三人发现怎么办?第51条对于类似追问难以有效回应。为弥补此漏洞,应放弃使用"发现"一词,而代之以退税行为的发生应归责于谁。对于非因税务机关责任导致的多缴税款,应在返还请求权发生之日起3年内主张退还,而对于可归责于税务机关发生的多缴税款,税务机关应主动及时退还,且不受3年期限的限制。

(二)推动税务机关自由裁量权的合理运用

对于能够自由裁量的行政活动,应满足最低限度的理性,即行政决定应当具有一个有正常理智的普通人所能达到的合理与适当,并且能够符合科学公理和社会公德。[3]

这就需要税务机关在法律规定的范围内依据税法的立法原则和宗旨来把握

---

〔1〕 参见章志远:《行政争议实质性解决的法理解读》,载《中国法学》2020年第6期。

〔2〕 参见王婷婷、曾秋晓:《沈某诉西城区税务局退还契税行政诉讼案例评析》,载刘天永主编:《中国税务律师评论》第7卷,法律出版社2020年版。

〔3〕 参见刘权:《行政判决中比例原则的适用》,载《中国法学》2019年第3期。

自由裁量权的行使，权衡税收征纳冲突，灵活处理实践中可能出现的各种特殊涉税情况，从而不断提高税务机关的行政效率和个案的公平度。[1] 税务机关在作出行政行为时应具备合法性和合理性，其中，应当以合法性为前提，行政合理性为有益补充。充分考虑相关因素，尤其是考虑税务执法行为所要达到的目的和可能产生的效果，使税务执法行为能够有充足的理由使纳税人信服和遵从，避免机械适用税法条文，从而减少自由裁量权的滥用，使税收自由裁量行为处于可控的地位。另外，要加强对税务执法过程中自由裁量权的执法监督和司法审查。其中，重点是要强调正当程序原则，保障纳税人的陈述、申辩权，对自由裁量执法行为进行公示，接受社会公众和纳税人的监督。对于纳税人反映强烈的自由裁量行为，应当及时反思和纠正。同时，在司法裁判中，法院应充分审查行政行为的合法性和合理性，对明显不合理的自由裁量行为进行纠正，保证裁判符合法律的意图、精神和宗旨，符合法律的价值目标。

(三)优化征管服务以寻求征纳双方的整体和谐

我国税法上的制度设计往往侧重有利于税务机关有效征管而轻视纳税人权利保护。因此，改善不和谐的税收征纳关系，当成为未来我国立法完善的一个方向。

一是加强税法宣传，培养纳税人的权利意识。税法作为专业性较强的法律规范，即使是税务机关的工作人员尚且无法全面把握，更不能苛责纳税人承担更多的注意义务。税务机关应广泛宣传税收法律法规，培养纳税人的法治意识，尽可能减少因认识不到位所导致的合法权益受损。[2] 尤其要加强对纳税人权利的宣传，改变纳税人与税务机关发生征纳冲突时相对被动的法律地位，帮助纳税人更好地运用税法维护自身合法权益。

二是规范税务机关的执法行为，实现由“执法”到“服务”的转变。将税务机关征税行为置于纳税人监督之下，提高税务机关的服务意识，尊重纳税人的权利主体地位，以纳税人需求为出发点，加强与纳税人的互动交流合作，在涉税服务过程中最大限度地满足纳税人的需求，保证纳税人高效、便捷地完成涉税事宜。充分保障纳税人在税收征纳过程中的知情权和参与权，完善纳税人权利救济机制，方便纳税人及时维护合法权益。通过不断规范征税行为，增强服务意识，增强征纳双方的理解、信任和尊重，形成良好的服务氛围，构建和谐的征纳关系。

---

[1] 参见施锐利：《论行政合理性原则对税收自由裁量权的控制》，载《税务研究》2005 年第 7 期。

[2] 参见汪康：《论新时代中国治税思想》，载《税务研究》2021 年第 4 期。

司法拍卖中买受人垫付税费行为法律效果分析

沈晓倩*

摘　要:我国网络司法拍卖中涉及的税费负担问题,在司法实践中经常出现争议。部分债权人为实现产权过户,先行为债务人垫付高额的税费,而买受人所垫付税费往往难以从债务人处追回。对此现象,检视和完善网络司法拍卖中的涉税法律规定与协作机制,对于化解司法拍卖双方矛盾,从源头减少诉讼增量,并确保国家税收依法入库,具有重要意义。本文以"王某宇诉宜昌律信公司不当得利纠纷案"为例,探讨司法拍卖中买受人垫付税费行为的性质以及后续债权债务关系的认定,并依据现行法律、法理以及实践经验分析垫付税费可能带来的风险,尝试从立法、司法以及执法三个方面探寻解决对策。

关键词:垫付税费;税收债权;不当得利;司法拍卖

一、案例概述及判决

(一)案例概述

原告王某宇与被告宜昌律信投资有限公司(以下简称律信公司)发生借贷合同纠纷,法院判决原告胜诉后进入强制执行程序。宜昌市中级人民法院于2015年12月9日查封了律信公司的涉案房屋。涉案房屋依法进行司法网络拍卖,后因无人竞买而流拍。

2017年,经王某宇申请,涉案房屋被裁定以流拍保留价交付王某宇用以抵偿本金、利息及诉讼费。经税务机关就房产转让事项涉及的相关税收计算,律信公司应缴税额共计5,219,809.52元,王某宇应缴税额共计1,235,077.72元。为顺利办理房产过户事项,王某宇缴纳了本人以及被执行人双方的税款共计6,454,887.24元。2018年6月,律信公司进入破产程序,王某宇向其破产管理人申报债权,并主张其代付税款形成的债权具有优先权。双方就王某宇是否因

* 国家税务总局张家口市宣化区税务局一级行政执法员,公职律师,法学学士。

代付税款取得债权，该债权是否属于税收债权具有优先权发生争议，并诉至法院。

(二)案例判决

宜昌市夷陵区人民法院审理后认为，王某宇以律信公司名义缴纳的税费，本应由律信公司依法缴纳，因律信公司主观认识和客观不能的原因未缴纳，王某宇代付后，律信公司事实上构成不当得利，律信公司负有返还义务。参照最高人民法院在破产程序中对职工债权的处理方式，基于公平原则，夷陵区人民法院认为，王某宇源于代律信公司缴纳税款而取得之债权，应按照税款债权顺序在律信公司破产清算程序中依法受偿。[1]

二、我国网络司法拍卖中税费承担的现状

(一)我国网络司法拍卖中的税费承担规定

上述案例中，买受人王某宇将本应由被执行人律信公司所承担的税费予以缴纳的情形，在各地司法拍卖中屡见不鲜。究其根源，与我国司法拍卖现状有较大关系。

随着司法大数据的创新发展和法治现代化建设的客观需要，网络司法拍卖由于其价格确定机制的优势，作为“互联网+”思维的应用，其在市场交易的竞争方式、交易成本、法院规制的方式与效果等方面，具有天然及创设的制度优势。[2] 随着网络司法拍卖的日渐增多，已有逐步取代传统现场拍卖之势，其拍卖环节中所涉税费问题也日益凸显。

执行程序中，网络拍卖一共可以进行两次。在第二次拍卖流拍后，执行法院会向申请执行人或其他执行债权人询问是否接受以物抵债，若不接受，法院可依法在同一网络司法平台变卖。若执行申请人选择“以物抵债”的方式抵偿债务，当执行标的是不动产时，则涉及不动产过户手续中需依法缴纳的相关税费的承担问题。

对此问题，2017年1月1日起施行的最高人民法院《关于人民法院网络司法拍卖若干问题的规定》(以下简称《网拍规定》)第30条作出明确规定，因网络

[1] 参见湖北省宜昌市夷陵区人民法院(2019)鄂0506民初834号民事判决书。

[2] 参见张元华：《论网络司法拍卖的制度优势与未来选择》，载《法律适用》2020年第3期。

司法拍卖本身形成的税费,应当依照相关法律、行政法规的规定,由相应主体承担;没有规定或者规定不明的,法院可以根据法律原则和案件实际情况确定税费承担的相关主体、数额。可见,在执行程序中,拍卖不动产过程中产生的被执行人的法定税费应由被执行人承担。

(二)实际执行状况及司法解释

《网拍规定》已明确规定,因网络司法拍卖本身形成的税费,应当依照相关法律、行政法规的规定,由相应主体承担,这意味着不可另行约定与我国税法相冲突的税费承担主体。但这并没有带来不动产司法拍卖中确定性的极大提升。无论是传统司法拍卖还是网络司法拍卖中,均存在大量类似"一切税费由买受人承担",[1]或者类似"买卖双方交易所需承担的一切税费及有可能存在或者已经存在的欠税均由买受人自行承担"的约定。目前,各大网络司法拍卖平台中公布的《竞买公告》或《竞买须知》中,上述模糊表述非常普遍。

关于《竞买公告》《竞买须知》中载明的"由买受人承担相关税费"事项的效力,法院总体上不再坚持某种片面的判断。2020年10月,国家税务总局在对十三届全国人大三次会议第8471号建议的答复(以下简称《国税总局答复》)中,对不动产司法拍卖之税费承担问题作出了进一步明确的回应:"要求各级法院严格落实司法解释关于税费依法由相应主体承担的规定,严格禁止在拍卖公告中要求买受人概括承担全部税费。"《国税总局答复》实际上是对《网拍规定》中司法拍卖涉及税费各自承担的进一步肯定与支持,以减少在司法拍卖中买受人概括承受所有税费所引起的争议,有利于维持司法拍卖的秩序,并更好地维护各方当事人的合法权益。

三、买受人垫付税费行为的认定

(一)买受人垫付税费行为的法律性质

对于买受人承担本应由被执行人缴纳的税费的行为性质的定性,对于事后相关纠纷的解决尤为重要。"王某宇诉律信公司案"中,王某宇为顺利促成交易,实现债权追偿,在缴纳本人依法需缴纳的税费后,对于本应律信公司承担的

[1] 参见辛正、谢芳、许建国:《也谈司法拍卖税费缴纳难题》,载《中国税务报》2021年5月25日,第7版。

相关税费亦予以缴纳。对于该行为,宜昌市夷陵区人民法院认为,王某宇并非自愿承担全部税费,而属于垫付行为,律信公司事实上构成不当得利。

对于这种认定,大部分学者持相同态度。不当得利,是指没有合法根据,或事后丧失了合法根据而被确认为是因致他人遭受损失而获得的利益。其中,取得利益的人为受益人,遭受损害的人为受害人。受益人与受害人之间因此形成债务关系,受益人为债务人,受害人为债权人。

"王某宇诉律信公司案"中,王某宇对本应由律信公司缴纳的相关税费予以缴纳,事实上代为履行了律信公司的税费缴纳义务,律信公司因此获得了利益,同时王某宇因此遭受了损失,律信公司所获得利益与王某宇方所遭受损失的事实之间存在因果关系。因此,对于此类垫付税费的行为在消灭税费债务关系的同时,在买受人及被执行人之间形成了新的债权债务关系,被执行人因买受人的垫付税费行为而构成不当得利。根据《民法典》中关于不当得利的规定,受损失的一方可以请求得利人返还取得的利益。[1]

(二)垫付税费是否享有税收债权的优先受偿性

在该案中,王某宇因垫付税费而享有请求律信公司返还因不当得利而取得利益的权利。在律信公司申请破产重整时,王某宇在律信公司的破产管理人指定期间内依法申报债权,并主张其垫付的税费由于是律信公司的税收债务,由此产生的对律信公司的债权也应为税收债权。而税收债权的优先受偿性在我国现行的《税收征收管理法》中有明确的规定。王某宇主张上述债权为税收债权,即意味着其对该债权享有税收债权的优先受偿权。法院认为,判断债权受偿顺序,关键在于考察债权的取得方式。该案中,原告王某宇源于代律信公司缴纳税款而取得之债权,参照最高人民法院《关于正确审理企业破产案件为维护市场经济秩序提供司法保障若干问题的意见》第5条对职工债权的处理方式,[2]不宜认定为普通债权,而应按税收债权受偿。

---

[1] 《民法典》第987条规定:"得利人知道或者应当知道取得的利益没有法律根据的,受损失的人可以请求得利人返还其取得的利益并依法赔偿损失。"

[2] 最高人民法院《关于正确审理企业破产案件为维护市场经济秩序提供司法保障若干问题的意见》第5条规定:"对于职工欠薪和就业问题突出、债权人矛盾激化、债务人弃企逃债等敏感类破产案件……有条件的地方,可通过政府设立的维稳基金或鼓励第三方垫款等方式,优先解决破产企业职工的安置问题,政府或第三方就劳动债权的垫款,可以在破产程序中按照职工债权的受偿顺序优先获得清偿。"

对此,笔者以为不妥。理由如下:

1. 税收债权具有主体特定性

税收之债是税收债权人请求作为税收债务人的纳税人履行纳税义务的法律关系。该债权的主体由法律明确规定。其中税收债权人为国家,由国家赋权的征税机关代表国家征收税款,除法律明确规定的征税机关外,任何机关和个人无权进行税款的征收。税收债务人为法律明确规定的纳税人,除法律明确规定的负有纳税义务的单位和个人外,任何单位和个人均不负相关纳税义务。这意味着税收之债本身具有主体上的特定性和不可替代性,是特定主体之间的债权债务关系。在这一法律关系中,国家享有请求纳税人履行纳税义务的权利,纳税人负有应国家之请求而进行给付的纳税义务。而该案中,王某宇垫付税费行为并不意味着其可以从容承接税收之债中仅国家享有的债权人身份。

2. 税收债权是公法之债

根据社会契约理论,国家征税的权利来源于公民的同意。而依据市场等价交换行为理论,税收是公民享受国家提供的公共设施或者公共服务所支付的对价。社会成员享受了公共产品,那么国家为此支出的费用也当然应该由社会成员通过纳税方式来补偿。[1] 现代国家,税收的主要职能在于配置资源从而保障社会的稳定和发展。因此,税收之债本质上是一种公法上的债,具有公共性和公益性。为公平、及时地实现税收债权,税法赋予了税收债权人较多的权利,致使双方当事人在地位上并不对等。税收债权人或作为其代表的征税机关享有单方面的税收保全权、税收强制执行权等一系列权利。作为公权力的自然延伸,税收债权也被法律赋予优先于某些债权受偿的权利。而王某宇与律信公司因垫付税费所形成的债权为不当得利之债,系私人之债。私债与公债界限分明,垫付税费的行为无法将私人之债拟制为可以优先受偿的公法之债。认定王某宇的债权应按照税收债权优先受偿的前提,是将本属于国家的税收债权转让于王某宇,这并不符合公权力的优先性以及不可转移性。所以,笔者认为,王某宇上述垫付税费之债应按照普通债权向破产管理人申报债权,并按照普通债权予以受偿。

---

〔1〕 参见田程:《论国家税收支出权》,载《经济与社会发展研究》2014 年第 8 期。

四、延伸思考

(一)垫付税费所涉风险

1. 垫付税费的税前扣除

当买受人是企业时,其代为垫付的税费可能难以进行企业所得税的税前扣除。根据《企业所得税法》第 8 条的规定:“企业实际发生的与取得收入有关的、合理的支出,包括成本、费用、税金、损失和其他支出,准予在计算应纳税所得额时扣除。”而在买受人垫付税费的情形下,买受人虽进行了金钱给付,但由于征纳关系主体的法定性,买受人并非被执行人应承担税费的适格缴纳主体。故税务机关在收到买受人垫付的税费后,向其开具的依旧是以被执行人为缴纳主体的税费缴纳凭证。这就意味着该部分税费很有可能被认定为非“取得收入有关的、合理的支出”,不能由买受人在“可税前扣除的项目”中予以税前扣除。

2. 垫付税费的追偿

由于有关司法拍卖中买受人垫付税费的现行规定并不完善,不同法院及法官对于税费承担的理解并不一致,甚至部分法院在司法裁判中并未对税费的承担方式予以明确。买受人在垫付税费后向法院主张追偿的诉求可能因没有具体法律依据、举证不能或者法官的主观认识不同等原因而得不到法院的认可,从而导致买受人因实际负担被执行人应缴纳税费而承受财产损失。即使买受人的追偿诉求得到法院的认可并予以执行,对于因没有经济能力而未能缴纳税费的被执行人,买受人很可能面临追偿无果的困境。

(二)风险防范的应对思路

1. 完善立法,严格规范“税费各自承担”

尽管《网拍规定》及《国税总局答复》对网络司法拍卖税费承担已经有了基本的态度,但在实践中,执行法院为推进司法执行并提升司法效率,其实很难拒绝买受人概括承担全部税费。《网拍规定》中之所以特别强调“没有规定或者规定不明的,人民法院可以根据法律原则和案件实际情况确定税费承担的相关主体、数额”,其实质也是为了给予各级人民法院在某些情形下自行确定税费承担主体的自由裁量权。

对此,最高人民法院可以考虑通过司法解释的形式,以正列举的方式对于司法拍卖环节中可能出现的各种情形下的税费承担主体予以明确(如区别拍卖标的在拍卖前是否存在欠缴税费的情形等),并在明确“税费各自承担”的同时,明确禁止在拍卖公告中要求买受人概括承担全部税费。此外,法院系统内应明确相关工作要求,将税费缴纳程序与注意事项予以细化,完善司法拍卖中有关税费承担问题的具体应对措施。

2. 建立并完善法院与税务部门的征管协作联动机制

在司法拍卖过程中,往往需要负责执行的法院与各级税务部门配合协调开展工作。以不动产拍卖为例,拍卖不动产成交后,法院将成交信息以公函方式传递给主管税务部门,税务部门依据成交信息预算各项税费,向法院出具提请协助优先缴纳税费函,法院则根据税务部门的要求在拍卖款中预留税费。但总体上,当前法院与税务部门的协作工作机制并不完善,征管联结程度有限,工作效率不高。

为实现司法拍卖目的,减少拍卖纠纷,有效兼顾各方利益,法院与税务部门应加强协作配合,提高涉税信息共享度(包括涉案标的物情况、应缴税额多少、税费欠缴信息、不动产测绘估价信息等),建立司法拍卖税费征管协作联动机制。法院应当在拍卖公告中对涉税事项详细披露,并在拍卖款项中准确预留并代扣代缴相关税费。如此一来,不仅能提升法院司法拍卖的竞拍成功率,减少纠纷,也可以促进税务部门征管工作的顺利开展,保证国家税收稳定征收入库。

3. 优化司法拍卖标的过户程序

我国现行规定中对于不动产过户登记实行了先税后证的模式,拍卖标的过户登记手续的前置性程序是足额缴纳过户中涉及的各项税费。[1] 具体来说,需要买受人与被执行人各自将其所应负担的税费缴清后,持主管税务部门开具的完税证明去不动产登记机构办理过户手续。而被司法拍卖财产的所有人往往因没有经济能力或其他原因,难以从容缴纳拍卖产生的税费,从而影响受让人办理过户登记。是否可以考虑对于司法拍卖中拍卖标的的过户程序予以变通,准许

---

〔1〕《不动产登记暂行条例实施细则》第15条规定:“不动产登记机构受理不动产登记申请后,还应当对下列内容进行查验:(一)申请人、委托代理人身份证明材料以及授权委托书与申请主体是否一致;(二)权属来源材料或者登记原因文件与申请登记的内容是否一致;(三)不动产界址、空间界限、面积等权籍调查成果是否完备,权属是否清楚、界址是否清晰、面积是否准确;(四)法律、行政法规规定的完税或者缴费凭证是否齐全。”

买受人履行自身纳税义务后即可办理过户登记,[1]以保障受让人的合法权利及时得以实现,进而提升法院司法拍卖的可行度与执行度,减少司法拍卖后续纠纷的出现。

---

〔1〕 参见杨琳:《解司法拍卖税费负担难题之我见》,载《中国税务报》2021年5月11日,第7版。

自然人股东借款反避税规则的解释尺度

郭英晓[*]　穆　洁[**]

摘　要：针对自然人股东以借款之名行分配之实的避税行为，国家陆续出台了财税〔2003〕158 号文等文件。这些文件明确规定对于未按期归还的借款可视为企业对个人投资者的红利分配，依照"利息、股息、红利所得"项目计征个人所得税。但对于借款期限如何掌握、是否以企业存在可分配利润为前提等问题，在实务中常存争议，这就需要在《个人所得税法》一般反避税规则的框架下进行分析，并应考虑后续调整以避免重复征税的问题。

关键词：个人所得税；一般反避税规则；财税〔2003〕158 号文；借款

税务检查中经常发现企业存在可分配利润却长期挂账不分配，同时自然人股东从企业借取大量资金长期不还的情形，其本质是股东"以借款之名行分配之实"的避税安排。一些企业还利用企业资金为股东本人、家庭成员及其相关人员支付与企业生产经营无关的消费性支出及购买汽车、住房等财产性支出。为此，财政部、国家税务总局陆续出台了《关于规范个人投资者个人所得税征收管理的通知》（以下简称财税〔2003〕158 号文）、《关于印发〈个人所得税管理办法〉的通知》（以下简称国税发〔2005〕120 号文）、《关于进一步加强高收入者个人所得税征收管理的通知》（国税发〔2010〕54 号）、《关于切实加强高收入者个人所得税征管的通知》（国税发〔2011〕50 号）等一系列文件，以规范税务机关对上述避税行为的处理。其中最具有代表性的是财税〔2003〕158 号文。然而该文件在执行中却面临不少问题，例如，借款期限的认定到底是一年还是跨纳税年度，可"视同分红"是否需要跟企业的盈亏相联系，股东已归还借款该如何处理，等等。税务机关往往倾向适用"实质课税"原则，积极征收税款。而规范性文件在执行过程中又有突破税收法定原则之嫌，极易引发征纳双方的争议。2018 年

* 国家税务总局邢台市税务局稽查局局长。

** 国家税务总局邢台市税务局稽查局一级行政执法员，经济学学士。

修订的《个人所得税法》首次在个人所得税领域中引入了一般反避税规则，在法律这一层级实现了对个人所得税避税行为的立法规制。

一、《个人所得税法》中一般反避税规则的引入

我国的所得税包括企业所得税和个人所得税。尽管两者都是直接税，但相对个人所得税而言，企业所得税是一个中间税种。企业并非所得税的最终负担主体，所有与企业相关的利益最终都可以归属到个人，或者说，个人才是所得税最终的税负承担者。而在相当长的时期内，我国反避税工作一直聚焦企业所得税，逐步形成了由一般反避税规则和特殊反避税规则组成的相对完善的反避税规则体系。相对来说，个人所得税的反避税规则较落后，只有散落的特别反避税规则。在这样的背景下，《个人所得税法》引入一般反避税规则意义重大。

2018 年修订的《个人所得税法》第 8 条规定："有下列情形之一的，税务机关有权按照合理方法进行纳税调整：(一)个人与其关联方之间的业务往来不符合独立交易原则而减少本人或者其关联方应纳税额，且无正当理由；(二)居民个人控制的，或者居民个人和居民企业共同控制的设立在实际税负明显偏低的国家(地区)的企业，无合理经营需要，对应当归属于居民个人的利润不作分配或者减少分配；(三)个人实施其他不具有合理商业目的的安排而获取不当税收利益。税务机关依照前款规定作出纳税调整，需要补征税款的，应当补征税款，并依法加收利息。"其中既有特殊反避税规则，也有一般反避税规则。该条第 1 款第 1 项、第 2 项关注具体的避税手段，但并未揭示"关联方""独立交易原则"等概念的内涵和外延。第 1 款第 3 项属于一般反避税规则，它将"合理商业目的"作为判断标准，但是对其内涵同样缺乏进一步说明。

关于"合理商业目的"，《企业所得税法实施条例》第 120 条将其解释为"以减少、免除或者推迟缴纳税款为主要目的"，《个人所得税法》可以参照适用。但"主要目的"的表述仍然带有一定的主观色彩，有相当的不确定性。如果完全依靠自由裁量，将会使法律的预测性和确定性都受到极大的影响。问题的解决还是要回到"商业目的"这个概念上。对于纳税人实施安排的目的，大致可以分为 3 种：税收目的、商业目的、其他目的。无论当事人实施安排的主要目的是避税还是出于商业上的合理考虑，税务机关证明起来都存在很大的困难。可行做法

只能是,让税务机关初步证明当事人的行为有避税安排的嫌疑,然后由当事人来证明其交易目的是商业目的或者其他目的,最后由税务机关判断获得税收利益是否是其主要目的。

二、一般反避税规则对于特殊反避税规则的解释约束

如果纳税人实施某项安排旨在规避纳税义务发生,则构成避税行为。避税行为主观上具有减少、延迟纳税义务发生的意图,客观上产生了降低税收负担的效果。〔1〕

有学者指出,当涉及金钱数额的时候,人们和企业会不断采取各种新奇巧妙的方法来实现合理避税,政府则试图遏制这些避税行为,从而使税法变得更加繁复。〔2〕

在实践中,很多自然人股东为规避纳税义务,以从企业借款等多种方式实现个人利益。财税〔2003〕158 号文为此有针对性地设定了一个特殊反避税规则,它明确规定:"纳税年度内个人投资者从其投资企业(个人独资企业、合伙企业除外)借款,在该纳税年度终了后既不归还,又未用于企业生产经营的,其未归还的借款可视为企业对个人投资者的红利分配,依照'利息、股息、红利所得'项目计征个人所得税。"仅从文字表述上来看,对纳税义务的认定可以从以下几个方面来把握:借款期限为纳税年度终了;借款用途只限于企业生产经营;法律后果为"可视为"企业对个人投资者的红利分配。

我国一般反避税规则规定的行为模式是个人实施的不具有合理商业目的而获取不当税收利益的安排,即只要一项安排的全部或主要意图是为了规避某项纳税义务发生(包括可能成立另一项税收负担更轻的纳税义务),则其所产生的免税、轻税的法律后果不会被承认。〔3〕 特殊反避税规则应依此来把握解释的尺度,以避免双重征税等。

---

〔1〕 参见黎晓莹:《我国个人所得税反避税规则的法律思考》,载《河北企业》2022 年第 1 期。

〔2〕 参见[美]乔尔·斯莱姆罗德、[美]乔恩·巴基哲:《课税于民:公众税收指南》(第 4 版),刘蓉等译,东北财经大学出版社 2013 年版,第 175 ~ 176 页。

〔3〕 参见叶珊:《个人所得税纳税义务之规避及其规制》,载《上海财经大学学报》2020 年第 5 期。

(一)借款期限的把握尺度

财税〔2003〕158 号文规定,借款的期限是截至借款当年年末的最后一天。但值得注意的是,国税发〔2005〕120 号文第 35 条第 4 项特别提到:“加强个人投资者从其投资企业借款的管理,对期限超过一年又未用于企业生产经营的借款,严格按照有关规定征税。”后者对期限的规定似乎更灵活。虽然两个文件的适用主体并不一样,〔2003〕158 号文针对的借款主体是个人投资者,而国税发〔2005〕120 号文的借款主体是个体工商户、个人独资企业和合伙企业投资者等。但国税发〔2005〕120 号文中在借款期限上体现出的灵活性,并不具备适用主体上的专属性,它反映的是股东在向所投资企业借款时的共性问题,财税〔2003〕158 号文可以参照适用。

与借款期限有关的问题还包括,纳税人超过财税〔2003〕158 号文规定的期限归还借款,以及股东通过年度终了时归还、次年再借出的方式长期占有企业资金是否应该征税等。这种情况下,宜综合考虑实际借用资金的时间是否超过一年来把握执法尺度。

(二)视同分红的执法尺度

税务机关在适用财税〔2003〕158 文时,经常会忽视它为执法所预留的空间。该文第 2 条谨慎地提到,对未归还的借款“可”视为企业对个人投资者的红利分配,并不是“应”视为。之所以如此留有余地,有人认为是财税主管部门在起草财税〔2003〕158 号文时,已考虑到企业在亏损情况下无“红”可分的可能,所以规定其未归还的借款“可”视为企业对个人投资者的红利分配,而不是“应该”或“必须”视为。因此判断个人股东的个人所得税纳税义务时,应考虑企业盈亏情况,如果企业没有实现利润,则不应计征个人所得税。

笔者认为,这种观点值得商榷。企业的亏损,可能是人为进行账务操作的结果,并不能客观反映企业的经营成果。即使企业实际亏损,也并不影响股东以借款的形式长期占有并获得资金的使用收益。出于对执法效率的追求,反避税措施的设计无法精确照顾到实践中的各种情形。用企业盈亏来判断其是否具有个人所得税纳税义务,并不能真实反映企业向个人股东利润分配行为的实质。财税〔2003〕158 号文正是以借款形式的认定来防杜进行利润分配的实质。在司法实践中,对此也是认可的。[1]

反避税措施包括通过“实质重于形式”原则对虚假交易重新定性,以及通过商业行为目的标准来进行商业正当性判断。[2] 对于自然人股东借款仅在形式上满足借款当年年末未归还和未用于企业生产经营两个条件,就判定其不具有合理的商业目的,并不科学。只是,《个人所得税法》对于“合理商业目的”也没有进一步细化的规定。一般认为,纳税人以获取税收利益为主要目的而安排的经济活动,均被视作“不具有合理商业目的”。主要可以从以下三个方面判断:一是存在一个人为的安排和交易,旨在通过该安排采取措施和行动;二是该安排的主要目的甚至唯一目的是获得税收利益;三是需要与正常情况下的应纳税额进行比较,判断具体是否获得了税收利益。正因如此,财税〔2003〕158 号文才特别强调“可”视为分红。

三、对自然人股东借款的反避税调整机制

需要进一步思考的是,对股东借款行为视同红利分配征收个人所得税以后,如果将来公司真正分红,是否可以出于避免重复征税的考虑,抵扣借款对应部分的个人所得税?这个问题涉及反避税的相应调整机制。

由于我国立法长期秉承宜粗不宜细的理念,具有操作性的规定一般交由国务院及其主管部门的规范性法律文件来跟进,反避税领域也是如此。之前,我国反避税的相关规定主要集中于企业所得税,在个人所得税领域留白过多。而在反避税的后续调整机制方面,即使是企业所得税,也主要存在于转让定价等个别

---

〔1〕 原福州市地方税务局稽查局于 2016 年 5 月 16 日对福建分众传媒有限公司未就其支付股东购房款和借款代扣代缴个人所得税的行为作出补扣补缴的处理决定,并处罚款。福建分众传媒有限公司不服,经行政复议后诉诸法院,历经一审、二审,皆败诉。在该案中,福建分众传媒有限公司主张其连续 3 年亏损,没有可分配利润。但法院认为,福建分众传媒有限公司存在通过开具收款收据形式收取广告费收入未列入账簿的行为,故其提交的审计报告、企业所得税汇算清缴报告不是基于实际经营情况作出,不能证明其存在连续 3 年亏损的事实;即使净利润均为负值,也不能成为其对股东购房、股东借款行为无须征缴个税的理由,即是否存在可分配利润不是对股东借款行为征个税的前提条件。参见福建省福州市中级人民法院(2020)闽 01 行终 351 号行政判决书。

〔2〕 参见[美]休·奥尔特、[加]布赖恩·阿诺德:《比较所得税法——结构性分析》(第 3 版),丁一、崔威译,北京大学出版社 2013 年版,第 5 页。

领域。在立法空白的情况下，要回答上述问题，或许可以尝试通过剖析个人所得税反避税条款的逻辑结构及其实施机制来解决。

与传统的法律责任重在弥补违法行为造成的经济利益损失和对违法行为处以经济上不利益的惩罚相比，法律规制避税行为主要不是为了惩罚构造避税安排的纳税人，也不是为了改变避税安排本身，而是着重调整其所产生的税法后果。对于纳税人的避税行为，各国在实践中通常不直接进行处罚，而是修改和完善有关税法，或以禁止滥用税法、实质优于形式等法律原则否定有关避税行为产生的结果的正当性，恢复纳税人本来应承担的纳税义务。[1] 对于自然人股东向企业借款的行为，被视为分红征收个人所得税时，相当于在其取得借款未按期归还时确认了纳税义务发生，对于纳税人来说是纳税义务的“提前”；后期自然人股东“真正”分红的时候，本着避免重复征税的原则应允许纳税人进行相应的抵减。

---

〔1〕 参见蔡庆辉著、廖益新主编：《有害国际税收竞争的规制问题研究》，科学出版社 2010 年版，第 129～130 页。

学 位 论 文

论偷、逃税行政违法与刑事犯罪的立法协调(下)*

陈晓虹**

摘　要：本文立足于税法与刑法交叉领域的法学理论，分别从宏观和微观层面探讨问题的解决路径。逃税罪作为行政犯，具有双重违法性和行政从属性的本质特征，因而在定罪机制上应遵循税法定性与刑法定量的统一；且其实际上联结税法和刑法，应同时受到两个法域各自法律原则之双重限制，尤以法秩序统一原理下税收法定主义贯穿于罪刑法定主义和宪法平等原则下税收公平与刑法平等的贯通为典型。此外，行政犯视野下刑法的谦抑性精神和宽严相济的刑事政策也为逃税罪的犯罪圈划定提供充分的法理证成。鉴于短期内难以实现立法模式的革新，在宏观层面，可考虑采用调整立法次序的过渡方案，以恢复偷、逃税立法上的应然逻辑：税法先行、刑法后随，以税法引领刑法、由刑法向税法协调；在微观层面，税收行政法应借税制改革之机重构偷、逃税实体认定规则，再由涉税刑法适时作出相互协调。

关键词：偷税；逃税；行政犯；立法协调

回顾我国关于偷、逃税的立法演变所进行的梳理，对2009年以来相关司法案例进行实证统计的分析，以及依托具体案例对偷、逃税违法与犯罪所涉构成要件在司法认定中的争议与疑义进行逐一检视，可以发现：在立法方面，我国在几十年内关于偷、逃税的修法频率之高、内容变化之大均为学界和实务界有目共睹。在司法层面，逃税罪刑事裁判案例(以下简称逃税罪案例)的数量远超偷税行政裁判案例(以下简称偷税案例)，且无论是主体、客观、主观三大构成要件的司法认定，还是逃税罪"入罪标准"和"出罪条款"的理解与适用，税法与刑法之

---

* 本文系作者在自己的硕士论文的基础上修改而来。因篇幅关系，分上、下两篇收录。上篇通过梳理我国偷、逃税行政违法与刑事犯罪的立法沿革及司法现状，指出目前存在的现实问题；下篇则以"行政犯"理论为切入视角，深入剖析现状成因，以期探索实现立法协调进而理顺司法的合理方案，兼论相关法条的修改。

** 北京市金杜律师事务所律师助理，法律硕士。

间都存在诸多不协调之处。引人深思的是,上述偷、逃税的立法与司法领域呈现的“刑事扩张现象”“税法与刑法法际不协调”的根本原因为何,如何寻求可能的立法解决方案?笔者认为,两法不协调的根源在于涉税刑法在立法逻辑上不符合行政犯的本质原理。本文将从行政犯的产生、本质属性及其定罪机制切入,结合税法与刑法领域的重要法律原则进行剖析,为后续探索偷、逃税行政违法与刑事犯罪立法协调的可能路径奠定理论基础。

一、偷、逃税行政违法与刑事犯罪立法协调的理论基础

通常认为行政犯是相对于刑事犯的概念,源自罗马法时代区分“禁止恶”与“自体恶”为法定犯与自然犯的观念。[1] 1902 年,“行政刑法之父”德国学者郭特希米特提出行政刑法的概念与理论后,对行政犯的研究开始备受各国关注,有关构建行政刑法体系的综合性研究得以充分展开,相关论著汗牛充栋。[2] 我国学者对行政刑法的自觉研究从 20 世纪 90 年代开始,至今已是百家争鸣,难有定论,[3]并且普遍着眼于构建法学体系的独立学科,[4]或者主张新的“独立说”以搭建行政法与刑法的缓冲平台和过渡区域。[5] 本文的探讨主要基于我国现行立法体例,更关注以“行政犯”为联结点的前置行政法与后置刑法之间的衔接与协调,故对行政刑法的独立体系研究不作展开,但尝试采撷其中历经积淀、反复探讨后发展较成熟的行政犯理论作为本文研究偷、逃税违法与犯罪立法协调的学理支撑。

---

〔1〕 1885 年,意大利学者加罗法洛首次从犯罪学上系统论述了自然犯与法定犯的概念。其认为自然犯是以对怜悯和诚实这两种情感的侵害为内容的行为;法定犯,是指纯粹违反法律规定但并不违背基本道德的行为。参见马克昌主编:《近代西方刑法学说史略》,中国检察出版社 1996 年版,第 160 页。

〔2〕 参见李晓明:《行政刑法新论》,法律出版社 2014 年版,第 2~8 页;黄明儒:《行政犯比较研究》,法律出版社 2004 年版,第 95~108 页。

〔3〕 我国学者对行政刑法的研究主要论著,参见张明楷主编:《行政刑法概论》,中国政法大学出版社 1991 年版;陈兴良:《经济刑法学(总论)》,中国社会科学出版社 1990 年版;黄河:《行政刑法比较研究》,中国方正出版社 2001 年版;刘艳红、周佑勇:《行政刑法的一般理论》,北京大学出版社 2008 年版等。

〔4〕 参见刘艳红、周佑勇:《行政刑法的一般理论》(第 2 版),北京大学出版社 2020 年版,第 21 页。

〔5〕 参见李晓明:《行政刑法新论》,法律出版社 2014 年版,第 29 页。

(一)行政犯视角下税法与刑法之法际协调

毋庸置疑,逃税罪是典型的行政犯。从形式上看似乎与其他行政犯一样,是行政权为实现其目的而扩张其范围及于刑法领域的做法;[1]不同的是,税收与国家相伴而生,逃税罪并非税收行政权膨胀的结果,反而是其不足以规制纳税不遵从行为从而不得已引入涉税刑法作为最终保障手段。因此,本文拟先从税收法律关系中涉税刑法的引入谈起,明确"在先"的税法何时需要"在后"的刑法,即逃税罪这一行政犯是如何产生的,再进一步分析其所具有的行政犯本质属性及入罪机制。

1. 逃税罪行政犯的产生

在法律规范体系内,宪法作为根本法对法律秩序的构建起到总体价值引领的作用,其所确定的宪法秩序决定了其他部门法构建的秩序都必须置身其中,[2]符合宪法规定的制度和原则,形成整体协调一致的法律秩序。从逻辑顺位上看,创设满足人们日常交往需求的第一社会秩序的只能是刑法以外的法,如行政法规范。而当行政法秩序遭受破坏且依靠其本身无法恢复时,行政犯便应运而生,即刑法通过刑罚手段介入行政法秩序对其进行第二次保障。

如果说通过税收实体法规定"税收基本要素",税收程序法规定"征纳程序"的方式来确定征纳双方之间的权利义务(税法的调整性规则),并经由双方主体的切实遵从,构建出合法的"征纳法律秩序",是谓经由税法调整而确认的税收法律秩序。那么在纳税人不当行使权利或履行义务,即破坏该秩序的情况下,税法通过对税收违法行为规定与其违法程度相适应的行政责任(税法的保护性规则),以期对"合法征纳关系"进行补救和保护,可称为税法秩序内部的自我调整。若税法的"责任条款"仍然无法恢复合法的征纳关系,则必须引入刑法规范——涉税刑法条款,作为保障前置税法秩序的最终保护性规则。

从刑法作为其他部门法的保护法这一角度观之,也能得到相同的结论。刑法在整个法律体系中的地位及其发挥功能的逻辑次序是:其他部门法(前置法)—调整性规范设定权利—保护性规范设定法律责任—违法行为承担法律责

---

〔1〕 参见黄明儒:《行政犯比较研究》,法律出版社2004年版,第3页。

〔2〕 参见[美]罗斯科·庞德:《通过法律的社会控制》,沈宗灵译,商务印书馆1984年版,第131页。

任—违法程度升格至严重—刑法(后盾法)—规定犯罪构成与刑事责任。[1] 由此可见,刑法为发挥对其前置法的保护功能,需要一定程度地“介入”前置法的法律关系中。譬如,逃税罪条款的立法目的在于保障国家税收征管秩序,因此在这类案例中,不少法院会将“继续追缴税款”作为判决主文的项目之一。[2] 这是因为刑法作为税法的后盾保障法,其构成要件的设置与犯罪范围的确定,要满足税法这一前置法之保护性规范的形式要求,同时符合其与税法之保护性规范共同保障的调整性规范的实质内涵。[3]

以偷、逃税为例,对于纳税主体违反税法规定,采取欺骗、隐瞒手段进行虚假纳税申报或者不申报,破坏税收征管秩序并造成国家税款流失的偷、逃税行为,《税收征收管理法》第 63 条明文规定了偷税的行政责任,同时《刑法》第 201 条规定了逃税罪的刑事责任。由此,为经由税法的调整性规则,即税收实体法规定的纳税义务及税收程序法规定的征纳程序所调整确立的税收征纳秩序提供了严密的双重保护。其中,《税收征收管理法》第 63 条是对偷税行政违法进行第一次保护性调整的第一保护性规范,《刑法》第 201 条则作为《税收征收管理法》的后盾和保障,不仅是对偷税行政违法进行第二次调整的第二保护性规范,而且是对《税收征收管理法》第 63 条第一保护性规范的补充与救济。[4]

根据上述行政犯产生的原理,首先,对于行政犯的立法实际上牵动着前后两个法域,且刑法条款必须滞后于其前置法对应条款的制定或者修订,在实质和形式上均随之调整,或者采取“空白罪状”的立法方式以便具有适应前置法条款变动的足够空间,而非如我国在偷、逃税行为规制领域长期以来刑法条款不当迫使税法条款被动跟从的“倒错”状态,否则合目的的“适度介入”将异化成“鸠占鹊巢”。其次,只有当税法内部的第一保护性规则仍不足以恢复秩序时,才有必要启动刑罚手段,逃税罪初犯免责条款把“已受行政处罚”作为“不予追究刑事责

---

〔1〕 参见张小虎:《论刑事法律关系的内容》,载《中国刑事法杂志》2000 年第 2 期。

〔2〕 参见“李某逃税罪案”,山东省济宁市任城区人民法院〔2020〕鲁 0811 刑初 400 号刑事判决书;“宁夏新月建筑有限公司石嘴山市宏远分公司、张某志逃税罪案”,宁夏回族自治区石嘴山市大武口区人民法院〔2020〕宁 0202 刑初 48 号刑事判决书。

〔3〕 参见田宏杰:《行政犯的法律属性及其责任——兼及定罪机制的重构》,载《法学家》2013 年第 3 期。

〔4〕 参见田宏杰:《行政犯的法律属性及其责任——兼及定罪机制的重构》,载《法学家》2013 年第 3 期。

任”的条件之一,便充分体现了该行政犯的基本立法理念。最后,执法与司法实践更应遵循行政犯的本质规律,“先行后刑”,恪守刑法的“最后手段性”。反观我国关于偷、逃税行为的立法在税法和刑法领域呈现的历史特征,以及逃税罪案例在数量、有罪率上远超偷税案例,便是税法滞后而刑法越位所导致的。若要妥善解决,必须回归涉税犯罪的行政犯本质。

2. 逃税罪行政犯的本质属性

行政犯又称法定犯,是指违反行政法规,侵害刑法保护的法益,情节严重的行为,〔1〕即以“行政违反+加重要素”为构造的犯罪。〔2〕如前文所述,税法与涉税刑法统辖于税收法律关系中,并呈现“税法为前置法,刑法为后盾法”的法律调整次序,前后两个法律秩序承继的关键联结就在于,作为“行政犯”的偷、逃税违法行为,对超出税法调整能力范围的犯罪部分,由刑法采取二次补救措施。

(1)双重违法性

正因为构成要件的复合性,行政犯同时具有行政不法与刑事不法的“双重违法性”。换言之,行政犯既违反了行政法规定,具有行政可罚性;〔3〕又违反了刑法规定,具有刑罚当罚性。应该认识到,即便两种不同性质的罚则最终可通过某种形式进行选择、合并或折抵适用,〔4〕但在行政犯产生之初必然是具备双重“不法与责任”的,对两者不当地割裂不符合行政犯的本质要求。以偷、逃税行为为例,纳税主体违反税收征纳程序,并造成逃避缴纳税款这一结果,破坏的是税收行政法创设的国家税收征管秩序,具有行政不法性,应承担行政责任;若受制于税法秩序本身的局限性导致其无法有效恢复,且具有更严重的社会危害性,符合刑法规定的犯罪构成要件时,违法行为便破坏了由刑法构建的“维护行政法良性运作”的刑法秩序,偷税行政违法行为随即转化成逃税犯罪行为,兼具刑事不法性,应承担刑事责任。

立法上割裂逃税罪“双重违法性”的典范便是偷税条款与逃税罪条款中关于偷、逃税手段行为的规定不完全重合的情况。例如,1997 年《刑法》第 201 条

---

〔1〕参见陈兴良:《法定犯的性质和界定》,载《中外法学》2020 年第 6 期。

〔2〕参见王文华:《行政犯罪与行政违法的界定及立法方式》,载《东方法学》2008 年第 4 期。

〔3〕参见刘艳红、周佑勇:《行政刑法的一般理论》(第 2 版),北京大学出版社 2020 年版,第 13 页。

〔4〕参见刘莘、陈悦:《行政犯罪的规范与处罚——逃税罪中行政责任前置的法理解析》,载《河南工业大学学报(社会科学版)》2019 年第 1 期。

增加了“经税务机关通知申报而拒不申报”这一行为模式,而《税收征收管理法》在2001年修订之前其偷税条款并无这种手段方式;又如,《刑法》第204条第2款规定“以假报出口或者其他欺骗手段,骗取所缴纳的税款”(以下简称“假报出口骗取已纳税款”)依照第201条定罪处罚,最高人民法院《关于审理偷税抗税刑事案件具体应用法律若干问题的解释》(以下简称法释〔2002〕33号文)第1条第1款更是直接将其列举为第五种偷、逃税犯罪手段,而税法始终未将该手段列为偷税的行为表现。事实上,“假报出口骗取已纳税款”和“偷、逃税”在具体的犯罪客体上存在本质区别,前者指向的是“已经缴纳”的税款,而后者指向的是纳税主体“应缴未缴”的税款,二者在税法领域也分别由《税收征收管理法》第63条和第66条进行规制,〔1〕分属于两类税收行政违法行为,其行为表现和法律责任均有所不同。前述两种情形意味着,在特定的历史期间内,“经税务机关通知申报而拒不申报”和“假报出口骗取已纳税款”等行为被认定构成逃税罪时仅具有“逃税罪”的刑事不法性,而不具备“偷税违法”的行政不法性。

司法实践中也不乏实例。如在“周某逃税罪案”中,〔2〕税务机关对违法行为稽查后认定行为人税收违法行为轻微,下达《不予行政处罚决定》。在逃税罪案件审理过程中,被告也辩称,既然其连行政处罚都够不上,更不可能达到刑事责任的程度。但法院却认为,行政处罚与刑事责任的产生分属不同性质,法律若无特殊规定,彼此不能替代评价。暂且不论法院认定被告“属于不申报而非虚假申报”的手段行为在税法领域通常不认定为偷税,案涉行为的“行政不法性”与逃税的“刑事不法性”本就不一,在税务机关认定违法行为轻微、尚未达到需予以行政处罚程度的情况下,法院判决其构成逃税罪,并处以徒刑和罚金,该做法就难谓符合逃税罪作为行政犯的本质属性。

(2)行政从属性

顾名思义,行政犯由在前的“行政”与在后的“犯”组成,并且是因违反行政法上的义务而有别于刑事犯。〔3〕既然如此,就不能偏废“行政”的意义与限制,

〔1〕《税收征收管理法》第66条规定:“以假报出口或者其他欺骗手段,骗取国家出口退税款的,由税务机关追缴其骗取的退税款,并处骗取税款一倍以上五倍以下的罚款;构成犯罪的,依法追究刑事责任。对骗取国家出口退税款的,税务机关可以在规定期间内停止为其办理出口退税。”

〔2〕参见“周某逃税罪案”,海南省第二中级人民法院(2017)琼97刑终194号刑事裁定书。

〔3〕参见姜涛:《行政犯与二元化犯罪模式》,载《中国刑事法杂志》2010年第12期。

而片面地关注其刑法属性。尽管行政违法行为须同时符合刑事违法性和刑罚当罚性才能构成行政犯罪,但行政犯罪毕竟是行政违法"刑事化"的产物,[1]在不服从行政法律规范这一点上,与行政违法行为并无二致,所不同的只是其不服从的程度以及造成的危害后果更严重。[2] 正如逃税罪的本质同偷税违法一样,都是侵害国家的税收征管秩序,因此,作为行政犯原初属性的行政违法性应居于主导地位并贯穿始终,主要表现为其构成要件的"行政从属性",或称为行政犯的规范性,即相较自然犯而言,行政犯的构成要件不仅存在事实要素,更重要的是存在以违反行政法规范为内容的规范要素。[3]

对偷、逃税违法与犯罪各构成要件进行分析后不难发现,符合并充分体现出逃税罪"行政从属性"的莫过于偷、逃税的主体要件。这是由于刑法条文仅笼统地规定犯罪主体为纳税人和扣缴义务人,对这两个概念的界定必须从属于税法规范,不符合税收实体法规定的纳税主体自然不可能被直接认定为逃税罪的犯罪主体,如"阮某、陈某春逃税罪案"。[4] 而存在应税行为符合课税要件的必然是法定的纳税主体,其既不能随着当事人的自由约定而转移,如"郑某铭逃税罪案";[5]也不因其从事非法经营活动而否认其纳税主体身份,如"胡某某逃税罪案""易某等非法经营、逃税罪案""胡某逃税罪案"。[6] 然而,在单位逃税的司法实践中,法定纳税主体的要求在一定程度上被刑法的单位犯罪理论所冲淡,并

[1] 参见刘艳红、周佑勇:《行政刑法的一般理论》(第2版),北京大学出版社2020年版,第9页。

[2] 参见毛杰、王雄飞:《论偷逃税行为的行政处罚与刑事责任追究之区分与衔接》,载《税务研究》2009年第12期。

[3] 参见陈兴良:《法定犯的性质和界定》,载《中外法学》2020年第6期。

[4] 法院审理认为,税法规定股权转让所得个人所得税的纳税人是转让方,扣缴义务人是受让方,不能由于双方约定转移代扣代缴义务而判处"非法定扣缴义务人"构成逃税罪。参见"阮某、陈某春逃税罪案",浙江省瑞安市人民法院(2020)浙0381刑初64号刑事判决书。

[5] 法院审理认为,民事主体之间对于税款承担的约定只产生民法上债的效力,对于民事主体以外的税务机关不产生法律效力,不能改变法定纳税主体的认定,更不能因此免除法定纳税义务。参见"郑某铭逃税罪案",甘肃省天水市中级人民法院(2016)甘05刑终94号刑事判决书。

[6] 法院审理认为,从事非法房地产开发的行为有别于违禁品的生产与交易,开发者购买土地使用权从事的房地产建设、销售,属于实施应税行为,应依法纳税,不能因为从事的是非法商品房开发,反而特殊于正常的商品房开发。参见"胡某某逃税罪案",河南省潢川县人民法院(2015)潢刑初27号刑事判决书;"易某等非法经营、逃税罪案",河南省潢川县人民法院(2015)潢刑初26号刑事判决书;"胡某逃税罪案",河南省潢川县人民法院(2014)潢刑初113号刑事判决书。

呈现单位责任转嫁至单位成员的现象,例如,司法实践中广泛出现的单独判处直接负责的主管人员或其他直接责任人员(以下简称直接责任人员)构罪,单位主体资格灭失以及单位负责人变更等情形下不尽相同的裁判口径等。为落实主体要件的行政从属性,应严格遵循单位犯罪的双罚制原则,谨防作为纳税主体的单位责任缺失。

行政从属性在逃税罪构成要件上的另一重要体现,在于偷、逃税的手段行为。如前所述,偷、逃税在历次立法修订中变化最大的,或者说是税法"追随"刑法不断调整的内容主要集中在客观要件上。其中,"不申报"手段在税法领域并不属于《税收征收管理法》第63条规定的偷税的表现形式,而是由第64条予以规制。有关偷税行政违法的司法实践观点亦如出一辙,如"张某某诉贺兰县国家税务局案"[1]"周某超诉宜兴市税务局案"。[2] 刑法领域不仅立法上增加"不申报"(暂按立法参与者的理解,不考虑是否应以"采取欺骗、隐瞒手段"作限定)为逃税手段方式之一,在逃税罪的司法实践案例中更是存在14%的案例单独认定"不申报"构成逃税罪,如"田某逃税罪案"[3]"李某梅逃税罪案"[4]"王某志逃税罪案"[5]等,并以自然人主体居多。税法之所以至今保留"经税务机关通知申报而拒不申报"而未将"不申报"纳入偷税的手段形式,与其说是立法迟滞未能跟上刑法修订的步伐,倒不如理解为刑法的修法路径是从其本身出发,并未充分考虑其作为后置法应如何与税法体系进行衔接与协调。《税收征收管理法》第63条与第64条并列规制不同的税法不遵从行为,其体系逻辑是非常清晰的:纳税主体的消极不申报仍可以经税务机关的积极敦促恢复正常秩序,只有采取欺骗、隐瞒手段进行虚假纳税申报或拒不申报的行为才是税法内部调整力所不

---

[1] 税务机关认定纳税人"取得虚假发票抵扣进项税额,虚转成本,少计应纳税额"和"取得收入未纳税申报"两种行为均应适用《税收征收管理法》第63条定性为偷税,而法院经审理认为前者适用第63条,后者适用第64条第2款,即取得收入未申报纳税不认定为偷税。参见"张某某诉贺兰县国家税务局案",宁夏回族自治区贺兰县人民法院(2014)贺行初7号行政判决书。

[2] 法院审理认为,转让个人股权未申报行为不是偷税,属于《税收征收管理法》第64条第2款规定的"不进行纳税申报"的行为。参见"周某超诉宜兴市税务局案",江苏省无锡市中级人民法院(2019)苏02行终18号行政判决书。

[3] 参见"田某逃税案",湖北省孝昌县人民法院(2014)鄂孝昌刑初79号刑事判决书。

[4] 参见"李某梅逃税案",山东省单县人民法院(2017)鲁1722刑初187号刑事判决书。

[5] 参见"王某志逃税案",四川省通江县人民法院(2017)川1921刑初4号刑事判决书。

能及之处,需要引入逃税罪条款作为最终保障手段。刑法删除"经税务机关通知申报而拒不申报",单列"不申报"为逃税罪手段之一的做法,实际上完全违背了行政从属性的本质要求。

3. 逃税罪行政犯的定罪机制

然则,行政犯"双重违法性"或"行政从属性"的本质属性并不是混淆行政违法与刑事犯罪的理由,事关"罪与非罪"的重要判断,反映出更深层次的是行政权与司法权的边际问题。两者的认定即便不能做到"泾渭分明",也不代表着毫无界限可言。

行政不法与刑事不法属于学理上的称谓,不同法域的学者有不同的理解。我国学者基于本国立法例理解为:前者是指仅违反行政法律尚不构成犯罪的行为;后者既包括传统刑法中的刑事犯罪,也包括违反行政法律且社会危害性较高的行政犯罪。[1] 因此本文所称的行政不法与刑事不法即分别指行政违法与刑事犯罪。国内外学者关于行政违法与犯罪界分的理论主要是质量差异理论,其学说的子分类又包括:(1)"质的区别说":行政违法与犯罪区别在于质的价值差异。前者仅破坏行政秩序,后者是对普遍社会利益的侵害,具有社会伦理的可非难性。(2)"量的区别说":行政违法与犯罪的区别在于量的差异。即两者在本质上并不存在不同,只是不法行为造成损害与危险的轻重程度存在差异。(3)"质量综合区别说":犯罪与行政违法在质与量上均有差异。犯罪在质上具有程度较高的社会伦理可非难性,在量上所侵害的客体价值较高,而行政违法在质上具有较弱的反社会伦理性,在量上其损害性较轻。[2]

上述理论是在总的法律体系下对行政违法与犯罪的界分进行讨论。应当认识到,在犯罪范畴下,根据违反规范性质的不同,还应再度划分出行政犯与刑事犯。行政犯的构成均以其前置的行政违法为前提,这意味着对于行政犯来说,其所具有的刑事不法均是行政不法。换言之,行政犯实际上是在行政不法厘定的

---

〔1〕 参见胡锦光:《行政处罚研究》,法律出版社1998年版,第6页;黄河:《行政刑法比较研究》,中国方正出版社2001年版,第33页;冯江菊:《行政违法与犯罪的界限——兼谈行政权与司法权的纠葛》,载《行政法学研究》2009年第1期。

〔2〕 参见林山田:《经济犯罪与经济刑法》,台北,三民书局1981年版,第110~121页;林山田:《论刑事不法与行政不法》,载《刑事法论丛(二)》,台北,丰兴印刷厂有限公司1997年版;梁根林:《刑事法网:扩张与限缩》,法律出版社2005年版,第60页。

范围内进一步判断是否构成刑事不法,[1]或称为“行政犯是前置法定性与刑事法定量的统一”。[2]

根据上述结论,逃税罪首先是违反税法的行政不法行为,刑事不法的构成要件应从属于行政不法要件划定的“不法范围”,即定性上的行政从属性,至少应包括偷、逃税的主体和行为要件。在定量上,刑法的独立功能在于,对违反税法并符合犯罪构成要件的行为通过“数额 + 比例”的入罪标准进行二次筛查。刑法对其前置税法的保障,并非简单地重复税法本身保护规则的内容,而是要充分发挥刑法独立的“定量”功能,以实现对前置税法的补充与救济,体现在逃税罪案件中,法院基于刑事裁判规则,对经税务机关认定的逃税数额进行再调整,以发挥刑法独立的“定量”功能。如在“徐某甲逃税罪案”中,法院认为刑事案件中对涉税数额的认定,与税务行政行为无必然联系,公诉机关从有利于被告人的角度,以及考虑到被告公司现处于吊销的事实状况,调整了逃税数额,应予支持。[3] 在“鲍某某逃税罪案”中,法院认为,在公诉机关认为没有必要重新评估的情况下,应当依照疑罪从无的刑事诉讼原则,从有利于被告人的角度来理解和认定,对逃税数额的调减予以认可。[4] 此外,应注意到逃税罪主要是针对单纯依靠税收行政法无法予以规制的“逃避缴纳税款”行为,如果行为人首次逃税时积极接受行政处罚,最终没有造成税款流失这一“逃”的结果,刑法保护的核心法益即未受到侵害,这也是初犯免责条款的实质性法理依据所在。[5]

也有学者将行政违法行为的入罪方式归纳为 3 种:独立型行政犯、前置不法型行政犯、前置程序型行政犯。逃税罪是通过“行政部门的责令或改正通知、履行”等行政程序规定的行政犯,对其违法性进行判定主要依据前置性具体行政行为的构成要件,而非前置性不法规范,此类行政犯的“行政从属性”性质不如

---

〔1〕 参见万国海:《逃税罪“不予追究刑事责任”条款的理解与适用》,载《政治与法律》2019 年第 12 期。

〔2〕 参见孙国祥:《行政犯违法性判断的从属性和独立性研究》,载《法学家》2017 年第 1 期。

〔3〕 参见“徐某甲逃税罪案”,浙江省衢州市柯城区人民法院〔2014〕衢柯刑初 138 号刑事判决书。

〔4〕 参见“鲍某某逃税罪案”,浙江省兰溪市人民法院〔2017〕浙 0781 刑初 361 号刑事判决书。

〔5〕 参见万国海:《逃税罪“不予追究刑事责任”条款的理解与适用》,载《政治与法律》2019 年第 12 期。

其独立性显著。[1] 本文认为，暂且不论《刑法》第201条第4款的规定是否确实将“税务机关下达行政处罚”作为逃税罪责任追究的前置程序，按上述分类标准综合分析《刑法》第201条的规定，应认为在其形式上符合独立型行政犯的基础上，实质上属于前置不法型行政犯，并兼容了前置程序型行政犯的特殊情形。因为该条第1款虽然直接规定了不同于《税收征收管理法》第63条关于偷税行政违法定义的逃税罪罪状表现，但从立法演变的角度观之，并结合刑法条文中的关键概念如“纳税人”“扣缴义务人”“虚假纳税申报”“不申报”“代扣代缴”等，仅凭刑法规范无法独立作出入罪认定，必须倚靠税法关于“一般违法性”的规定；再者，该条第4款确实将具体行政行为纳入逃税罪“非犯罪化”的必要内涵之一。

综上，结合逃税罪作为行政犯的产生路径，以及其所具有的双重违法性、行政从属性等本质属性，本文认为，关于偷税行政违法行为与逃税刑事犯罪行为的界分，或称逃税罪的定罪机制，应在形式上与税法责任条款保持一致，实质上遵循法定纳税义务的内在要求，并重视刑法的相对独立性与救济性功能，[2] 即遵循税法定性与刑法定量的统一。

(二)税法与刑法领域的立法原则与精神

1. 行政犯应受两个法域法律原则的双重规制

行政犯联结“前置法”与“后置法”两个法域，理应同时受到两法各自奉行的法律原则的约束，并且实现不同法律原则在统一法秩序下的相互协调。以逃税罪为例，其处于税法与刑法交叉调整的领域，应同时受到税法原则和刑法原则的双重规制：税收法定和税收公平是税法体系中处于核心地位的两个基本原则；[3] 罪刑法定、法律面前人人平等(或称刑法平等原则)和罪责刑相适应则是刑法体系中具有提纲挈领作用的3个基本原则。[4]

---

[1] 独立型行政犯，是指直接将行政违法行为规定在刑法上的犯罪行为，例如，《刑法》第233条规定的串通投标罪；前置不法型行政犯，是指通过“违反行政规定”“不符合行政标准”等罪状设置的犯罪；前置程序型行政犯，是指通过“行政部门的责令或改正通知、履行”等行政程序规定行政犯。参见熊波：《行政犯的类型与违法性判断的区分》，载《政治与法律》2020年第5期。

[2] 参见田宏杰：《行政犯的法律属性及其责任——兼及定罪机制的重构》，载《法学家》2013年第3期。

[3] 参见侯作前：《从税收法定到税收公平：税法原则的演变》，载《社会科学》2008年第9期。

[4] 参见高铭暄、马克昌主编：《刑法学》，北京大学出版社、高等教育出版社2016年版，第25页。

(1)法秩序统一原理下税收法定与罪刑法定的坚守

法秩序的统一性是法学理论中被广泛承认的公理,行为的违法性也应当在全体法秩序中达到统一。[1] 法秩序的矛盾与冲突主要集中于需要跨法域评价的行为,横跨行政法规范与刑法规范的行政犯便是其中典范。根据前文对其本质属性的理解,行政犯首先违反的是行政法律规范,而后违反的是刑法规范,且刑法对其前置性行政法规范存在行政从属性。基于行政管理目的的行政法具有鲜明的易变性特征,而根本目的为法益保护与人权保障的刑法则要求稳定性与可预测性,由此可能造成行政犯前置性法律规定与刑法条款之间相应要素规定的不一致,进而影响法秩序的统一。

通过对法律文本的检视,不难发现行政犯的前置性法律规定与刑法分则罪刑条款之间呈现3种关系。这里以偷、逃税犯罪这一典型行政犯为例进行分析:(1)照应式,即前置性法律规定的"违法行为模式"与刑法规定的罪状完全一致,例如,1992年《税收征收管理法》与全国人民代表大会常务委员会《关于惩治偷税、抗税犯罪的补充规定》(已失效),以及2001年《税收征收管理法》与1997年《刑法》对偷税违法与犯罪的规定在客观要件上完全相同。(2)补充式,即刑法采取空白罪状的立法形式,由其前置性法律对刑法进行补充,例如,1986年原《税收征收管理暂行条例》对1979年《刑法》偷税罪的空白罪状条款进行了补充。(3)区别式,即前置性法律规定的"违法行为模式"与刑法规定的罪状相区别,刑法扩大、缩小或者修正了部分内容,如2009年《刑法修正案(七)》通过后,逃税罪条款相较《税收征收管理法》的偷税违法条款,在定义上更周延,手段行为则有所出入。[2] 由此可见,照应式关系下,行政犯的罪状表示只是对其前置性行政法规范的重申,在立法同步的前提下不存在违法性判断或法律适用上的问题;补充式关系下可以实现两者的实时统一;而区别式关系下则呈现法秩序统一的最大分歧。目前逃税罪条款采用的是区别式形式,同时内含补充式关系,刑法领域构建了区别于税法的罪状表述,但其中部分构成要件要素如纳税主体、纳税及扣缴义务等,必须依靠税法规定才能实现完整认定。

为解决逃税罪作为行政犯所联结的税法与刑法之间法秩序不统一的问题,必须在坚守税收法定的前提下实现实质的罪刑法定。换言之,处于税法和刑法

---

[1] 参见陈少青:《法秩序的统一性与违法判断的相对性》,载《法学家》2016年第3期。

[2] 参见谭兆强:《论行政刑法对前置性规范变动的依附性》,载《法学》2010年第11期。

交叉调整领域的逃税罪等税收犯罪,应同时受到两个法域法律原则的规制,其面临的是最严格的"双重法定主义",并呈现一定的位阶关系,即税收法定贯穿于罪刑法定。

税收法定是被奉为税法领域"帝王条款"[1]的税法最高基本原则,是民主与法治原则等现代宪法原则在税法中的体现。税收法定的内容包括课税要件法定主义、课税要件明确主义、合法性原则、程序保障原则,以及禁止溯及立法和纳税者的权利保护等内容,[2]主要是针对税收的确定、征纳活动中的权利义务以及税收征纳程序的规定。以法律形式明确税收法律关系的成立要件固然是税收法定的重中之重,对于行使税收权力惩处纳税不遵从行为,即偷、逃税违法行为责任承担的规定同样是税收法定的题中之义。在课税要件充分满足的条件下,征税机关必须按照法律规定的程序切实有效履行职责,保障纳税人全面、依法履行纳税义务。[3] 偷、逃税违法的判断与责任追究必然依托法定纳税义务的明确,而偷、逃税犯罪只是违法程度更高、需要采取更强有力制裁手段予以规制的纳税不遵从行为,或可以理解为"质的同一、量的区别"。因此,刑法领域逃税罪条款的立法必须符合税收法定原则的要求。

罪刑法定是我国刑法的基本原则,以"法无明文规定不为罪"为其基本内容。我国采取的是相对的法律专属主义,即在法律规定了犯罪的基本特征和刑罚的情况下,可以授权其他机关规定具体的犯罪要件,如行政犯的前置性行政法规即具有间接规定犯罪的功能。[4] 从另一角度观之,罪刑法定的实质内容是人权保障,考虑行政犯与刑事犯的不同之处,基于法秩序统一的要求,行政犯践行实质罪刑法定主义的重要路径,应是根据前置性行政法规范判断其违法性。[5] 就逃税罪而言,应强调罪刑法定的"法"既指刑法本身,也包括其前置性行政法——税法,即将税法中规定的严重不法行为类型化为刑法中的犯罪类型。这既是在宪法秩序管辖下刑法规范的发掘与成型路径,也为行使刑事立法权的谦

[1] 参见李刚:《论形式税收法定主义的落实——以税收立法体制的完善为关键》,载《税务与经济》2017 年第 1 期。

[2] 参见[日]金子宏:《日本税法》,战宪斌、郑林根等译,法律出版社 2004 年版,第 59 页。

[3] 参见王鸿貌:《税收法定原则之再研究》,载《法学评论》2004 年第 3 期。

[4] 参见陈兴良:《罪刑法定主义的逻辑展开》,载《法制与社会发展》2013 年第 3 期。

[5] 参见刘艳红:《法定犯与罪刑法定原则的坚守》,载《中国刑事法杂志》2018 年第 6 期。

抑与理性设置了不可逾越的"双重法定"规范界限。[1]

综上,逃税罪作为以税法为前置性法律的行政犯,其罪刑法定主义的实质内涵不只是保障基本人权,更及于保障纳税人权利的税收法定主义。在法秩序统一的理想状态下,逃税罪规定应"实时照应"其前置性税法规定。即便是在目前的区分式立法形式下,逃税行为的违法性判断也应当在立足于刑法领域形式理解的基础上,延伸至税法领域进行实质理解,即税收法定贯穿于罪刑法定。

(2)宪法平等原则下税收公平与刑法平等的贯通

刑法学界对逃税罪采用"数额+比例"双重入罪标准的问题十分关注,尤其是基于刑法平等原则质疑比例标准的合理性与公平性。[2] 该等观点并非毫无理据,但由于缺乏对立法原意的探寻以及片面地从刑法理论视角出发,往往忽略了逃税罪作为行政犯会同时受到"前置"税法相关理论的影响,导致该等批判有无的放矢之嫌。

追溯立法原意对法律规定的理解具有重大意义。1992 年 3 月最高人民法院和最高人民检察院联合颁布《关于办理偷税、抗税刑事案件具体应用法律的若干问题的解释》(法发〔1992〕12 号、高检会〔1992〕5 号,已失效,以下简称 1992 年两高《解释》),首次将偷税占应纳税额的比例纳入定罪量刑标准。紧随其后的同年 4 月,最高人民法院联合最高人民检察院、公安部等举行了关于实施 1992 年两高《解释》的新闻发布会,并发布《第六次联席例会纪要》和《〈关于办理偷税、抗税刑事案件具体应用法律的若干问题的解释〉宣传提纲》(国税办发〔1992〕007 号,以下简称《宣传提纲》)。《宣传提纲》明确,之所以采用"数额+比例"的形式规定严重偷税的数额起点,其立法原意在于"一并考虑

---

〔1〕 参见田宏杰:《立法扩张与司法限缩:刑法谦抑性的展开》,载《中国法学》2020 年第 1 期。

〔2〕 参见胡光华、韩兵:《不应将偷税数额比例规定为偷税罪的构成要件》,载《人民检察》1995 年第 7 期;毛玲玲:《逃避税收义务刑事责任的修正与方向》,载《法学》2008 年第 12 期;袁森庚:《偷税罪成立标准的立法缺陷探析》,载《江西社会科学》2003 年第 1 期;郭昌盛:《逃税罪的解构与重构——基于税收制度的整体考量和技术性规范》,载《政治与法律》2018 年第 8 期;洪华芬:《论偷税罪的防范与立法完善》,载《政治与法律》2006 年第 1 期;郭魏:《偷税罪立法完善之探究》,载《东南大学学报(哲学社会科学版)》2009 年第 S1 期;何秉松主编:《税收与税收犯罪》,中信出版社 2004 年版,第 519 页。

纳税主体的偷税和纳税情况”,[1]这一综合考虑实质上体现了税法中的税收公平原则。

“税收公平是税收正义的代名词,是税法的大宪章。”[2]“税收公平是税法权威的来源和根据之一。”作为法的基本价值,公平在税收领域具体表现为税收公平原则,其在价值上对税法作出宏观指引的同时,在制度上转化为基本原则与具体规范。[3] 税收公平又可分为横向公平与纵向公平,前者是指纳税能力相同者应该负担同等税收;后者是指纳税能力不同者应负担不同税收。[4] 这意味着,具有较高的经济能力且相较其他主体位于更有利位置上的纳税主体,其应缴纳较高税款,反之则应缴纳较少税款。[5]

在刑法领域,与税收公平相对应的是刑法平等,两者均源自《宪法》规定的法律面前人人平等。刑法上的平等同时内含公正,[6]它落脚于不同人之间权利获得与义务履行的相同性,[7]要求对任何人都应当以法律的尺度平等看待,不允许存在超越法律的特权,也不允许对任何人的歧视。[8] 具体而言,即对相同的犯罪行为处以同等刑罚;反之,则处以不同等刑罚。由此可见,税法公平与刑法平等在基本内涵上是可以在宪法平等的原则下经由公平(正义)融会贯通、一脉相承的,即两者的结论应当是一致的。

“偷税不仅直接减少了国家税款,而且违背了税收公平原则。”[9]偷、逃税本身就造成同等纳税能力的纳税人之间实际税负不等的局面,违背了税收公平原则,那么为实现对其进行“矫正”的目的,更应当回归税收公平的本质。若对逃

---

〔1〕《宣传提纲》中提到:“在规定偷税情节严重的数额起点时,采用了‘数额加比例’的计算方法……采用这种‘数额递增、比例递减’的方法确定起点标准,主要是要对负有纳税义务的单位的偷税和纳税的情况一并考虑……这样规定对资产数量、经营规模不等和纳税总额悬殊的各类单位都能适用,便于实践中掌握。”

〔2〕侯作前:《从税收法定到税收公平:税法原则的演变》,载《社会科学》2008 年第 9 期。

〔3〕参见王相坤:《税收公平的法价值分析》,载《河北学刊》2007 年第 3 期。

〔4〕参见刘隆亨主编:《税法学》,中国人民公安大学出版社、人民法院出版社 2003 年版,第 53 页。

〔5〕参见沈开举:《行政征收研究》,人民出版社 2001 年版,第 22 页。

〔6〕参见张明楷:《刑法格言的展开》,法律出版社 2003 年版,第 46 ~ 47 页。

〔7〕参见李邦友:《论刑法平等原则的理论基础》,载《现代法学》2002 年第 3 期。

〔8〕参见陈忠林:《刑法面前人人平等原则——对〈刑法〉第 4 条的法理解释》,载《现代法学》2005 年第 4 期。

〔9〕王铭远、邹自钦:《税收文化及其对税收的影响》,载《涉外税务》1999 年第 6 期。

税犯罪采取单一的数额标准定罪量刑,就会出现无论税收负担能力高低、应纳税额多少,一律按同一数额认定是否构成犯罪的情况。换言之,在这种情况下纳税人的纳税义务承担(税收行政法域)和违反义务后的刑事责任承担(涉税刑事法域)采取的是不同原则。义务的承担和违反本是一体两面,不应差别处理,[1]即征税时区分纳税能力高低,但在科处刑罚时却无视纳税能力的差别。实际上,这种做法反而会造成利税大户入罪容易,纳税小户则可能多次逃税也不构罪这一不平等现象。采用"数额 + 比例"的复合标准,能综合考虑行为主体的经济规模、纳税能力和主客观违法等情况,符合公平(正义)的基本要求,同时发挥促进社会经济发展的作用。

在财产犯罪方面,我国采取的是"定性 + 定量"的特有罪状界定模式——有学者称为"数量刑法"。[2] 具体到逃税罪中,在上述"定性 + 定量"之外再辅以比例标准,其实正是税收公平原则延伸至涉税刑法领域的直接体现。具体而言,税收横向公平原则要求对达致严重程度的逃税行为予以刑法规制——这正是作为后置法的涉税刑法之所以存在的必要性,不仅以严厉的刑法手段惩罚逃税犯罪行为人,更重要的是,警戒潜在的有逃税意图者,确保在税收行政法领域内税收横向公平原则一以贯之地实现。逃税罪入罪标准中比例标准的不可或缺,正是延伸进入涉税刑法领域的税收纵向公平原则的典型表现,使税收纵向公平原则不因逃税行为进入刑法规制领域而被切断,从而符合逃税罪作为行政犯的本质属性。而持单纯的刑法平等原则观,主张单一数额标准的认识,恰恰是我国长期以来刑法与税法呈现立法倒错状态导致的偏误,割裂了由在先的税收行政法秉持的税收纵向公平原则应当一脉相承进入涉税刑法领域的内在联系。

综上所述,无论是"肯定说"学者主张的"主客观相统一"的刑法要求,还是立法原意中对偷税、纳税情况的综合考虑,抑或是基于逃税罪作为行政犯,其处于税收公平与刑法平等贯通之下的本质属性,都彰显了比例标准在逃税罪定罪量刑机制中的重要性。

2. 刑法谦抑性原则与宽严相济的刑事政策

刑法的谦抑性原则,是指对社会造成危害的行为,只有在民事、行政法律手

〔1〕 参见陶阳:《偷税罪数额加比例标准的探疑》,载《法学评论》2005 年第 5 期。

〔2〕 参见储槐植:《刑事一体化与关系刑法论》,北京大学出版社 1997 年版,第 277 页。

段仍无法充分控制时,才能将其规定为犯罪,发动刑罚制裁。[1] 宽严相济的刑事政策,是指区别对待刑事犯罪,既达到对犯罪的打击与威慑效果,又尽量减缓社会对抗,实现法律效果与社会效果相统一。[2] 从某种程度上讲,两者在"宽"的一面具有一脉相承的内涵与意义。

(1)涉税刑事领域的立法谦抑与司法谦抑

在前述"双重违法性"兼"行政从属性"的行政犯理论视角下,剖析偷、逃税行为规制中税法与涉税刑法的关系可知,刑法是前置税收行政法的保护法。更确切地说,刑法是作为发挥修复税收征管秩序功能的第一保护性规则的第二性保护规则而存在,两者共同保障前置税法中的调整性规范。那么刑法所调整的内容必然要与其前置法的保护性规则保持一致,即犯罪圈的划定必须小于或等于税法规定的违法圈,否则有违行政犯的本质属性,此谓刑法的立法谦抑。在实际的刑事追诉过程中,对于仅通过第一性保护规则就能恢复税收征管秩序完满状态的,不得启用刑罚手段。对于犯罪情节较轻的,如果无须动用刑罚就能达到实际追求的预防犯罪目的,此谓司法用刑的顶峰状态,符合刑事的司法谦抑要求。[3]

刑法立法谦抑与司法谦抑的要求并非意味着逃税刑事犯罪规范完全等同偷税行政违法规范,否则刑法规范便失去了其存在的必要性。应当认识到刑法对于规范行政犯有其独特的功能及价值,即衡量违法程度的独立性。本文借用学界划分一般违法与犯罪"质量差异理论"的基本模型,认为偷、逃税行为在跨越违法与犯罪分界点时存在"质的同一,量的区别"。[4] "质",是指税法领域对偷、逃税违法进行规制之责任条款的基本构成要件(除结果要件中的具体数

[1] 参见陈兴良:《刑法哲学》,中国政法大学出版社2004年版,第7页;张明楷:《避免将行政违法认定为刑事犯罪:理念、方法与路径》,载《中国法学》2017年第4期。

[2] 2004年12月22日,罗干同志在中央政法工作会议上明确指出:"正确运用宽严相济的刑事政策。"2010年2月8日最高人民法院发布的《关于贯彻宽严相济刑事政策的若干意见》,确立其基本刑事政策的地位。参见卢建平:《宽严相济与刑法修正》,载《清华法学》2017年第1期。

[3] 参见田宏杰:《立法扩张与司法限缩:刑法谦抑性的展开》,载《中国法学》2020年第1期;田宏杰:《行政犯的法律属性及其责任——兼及定罪机制的重构》,载《法学家》2013年第3期。

[4] 本文仅在分析偷、逃税违法与犯罪的区别与衔接时借用该理论的论证模型,不代表本文对其他一般违法与犯罪之间"质量关系"的理解。

额),即同一危害实质或违法本质,[1]侵害的是我国法律保护的国家税收征管秩序这一国家法益;[2]"量",是指偷、逃税行为所造成违法后果的社会危害性是否已达到刑罚当罚的程度,我国立法经验通常采取逃税的数额、比例和次数结合作为衡量的标准。

(2)基于宽严相济的刑事政策的逃税罪理解

最高人民法院《关于贯彻宽严相济刑事政策的若干意见》(法发〔2010〕9号)明确指出,宽严相济刑事政策的核心思想是"该宽则宽,当严则严,宽严相济,罚当其罪"。有学者认为,虽然政策内涵本身要求轻轻与重重相结合,但应更着重关注其"轻"的部分,这也正是刑法谦抑的题中之义。[3] 即便认为刑法的"宽"更符合现代法治中人权保障的价值观念,也不容忽视"宽"与"严"是相对的,只有宽严"并重"才能切实实现宽严"相济"。《刑法修正案(七)》对偷、逃税犯罪条款作出的修改便很好地体现了宽严相济的刑事政策,即在缩小逃税犯罪圈的同时严密了追究犯罪的刑事法网。[4]

行政犯理论反复强调,刑法在穷尽前置法保护功能仍无法恢复行政秩序应然状态的前提下方能启动刑罚手段。全国人大在《关于中华人民共和国〈刑法修正案(七)(草案)〉的说明》中明确指出,《刑法》第201条第4款的出台正是基于宽严相济的刑事政策。[5] 这意味着对于偷、逃税这种贪利型经济犯罪而言,如果通过行政机关追缴、处罚的方式即可使行为人未依法缴纳税款的"漏洞"得以弥补,使出现偏轨的税收征管秩序回归正道,那么采取非犯罪化的模式缩小犯罪圈,激励行为人逃税后及时补缴,将更有助于立法目的的实现。一方

〔1〕 参见田宏杰:《行政犯的法律属性及其责任——兼及定罪机制的重构》,载《法学家》2013年第3期。

〔2〕 参见李海滢、金玲玲:《我国偷税罪立法完善新思维——以刑法与税法之协调为进路》,载《政治与法律》2009年第3期。

〔3〕 参见陈兴良:《宽严相济刑事政策研究》,载《法学杂志》2006年第2期。

〔4〕 参见刘荣:《刑事政策视野下的逃税罪》,载《中国刑事法杂志》2010年第12期。

〔5〕 《关于中华人民共和国〈刑法修正案(七)(草案)〉的说明》:"考虑到打击偷税犯罪的主要目的是为了维护税收征管秩序,保证国家税收收入,对属于初犯,经税务机关指出后积极补缴税款和滞纳金,履行了纳税义务,接受行政处罚的,可不再作为犯罪追究刑事责任,这样处理可以较好地体现宽严相济的刑事政策。"参见全国人大常委会:《关于〈中华人民共和国刑法修正案(七)(草案)〉的说明》,载中国人大网,http://www.npc.gov.cn/zgrdw/huiyi/lfzt/xfq/2008-08/29/content_1447399.htm。

面,从刑事功利的角度看,也能节约司法成本,让刑法能够集中力量追究其他严重的逃税犯罪;另一方面,《刑法修正案(七)》对偷、逃税犯罪罪状的描述从原来的列举式改为概括式,以便应对社会经济不断发展下日新月异的偷、逃税手段及方式。而"采取欺骗、隐瞒手段,进行虚假纳税申报或者不申报"这一兜底式的规定,能够将所有可能的偷、逃税形式均纳入刑法的管制范围内,起到严密刑事法网的作用。

二、路径探索:恢复刑法向税法正向协调的应然状态

(一)立法模式的选择

新中国成立后相当长的一段时期内,我国生产力发展带来了经济生活的日新月异,而经济立法的步伐却相对滞后。在税法体系未完全建构的过渡阶段,不得不"仰仗"刑法对偷、逃税行为先行规制。但随着税收法治及税制改革的不断推进,我国税法体系日臻完善,至今仍维持"刑法引领税法"的旧有立法逻辑,其固有弊端不断在司法实践中显现。尤其是当前正处于以提高直接税比例和健全自然人税收征管制度为两大主题的新一轮税制改革进程中,若仍因循守旧,不借此次改革之机寻找妥善解决的办法,只会让我国在规制偷、逃税行为上陷入"恶性循环"。

通过将涉税刑法纳入税收法律体系,从而将涉税刑事法律关系统辖于广义的税收法律关系之下,不仅能够保障税法与刑法涵摄于宪法秩序下的一致协调,最重要的是,能够实现税收法律体系的根本目标,即保障国家税收收入。正因为偷、逃税兼具行政不法与刑事不法,所以对纳税不遵从行为进行规制,促进税法全面遵从,不仅是税法也是涉税刑法的出发点与落脚点,是立法目的与司法目的所在。[1]

既然如此,那么理想状态下,只有当税法与涉税刑法的立法呈现"齐头并进"的态势,才能在规制纳税不遵从行为时保证"质的同一",否则在任一法域先行的情况下都可能引发新的问题,或出现法网的空档,或造成刑罚的强势介入。

通过比较研究可以发现,世界主要国家针对偷、逃税行为均设置了(税务)行政与刑事的双层制裁模式,对于两者的区别与衔接问题,采取了不同的行政犯

---

〔1〕 参见刘荣:《中美税收犯罪比较研究》,法律出版社2014年版,第2页。

立法模式予以解决。

大多数国家采用了附属刑法的立法模式。[1] 例如,法国将逃税违法的税务制裁与刑事制裁共同规定在法国《税务总法》中,要求遵循法国《税务总法》原则的同时适用刑法总则的基本原则。[2] 美国同样将逃税罪规定于《美国法典》第26编美国《税法典》中的"犯罪"专章,而整个税法体系的最终目的是制止和预防逃税行为,逃税罪成为税收犯罪体系的"压顶石"。[3] 德国的税收犯罪规定于《租税通则》第八章"刑罚规定及罚锾规定;刑罚程序及罚锾程序"中,主要规定了租税犯罪行为及租税违反秩序行为之构成要件等内容;其中第370条即为"逃漏租税罪"。日本税收犯罪规定在《国税征收法·罚则》和日本《地方税法》中,并将偷漏税与不申报、虚伪申报分开规定为不同的罪名。[4] 意大利为了强调税收犯罪的特殊性,在刑法典以外的单行刑法中规定税收犯罪,2000年发布的第74号立法令将原来处于治罪范围的"征兆性犯罪"非刑事化,置于税务机关专属管辖权限内,刑事制裁仅用以规定直接、有效损害税收利益的犯罪行为。[5]

我国税收犯罪采取的是在刑法典中设专节的立法模式,逃税罪条款即规定在《刑法》分则第3章第6节危害税收征管罪中的第201条。同样采取该种立法模式的国家还有芬兰(芬兰《刑法典》第29章危害公共财政罪)、克罗地亚(克罗地亚共和国《刑法》第24章危害经济罪中第256条"逃税和逃避关税罪")以及塞尔维亚(塞尔维亚共和国《刑法典》危害经济罪中第229条"逃税罪")等。[6]

---

[1] 所谓刑法立法模式,主要是指立法机关在制定刑法规范过程中采用的具体立法方式或标准样式,如典籍式、散在式及其结合,单一刑法抑或附属刑法等。附属刑法,是指拥有刑事立法权的国家立法机关在制定的经济、行政等非刑事法律中附加制定的体现国家对一定范围内的特定社会关系加以特别刑法调整的关于犯罪与刑罚的行为规范的总称。参见李晓明:《再论我国刑法的"三元立法模式"》,载《政法论丛》2020年第3期;孟庆华:《附属刑法的立法模式问题探讨》,载《法学论坛》2010年第3期。

[2] 参见周微:《法国对逃税的刑事制裁及其对我国相关立法的启示》,载《河南财经政法大学学报》2012年第6期。

[3] 参见刘荣:《美国逃税罪刑事法网之介评及启示》,载《比较法研究》2012年第4期。

[4] 参见丁华宇:《税收犯罪比较研究》,载《特区经济》2010年第7期。

[5] 参见施正文、翁武耀:《意大利逃税刑事法律责任的立法及其对我国的借鉴》,载《税务研究》2010年第6期。

[6] See Sabahudin Cokovic, *Tax Evasion in the Domestic and Comparative Criminal Law*, 3 International Journal of Economics and Law 17(2013).

由此可见,采取附属刑法的立法模式可以保障逃税犯罪规定始终不脱离税法,单行刑法则有助于针对税收犯罪的特质予以区别对待。有学者主张将税收犯罪的相关规定剥离于刑法典,与其他税法规范一同规定于单行的税收法律中。[1] 就目前我国逃税罪的立法而言,有的学者认为,我国采取的是依附性散在型的附属刑法模式;[2]也有学者认为,我国实际上采取的是混合式立法模式,即在税法里规定涉及逃税罪的有关行为和表现,但真正明确罪刑关系的内容规定于刑法典中。[3]

立法模式的选择不能脱离一国的基本国情,从目前我国的法治现状来看,税制改革正处于活跃阶段,单行税法仍在逐步完善,以税法总则为统领的《税法典》更是无法在短期内出台,将涉税犯罪条款纳入税法的附属刑法模式暂时无法实现。另外,我国的刑事立法采取的是单一"法典化"并辅之以颁布刑法修正案的修法模式。尽管学界普遍呼吁尝试"二元立法"甚至"三元立法"模式,[4]但就目前立法动态来看,刑法典的"一元模式"仍会持续。因此,在我国法治建设的"火车"仍处于全速前进的大背景下,税收法治及相应的涉税刑法的最终立法模式并不得而知,需要伴随着时代的推进不断探索符合我国国情及法治需求的可能性。

(二)立法次序的协调

立法模式的选择和调试需要时间和机缘,无法一蹴而就。对于已经存在的不合理现象,仍然应当努力寻找最符合现时需求且切实可行的方案。笔者主张,我国在进行针对偷、逃税行为规制的立法完善时,应当借助本次税制改革之良机,在认清宪法统一秩序下税法与刑法应有关系的基础上,确立全新的立法理念:税法先行,刑法后随,以税法引领刑法,由刑法协调于税法。

此前有学者曾提出,为避免逃税罪立法陷入需要不断修订的循环怪圈,目前

---

〔1〕 参见周微:《偷、逃税行为的违法与犯罪》,法律出版社2014年版,第196页。

〔2〕 刘莘、陈悦:《行政犯罪的规范与处罚——逃税罪中行政责任前置的法理解析》,载《河南工业大学学报(社会科学版)》2019年第1期。

〔3〕 周洪波:《偷税行政法控制与刑法控制的衔接》,载《国家检察官学院学报》2005年第5期;李海滢、金玲玲:《我国偷税罪立法完善新思维——以刑法与税法之协调为进路》,载《政治与法律》2009年第3期。

〔4〕 参见李晓明:《再论我国刑法的"三元立法模式"》,载《政法论丛》2020年第3期;卢建平:《刑法法源与刑事立法模式》,载《环球法律评论》2018年第6期。

我国关于偷、逃税犯罪由刑法领域率先启动,税法领域随之变化的立法修订次序是合理、科学的,并指出《刑法修正案(七)》的颁布必然再次引发《税收征收管理法》第63条的变动。[1] 事实上,存在并不必然合理。由税法跟随刑法的协调虽然在形式上可以实现两法一致的短暂“假象”,但由于其内在本质的不协调,必然会再次触发立法变动或造成司法适用方面的困境,从而迫使税法和涉税刑法陷入循环往复的被动局势。

所谓税法先行,刑法后随,具体而言,是指立法顺序上,在即将到临的下一次立法修订中,《税收征收管理法》第63条关于偷税行政违法的规定不应再完全沿用《刑法》第201条的规定,而应根据偷、逃税司法实践所暴露出的问题,创设超越刑法的、能够回应执法和司法实践的逃税行政违法行为认定规则,然后《刑法》第201条逃税罪条款再随之加以变更。立足更长远的未来,即便不能达到税法与刑法并驾齐驱的状态,至少应维持由刑法向税法正向协调的立法逻辑。理由在于,一方面,从理论上来讲,涉税刑法条款作为前置税法的后置保护法,其调整内容必须与税法中的逃税责任条款保持一致;另一方面,2001年《税收征收管理法》第63条关于“偷税行为”的规定20年未变,《刑法》第201条改为“逃税罪”至今也逾十载,税法和刑法学界的学者对各项条款的适用条件、性质、功能、法理正当性等均进行了充分的学术研究与理论挖掘,在与两者相关的司法实践中也积累了大量的裁判案例,更是反向验证了对当前立法节奏的疑虑并非“空穴来风”。

以税法引领刑法,由刑法协调于税法,要求税法至少在以下两个方面对刑法进行“引领”:首先是偷、逃税行为构成要件要素的确定应由税法先行作出,再由刑法随之修订,这也是在罪刑法定视野下行政犯认定的应有之义,即认定构成逃税罪的“法”应包括税法与刑法;其次是对于逃税罪的犯罪圈,需要在税法先行确定的违法圈内根据违法程度进行再次划定,即税法定性与刑法定量的统一。对于情节显著轻微不构成犯罪的,或已经通过及时补缴税款、滞纳金和罚款恢复税法正常秩序的,应秉持刑法谦抑精神和宽严相济的刑事政策进行“去犯罪化”。

---

[1] 参见马存伟、苏静:《〈刑法修正案(七)〉视域下:偷税罪的嬗变》,载《学术探索》2009年第6期。

三、税法上偷、逃税实体认定规则的构建

(一)对《税收征收管理法修订草案(征求意见稿)》(以下简称《草案征求意见稿》)第97条的评析

2020年10月29日通过的中共中央《关于制定国民经济和社会发展第十四个五年规划和二〇三五年远景目标的建议》中明确提出要深化税收征管制度改革。[1] 面对百年未有之大变局,税收法治是全面深化改革和依法治国的突破口,其中的重要内容之一便是税收征管制度的改革。2015年公布的《草案征求意见稿》第97条对现行《税收征收管理法》第63条规定作出了重大修改(参见表1的中列及左列),并曾拟于2019年提请全国人民代表大会常务委员会审议。[2] 后由于经济形势及新冠疫情的影响等原因一直未能提交审议。虽然如此,仍可从中窥见立法者对偷、逃税行政违法行为如何规制的意见。

1. 概念演变:从"偷税"到"逃税"

2009年的《刑法修正案(七)》将原"偷税罪"改为"逃避缴纳税款罪"或简称"逃税罪"。学界普遍认为,修改后的罪名体现出与国际命名惯例的接轨,[3] 更加符合该罪的行为本质特征,即通常意义上的"偷"是通过窃取的方式将他人的财产据为己有,而在税收问题上,纳税人采取欺骗、隐瞒手段不履行纳税义务的行为并未窃取他人财物,税款在依法被缴纳之前仍属于纳税人的财产,只有当税款依法入库之后其所有权才归属于国家。[4] "逃",是指不履行应尽之义务,能

---

〔1〕 参见《中共中央关于制定国民经济和社会发展第十四个五年规划和二〇三五年远景目标的建议》,载中央人民政府网,http://www.gov.cn/zhengce/2020-11/03/content_5556991.htm。

〔2〕 参见国务院办公厅《关于印发国务院2019年立法工作计划的通知》,载中央人民政府网,http://www.gov.cn/zhengce/content/2019-05/11/content_5390676.htm。

〔3〕 参见袁森庚:《我国刑法第二百零一条修正案评析》,载《税务与经济》2009年第4期。

〔4〕 参见郭勇平:《"偷税罪"改为"逃避缴纳税款罪"——解析〈中华人民共和国刑法修正案(七)〉第三条》,载《涉外税务》2009年第5期;李晓明:《论对我国刑法"偷税罪"罪名的改造及规范》,载《政治与法律》2009第3期;钱俊文:《偷税、逃税的概念辨析及相关制度完善》,载《税务研究》2016年第9期。

与该罪做到名实相符,体现了我国税收理论的进步和创新。[1]

《刑法》第 201 条改为"逃税罪"之后,《税收征收管理法》第 63 条仍保留原来的"偷税"概念,这也导致我国长期以来无论是立法、司法还是学界,都存在混淆使用偷税与逃税概念的现象,甚至在 2009 年之后的司法文书中仍存在"偷税罪""偷税犯罪"等表述。《草案征求意见稿》第 97 条将"偷税"改为"逃避缴纳税款"之后,可有效厘清逃税违法领域的概念混乱。与此同时,逃税行政违法行为与逃税刑事犯罪行为之间的联系将前所未有的明晰,即《刑法》第 201 条与未来修改后的《税收征收管理法》第 97 条之间表现典型的行政犯"刑法规范"及其保护的前置性"行政法规范"的应然关系。

2. 客观行为:从"完全列举"到"概括 + 不完全列举"

(1)修改情况概览

《草案征求意见稿》第 97 条第 1 款同样参照《刑法修正案(七)》,将原来完全列举的 4 种偷税行为手段改为"采取欺骗、隐瞒手段进行虚假纳税申报或者不申报,逃避缴纳税款的",删除了"经税务机关通知申报而拒不申报"情形,并增加第 3 款对"欺骗、隐瞒手段"进一步细化解释,列举出 3 项主要逃税情形的同时增加了第 4 项兜底式规定,即"法律、行政法规规定的其他情形"。概言之,即在逃税违法的客观表现上采取"概括定义 + 不完全列举"的模式:在作出基本概念定义,列举主要的几个表现形式后加入一项抽象的、概括的文句兜底,以保证规定的严谨和周密。

《草案征求意见稿》对逃税客观行为要件作出的重大修改,可谓是我国立法上对偷、逃税行为规定的又一次实质性变动,其在沿用《刑法》第 201 条关于逃税罪的概括式定义的基础上又存在若干创新,但同时是该条款可能被质疑之处。

(2)第一种逃税手段

《草案征求意见稿》第 97 条第 3 款第 1 项将原条款列举的第一种手段所对应的材料从账簿、记账凭证拓宽至其他相关资料,涵盖所有可能与申报纳税相关的资料,使法网变得更加严密。首先,随着信息技术的高速发展,企业利用互联网、云端服务等进行财务管理的技术手段不断更新,不再局限于传统的账簿、会计凭证;其次,除账簿凭证外,行为人还可能通过对其他有关的资料、信息采取伪

---

[1] 参见马存伟、苏静:《〈刑法修正案(七)〉视域下:偷税罪的嬗变》,载《学术探索》2009 年第 6 期。

造、变造等方式达到虚假纳税申报的目的,如篡改房屋交易过程中的房屋面积、年限等资料以适用较低税率;[1]再次,对于非单位组织体的个人纳税人来说,其取得收入并不会设置账簿凭证,个人纳税人逃税的欺骗、隐瞒手段通常指向其他相关的资料。该项修改有利于应对各种新情况,也适应了新一轮税制改革关于构建自然人税收征管制度的需求。

(3)第二种逃税手段

《草案征求意见稿》第97条第3款第2项删除原"多列支出或者不列、少列收入"前的"在账簿上"这一限制用语,立法效果和理由同上述第一种手段;将原表述修改成"虚列支出或者转移、隐匿收入",更体现出"欺骗、隐瞒"的本质特征。

值得注意的是,《草案征求意见稿》在"虚列支出或者转移、隐匿收入"之前还增加了"编造虚假计税依据",且从条文表述来看两者之间的并列关系并不十分明晰,因而可能引发分歧的是"编造虚假计税依据"和"虚列支出或者转移、隐匿收入"是各自可以独立构成逃税手段,还是必须在前者修饰下实施后者?通常而言,应当认为采取编造虚假计税依据的手段进行虚假纳税申报可以单独认定为逃税,那么该条款与第98条之间可能会构成法条竞合,在适用法律时应特别关注并厘清两者之间的关系(具体分析请见下文对《草案征求意见稿》第97条的修改建议及理由)。[2]

(4)第三种逃税手段

《草案征求意见稿》第97条第3款第3项增加了"骗取税收优惠资格"的逃税手段,是对现实中频繁出现的逃税手法的回应。例如在某案件中,被告公司取得社会福利企业证书,在明知没有给职工缴纳养老、医疗和生育保险费的情况下,谎称已经缴纳上述费用,取得享受社会福利企业税收优惠政策的资格,从税务局骗取已经缴纳的税款。[3] 此种手段与前述两种逃税手段的明显区别在于欺骗、隐瞒手段针对的客体对象不同,该手段针对的是税收优惠资格的取得,而前两种手段针对的是纳税申报行为本身。

---

〔1〕 参见"吴某、廖某某、张某某犯行贿罪、对非国家工作人员行贿罪案",四川省中江县人民法院〔2015〕中江刑初64号刑事判决书。

〔2〕 《草案征求意见稿》第98条规定:"纳税人、扣缴义务人编造虚假计税依据的,由税务机关责令限期改正,并处五万元以下的罚款。"

〔3〕 参见"湖南省洪江市社会福利日用化工厂等逃税罪案",湖南省怀化市中级人民法院〔2013〕怀洪刑初19号刑事判决书。

(5)逃税手段的兜底式规定

《草案征求意见稿》第97条第3款第4项设置了"法律、行政法规规定的其他情形"这一兜底条款。事实上,除《税收征收管理法》外,现有的税收实体法律从未规定过何为"逃税",未来应该也不会规定,因此该款其实是一个对国务院的授权条款。除非国务院单独制定有关税收违法行为的行政法规,否则该款中的"行政法规"应当就是指《税收征收管理法》大幅修订通过之后需要更新的《税收征收管理法实施条例》。[1] 以行政法规形式规定行政法义务,虽然不是由立法权直接运作而制定的法律,但它们是经过立法部门授权行政机关的委任立法,[2]在满足授权立法的一般性规定(如法律保留原则、法律优位原则和授权明确性原则等)后,再加上税收法定主义的严格限制,即可认为是通过法律的承认进行了兜底补充。如此一来,如果真的采用本文提出的"税法先行,刑法后随"的立法理念,那么即便逃税罪的前置性行政法律规范中存在行政法规作为兜底条款,也不会违反罪刑法定原则的民主性思想基础。[3]

但基于我国税法实践的现实情况,真正棘手的问题在于:一是作为税收法律解释性规则存在的税收行政法规经常突破上位法的规定,以法律解释的名义行法律漏洞补充之实,甚至增设上位法所没有的义务;二是存在大量转授权情形,如原《营业税暂行条例》第2条第3款、《房产税暂行条例》第7条和《城镇土地使用税暂行条例》第13条等,[4]该等行政法规本身就是行使委任立法权,又转授权省级人民政府在所辖地方范围内有关税收要素的制定权。[5] 因此,在行政法规不予规定又实际上进行转授权时,就存在以部门规章的形式规定何为"逃税"的危险,不仅导致税收法定主义无法贯彻落实,在刑法"跟随"税法的情况

---

〔1〕 参见李刚:《论税务稽查局管辖权限的认定——基于法律解释学的分析》,载《法律科学(西北政法大学学报)》2018年第5期。

〔2〕 参见刘艳红、周佑勇:《行政刑法的一般理论》(第2版),北京大学出版社2020年版,第64～66页。

〔3〕 参见张明楷:《刑法的基础观念》,中国检察出版社1995年版,第328页。

〔4〕 原《营业税暂行条例》第2条第3款规定:"纳税人经营娱乐业具体适用的税率,由省、自治区、直辖市人民政府在本条例规定的幅度内决定。"《房产税暂行条例》第7条规定:"房产税按年征收、分期缴纳。纳税期限由省、自治区、直辖市人民政府规定。"《城镇土地使用税暂行条例》第13条规定:"本条例的实施办法由省、自治区、直辖市人民政府制定。"

〔5〕 参见李刚:《论形式税收法定主义的落实——以税收立法体制的完善为关键》,载《税务与经济》2017年第1期。

下,罪刑法定原则也将出现问题。

(6)草案对“不申报”的调整

《草案征求意见稿》中还有一处修订需要引起注意,即对应现《税收征收管理法》第64条的草案第98条,删除了前者第2款关于“不进行纳税申报”的规定。有学者指出,该修订迹象表明“不进行纳税申报”的情形被草案第97条所覆盖,也就是说立法者主张“不申报”可以作为独立的逃税手段类型。[1] 联系到草案第99条新增的“漏税”行为可知,原由《税收征收管理法》第64条规制的“不进行纳税申报”行为,在草案中则根据行为人是否存在主观故意被分别纳入第97条“逃税”和第99条“漏税”的规定,前者对应故意“不申报”的逃税行为,解决了在现行法律规定下,“不申报”手段情形在税法领域不被认为是偷税违法,而在刑法领域被认定为逃税犯罪的“越轨规制”现象;后者则对应税收实践中广泛存在的因不了解税收法规等主观过失导致未依法申报(包括逾期申报),造成未缴或少缴税款的情形。

3. 主观要件:从“主观不明”到“主观故意”

现行《税收征收管理法》并未明确偷税行政违法行为到底是否需要以“主观故意”为构成要件。在司法实践中对于偷税的故意是否为必要条件的问题存在多种不同的处理方法,甚至连国家税务总局与各地税务局之间都存在观点的分歧,一直难以形成统一意见。[2]

《草案征求意见稿》第97条虽然并未明确规定主观故意是否为逃税行为的构成要件,但是草案新增了第99条,对纳税人过失的“漏税”行为不认定为逃税,予以较轻处罚,并给予一定期限内“修正申报”的机会。[3] 通过体系解释方法,可以确认第97条规定的逃税行为必须要以主观故意为构成要件。同时,2021年1月22

---

[1] 参见李刚:《论税务稽查局管辖权限的认定——基于法律解释学的分析》,载《法律科学(西北政法大学学报)》2018年第5期。

[2] 执法、司法实践以及税法学界关于“偷税违法行为是否以主观故意为构成要件”的观点争鸣,参见陈晓虹:《论偷、逃税行政违法与刑事犯罪的立法协调》,厦门大学2021年硕士学位论文,第21~22页。

[3] 《草案征求意见稿》第99条规定:“纳税人、扣缴义务人因过失违反税收法律、行政法规,造成未缴或者少缴税款的,税务机关除按照本法第八十六条的规定追缴其未缴或者少缴的税款外,并处未缴或者少缴税款百分之五十以下的罚款。纳税人、扣缴义务人自法律、行政法规规定或者税务机关依照法律、行政法规的规定确定的申报缴纳税款期限届满之日起至税务检查前办理修正申报,并缴纳税款的,处补缴税款百分之二十以下的罚款。”

日修订通过的《行政处罚法》也首次明确了行政处罚需要考虑行为人的主观状态,[1]这解决了偷、逃税司法认定历来的争议之一,不仅在逃税行政违法的认定层面会有所裨益,在理论上也厘清了逃税罪作为行政犯其定罪机制上前置法的主观要件与逃税罪的主观要件上的同一性。但是,这又会在实操层面引发"主观故意"的证明责任应由谁来承担,证明标准如何,怎样的情形通常会被认定为存在主观故意,以及如何判断"消极不申报"行为是否具有主观故意等法律适用难题。

4. 案件移送规则:从"构成"犯罪到"涉嫌"犯罪

《草案征求意见稿》第 97 条第 1 款、第 2 款最后关于违法与犯罪的责任衔接问题,由原来"构成犯罪的,依法追究刑事责任"修改为"涉嫌犯罪的,移送司法机关依法处理"。原表述是我国非刑事法律规范中的常用术语,只是对已有刑法规范的重申,并非在税收行政法规中对犯罪构成要件或者法定刑进行规定,也不会改变刑事条款的规定,仅具有宣示功能。[2] 即便该表述已成为立法习惯,但"构成犯罪"从文义上理解似乎意味着,违法行为已经确定转化为犯罪行为,在追究逃税违法责任的语境下又会产生是由税务机关认定是否构成犯罪、是否追究刑事责任的"错觉",造成行政权对司法权的僭越。而修改后的表述为"涉嫌犯罪",显得更合理、合法。税务机关只需在认定构成逃税违法的基础上,根据逃税罪的规定,初步判断案件的逃税金额、比例以及是否为初犯,已接受行政处罚等情况,对可能构成逃税罪的,应移送公安机关进一步立案侦查。这样的修改一方面适应了《草案征求意见稿》所有涉及"行刑"责任相接条款的统一表述;另一方面,也厘清了税务行政机关与司法机关的各自职能,并实现逃税违法与犯罪责任追究在程序上的有效衔接。

(二)对《草案征求意见稿》第 97 条的修改建议

《草案征求意见稿》第 97 条对现行《税收征收管理法》第 63 条的修订大体上沿用了《刑法》第 201 条对逃税罪的规定,且有多处"突破",这无疑值得肯定。但其中也不乏延续了原逃税罪条款中固有的不合理之处,以及存在容易引起新一轮质疑的内容。因此,应结合司法实践中折射出的一些问题,对《草案征求意见稿》第 97 条作进一步修改,为刑法领域逃税罪条款的修改提供参考,切实实现"税法引领刑法"的立法理念。

---

[1] 2021 年修订的《行政处罚法》第 33 条第 2 款规定:"当事人有证据足以证明没有主观过错的,不予行政处罚。法律、行政法规另有规定的,从其规定。"

[2] 参见孙运英、邵新:《浅议"构成犯罪的,依法追究刑事责任"》,载《法学评论》2006 年第 4 期。

表1　《税收征收管理法》第63条、《草案征求意见稿》第97条与本文建议对照

《税收征收管理法》	《草案征求意见稿》	本文建议修改后的条文表述
第六十三条　纳税人伪造、变造、隐匿、擅自销毁账簿、记账凭证,或者在账簿上多列支出或者不列、少列收入,或者经税务机关通知申报而拒不申报或者进行虚假的纳税申报,不缴或者少缴应纳税款的,是偷税。对纳税人偷税的,由税务机关追缴其不缴或者少缴的税款、滞纳金,并处不缴或者少缴的税款百分之五十以上五倍以下的罚款;构成犯罪的,依法追究刑事责任。 扣缴义务人采取前款所列手段,不缴或者少缴已扣、已收税款,由税务机关追缴其不缴或者少缴的税款、滞纳金,并处不缴或者少缴的税款百分之五十以上五倍以下的罚款;构成犯罪的,依法追究刑事责任	第九十七条　纳税人采取欺骗、隐瞒手段进行虚假纳税申报或者不申报,逃避缴纳税款的,由税务机关追缴其不缴或者少缴的税款,并处不缴或者少缴的税款百分之五十以上三倍以下的罚款;涉嫌犯罪的,移送司法机关依法处理。 扣缴义务人采取前款所列手段,不缴或者少缴已扣、已收税款,由税务机关追缴其不缴或者少缴的税款,并处不缴或者少缴的税款百分之五十以上三倍以下的罚款;涉嫌犯罪的,移送司法机关依法处理。 第一款所称采取欺骗、隐瞒手段是指下列情形: (一)伪造、变造、转移、藏匿、毁灭账簿凭证或者其他相关资料; (二)编造虚假计税依据,虚列支出或者转移、隐匿收入; (三)骗取税收优惠资格; (四)法律、行政法规规定的其他情形	第九十七条　纳税人采取欺骗、隐瞒手段**不申报或者**进行虚假纳税申报,**或者经税务机关通知申报而拒不申报**,逃避缴纳税款的,由税务机关追缴其不缴或者少缴的税款、**税收利息以及滞纳金**,并处不缴或者少缴的税款百分之五十以上三倍以下的罚款;涉嫌犯罪的,移送司法机关依法处理。 扣缴义务人采取前款所列手段,不缴或者少缴已扣、已收税款,由税务机关追缴其不缴或者少缴的税款、**税收利息以及滞纳金**,并处不缴或者少缴的税款百分之五十以上三倍以下的罚款;涉嫌犯罪的,移送司法机关依法处理。 **单位有前两款行为的,对单位直接负责的主管人员和其他直接责任人员给予通报批评或者警告;情节严重的,可以并处不缴或者少缴的税款百分之五十以上三倍以下的罚款。** 第一款所称采取欺骗、隐瞒手段是指下列情形: (一)伪造、变造、转移、藏匿、毁灭账簿凭证或者其他相关资料; (二)编造虚假计税依据、虚列支出或者转移、隐匿收入; (三)骗取税收优惠资格; (四)法律、行政法规规定的其他情形。 **纳税人、扣缴义务人有本条第一款或者第二款行为,涉嫌犯罪需移送司法机关处理之前,税务机关应当依法先作出追缴税款、税收利息、滞纳金以及罚款的决定**

注:修订痕迹说明:左列加框部分表示与右列相比有变化之处;中列阴影部分表示与左列相比变化之处;**右列加粗部分表示与左列相比变化之处**。

如表 1 的右列及中列所示,按照逃税行为的构成要件,具体的修改建议如下:

在逃税行为的责任主体方面,增加单位违法并处单位成员的“双罚制”规则,即增加“单位有前两款行为的,对单位直接负责的主管人员和其他直接责任人员给予通报批评或者警告;情节严重的,可以并处不缴或者少缴的税款百分之五十以上三倍以下的罚款”作为第 3 款。

在逃税行为的客观要件方面:(1)将“不申报”和“进行虚假纳税申报”在表述顺序上进行前后更换,即将第 1 款首句改为“采取欺骗、隐瞒手段不申报或者虚假纳税申报”;(2)保留《税收征收管理法》第 63 条规定的“经税务机关通知申报而拒不申报”作为独立的逃税行为之一,与前一行为模式并列,即在第 1 款第 1 分句后增加“或者经税务机关通知申报而拒不申报”;(3)在前两款“由税务机关追缴其不缴或者少缴的税款”的表述后增加“税收利息以及滞纳金”,以便衔接《刑法》第 201 条第 4 款的适用条件;(4)将第 3 款(增加前述第 3 款后将变为第 4 款)第 2 项中“编造虚假计税依据”与“虚列支出或者转移、隐匿收入”中的逗号改为顿号,明确两者并列的关系。

在责任追究的程序上,明确税务机关追缴税款、税收利息以及滞纳金并处以罚款作为移送司法机关处理的前置性程序,即增加第 5 款规定“纳税人、扣缴义务人有本条第一款或者第二款行为,涉嫌犯罪需移送司法机关处理之前,税务机关应当依法先作出追缴税款、税收利息、滞纳金以及罚款的决定”。

以下就上述修改建议的立法理由分别予以阐述。

1. 增设单位逃税的“双罚制”规则

该条增加第 3 款规定单位违法的“双罚制”规则,是为了解决单位逃税违法与犯罪之间有关责任配置规则不同、责任衔接机制缺位的问题。如果不对作出决策并具体实施单位逃税行为的单位成员进行一定程度的管治,可能会出现“职业逃税”的现象。

目前,我国注册公司的法律门槛极低,行为人经营的公司因逃税被税务机关查处,未达到逃税罪追诉标准的,还可以再次注册新公司,继续在经营活动中通过逃税来降低生产成本,赚取高额利润,削弱了行政处罚的威慑作用。同时,逃税罪作为行政犯,在单位犯逃税罪的情形下,单位直接责任人员需要根据刑法中单位犯罪的“双罚制”理论一并承担,甚至在单位主体资格灭失的情况下单独承担刑事责任。若在单位逃税违法情形下,单位成员的行政责任缺失,会导致其违法程度与责任无论是在"质"还是"量"上都无法有效衔接后置法。

在我国行政违法罚则体系中,对单位违法一并处罚有关人员的做法已有先例,如《证券法》规定,单位违法的,对直接负责的主管人员和其他直接责任人员给予警告并处罚款;[1]《药品管理法》规定,单位违法的,对法定代表人、主要负责人等处以罚款,一定期限内禁止从事药品生产经营活动,并可以由公安机关予以拘留;[2]《网络安全法》规定,单位违法的,对直接负责的主管人员和其他直接责任人员处罚款、拘留,一定期限内不得从事网络安全管理和网络运营关键岗位的工作。[3]

2021 年修订的《行政处罚法》第 9 条规定了 6 类行政处罚种类,较旧法新增了通报批评、降低资质等级、限制开展经营活动和限制从业等处罚形式。[4] 考虑税收本身就是无偿的、强制的法定义务,并且基于比例原则的要求,对单位有关人员违法责任的追究不得超过其必要性,因此笔者认为,在一般违法情形下,可以采取处罚力度较轻、对基本权利损害较小的通报批评或者警告形式,以达到警示、敦促相关责任人员及时修正违法行为、预防再犯的效果;对于逃税这种典型的贪利型违法行为,当违法情节严重或屡禁不止时,可以对相关责任人员处以罚款以提高违法成本,消解其违法动机。

除逃税外,还存在单位实施其他税收违法的情形,是否需要都采取"双罚制"? 应注意到,行政处罚的本质同样是对破坏法秩序、具有相当社会危害性的行为进行预防或制裁。就其可罚性的正当理由而言,双罚制应建立在法益侵害的严重性上,即对部分危害性较高的单位违法行为才有必要通过双罚制以补强威慑效果,否则单罚单位即可。[5] 因此,笔者认为,单位税收违法的双罚制规则

---

[1] 参见《证券法》第 180 条、第 182 条至第 185 条。

[2] 参见《药品管理法》第 122 条至第 123 条。

[3] 参见《网络安全法》第 63 条。

[4] 2021 年《行政处罚法》第 9 条规定:"行政处罚的种类:(一)警告、通报批评;(二)罚款、没收违法所得、没收非法财物;(三)暂扣许可证件、降低资质等级、吊销许可证件;(四)限制开展生产经营活动、责令停产停业、责令关闭、限制从业;(五)行政拘留;(六)法律、行政法规规定的其他行政处罚。"

[5] 参见谭冰霖:《单位行政违法双罚制的规范建构》,载《法学》2020 年第 8 期。

应区分不同情形进行局部适用,仅针对违法程度较高,可能构成犯罪,[1]并且在刑法罚则体系中亦对其单位犯罪适用双罚制的情形,[2]建立起与之相适应的单位违法双罚制规则,包括逃税、逃避追缴欠税、骗取出口退税和伪造、变造、非法印制发票等违法情形。

2. 明确“不申报”应受“欺骗、隐瞒”修饰限制

通过调整“不申报”和“进行虚假纳税申报”的语序,“不申报”的逃税行为必须置于“欺骗、隐瞒手段”修饰之下的结论便能水到渠成,逃税违法行为的主观故意要件也能再次强化。这一修改的主要目的:一是便于从积极行为判断纳税主体是否存在主观故意,摆脱仅凭“不申报”的消极行为样态无法判断主观故意的司法困境;二是能够与第99条规定的漏税行为相区分,否则,单纯的不申报行为究竟是纳税主体出于过失还是故意便容易互相混淆;三是在直接税改革背景下,此处修改的意义尤为重大,能够避免个人所得税的纳税人乃至未来房地产税的纳税人,仅因无知而未申报便被认定构成逃税违法行为,甚至以逃税罪被追诉的情形。例如,在2007年《个人所得税法》征管模式下,《个人所得税自行纳税申报办法(试行)》(国税发〔2006〕162号)第2条规定,范围以外的纳税人并不负有自行申报义务,其“不申报”行为并不违法。[3] 即便属于应自行申报的范围内,在我国当前税法规则日益复杂与税法知识普及率不可高估的现状下,对于纳税人基于不了解有关规定未进行申报并造成少缴或未缴税款结果的,若仅凭“不申报”的消极不作为即认定其具有主观故意,可能会过于严苛。

事实上,从《草案征求意见稿》第97条专门增加第4款对“欺骗、隐瞒手段”进行具体化解释的做法也可推导出,立法者也认可前述结论,否则“或者”前后两个并列规定的行为表现将呈现极度的两端不平衡。同时,进行顺序调整也不

---

〔1〕《草案征求意见稿》中规定,涉嫌犯罪应移送司法机关处理的,包括第97条(逃税)、第100条(逃避追缴欠税)、第101条(骗取出口退税)、第103条(抗税)、第107条(伪造、变造、非法印制发票)、第108条(虚开发票)。

〔2〕《刑法》中规定,单位犯危害税收征管罪采取双罚制的,包括第201条(逃税罪)、第203条(逃避追缴欠税罪)、第204条(骗取出口退税罪)、第207条(非法出售增值税专用发票罪)、第208条(非法购买增值税专用发票、购买伪造的增值税专用发票罪)、第209条(非法制造、出售非法制造的用于骗取出口退税、抵扣税款发票罪)。

〔3〕参见汤洁茵:《宗庆后涉税案件的评析与反思》,载熊伟主编:《税法解释与判例评注》第1卷,法律出版社2010年版。

会造成将分歧“转嫁”至“虚假纳税申报”的结果,理由有三:一是“虚假纳税申报”之前还有“进行”这一动词,体现出“虚假纳税申报”的行为样态必然是积极的作为,而非消极不作为;二是“进行”的表述同时意味着主语“纳税人”和行为短语“虚假纳税申报”之间联结一定的修饰语,即应完整地理解为“纳税人采取欺骗、隐瞒手段进行虚假纳税申报”,否则法条可以表述为“纳税人虚假纳税申报”,这样意思相同但用语更精简;三是“虚假”本身就是“欺骗、隐瞒”的同义复用,即便没有前置修饰,也应当然解释为需要采取一定的欺骗、隐瞒手段才能达致“虚假”。

3. 保留“经税务机关通知申报而拒不申报”

保留“经税务机关通知申报而拒不申报”这一行为模式的理由在于,考虑到我国税制的复杂性和税收规则的不稳定性,在实践中广泛存在纳税主体(尤其是自然人纳税人)因不了解最新税法规定,或是不熟悉个人所得税 App 的复杂操作规则,或是疏忽大意导致未能在法定期限内依法进行纳税申报等情形。在上述情形中,纳税主体并不具有逃避缴纳税款的主观故意,也没有积极的虚假纳税申报行为,若在税务机关通知其依法申报后立即进行申报的,就不会造成少缴、不缴应纳税款的危害结果,自然无须认定为逃税行为。在经税务机关通知申报后仍不申报的,反而印证了纳税主体逃避缴纳税款的主观故意,同时存在“拒不申报”的客观表现,也必然会造成不缴、少缴税款的结果。从该角度看,“经税务机关通知申报而拒不申报”同“采取欺骗、隐瞒手段不申报或者虚假纳税申报”是具有同等违法程度的纳税不遵从行为。此外,若不恢复该行为模式,对于没有采取欺骗、隐瞒手段但是故意拒不申报的行为便无从规制。

有学者指出,“经税务机关通知申报而拒不申报”系公然行为,其与逃税所具有欺诈性、隐蔽性的本质特征全然不符,应将情节严重者纳入抗税罪罪状范围。[1] 事实上,前述观点最早在 2007 年提出,彼时《刑法》第 201 条尚未修改,认定偷税罪的本质为欺诈、隐蔽和非公开性的观点是建立在对“偷”的理解上,从而推导出“经税务机关通知申报而拒不申报”这一公然、明目张胆的抗拒与偷税本质截然相反的结论。[2] 但在 2009 年《刑法修正案(七)》改“偷税”为“逃税”后,有学者肯定该罪名修改的理由反而是“偷”侧重采用秘密手段,而“逃”并

---

〔1〕 参见李晓明:《论对我国刑法“偷税罪”罪名的改造及规范》,载《政治与法律》2009 年第 3 期。

〔2〕 参见郑侠:《对刑法第 201 条偷税罪立法缺陷的思考》,载《政治与法律》2007 年第 1 期。

不强调手段的秘密性,可以是公开的违法。[1] 对此,笔者认为,具有隐蔽性的欺骗、隐瞒手段固然可以作为逃税行为的一种概括性表达方式,但逃税行为是否必然具备隐蔽性还值得探讨。

而且,"经通知申报"明确了税务机关的提示义务,这在税制日益复杂,尤其是个人所得税改革后的形势下尤其具有重要意义。从正向看,"经通知申报"可以起到告知具体纳税义务的作用,使原先可能确实"无知"的纳税人知悉其纳税义务,而"经税务机关通知申报而拒不申报"则可以起到证明或者至少推定纳税人存在主观故意的效果。此外,"经通知申报而拒不申报"还可作为区分与《草案征求意见稿》第99条过失未申报漏税行为的界限。从反向看,在纳税人并未采取欺骗、隐瞒手段而未申报时,赋予税务机关通知申报的义务,可以避免税务机关出现怠于履责的不作为状态,从而进一步避免放任纳税人未缴或者少缴税款的持续累计以及相应税收利息的增加并最终导致涉嫌犯罪。

4. 规范"编造虚假计税依据"情形

计税依据是将征税对象数量化后据以计算税额的基础,分为从价计征和从量计征两种。"编造虚假计税依据",是指编造、变造会计账簿、会计凭证,或者虚构数据、资料用以编制虚假财务报告、虚亏报告等。[2] 由此可见,《税收征收管理法》第64条第1款规定的编造虚假计税依据,与第63条规定的偷税行为,两者在客观的手段方式上存在交叉关系,并且在《草案征求意见稿》第97条第3款第2项将其明确列举为典型逃税手段后,与该意见稿第98条之间的法条竞合关系更明显。但两者并非完全重合,其关键区别在于是否造成了不缴或者少缴税款的后果。可以借助犯罪相关理论将二者分别理解为"结果犯"与"行为犯",前者对应逃税违法行为,必须具备未足额缴纳税款的结果要件,由《草案征求意见稿》第97条进行规制;后者对应编造虚假计税依据,一旦实施该行为,即影响了申报的真实性,并可能造成以后纳税期的不缴或少缴税款。例如,纳税主体通过编造虚假计税依据增加进项税额,但在当年或相关年度未予以抵扣,或者纳税主体在适用企业所得税免税优惠政策年度编造虚假计税依据的,鉴于该等情形未在当期造成实际损害结果,此时应按第98条规定由税务机关责令改正并处罚

---

[1] 参见钱俊文:《偷税、逃税的概念辨析及相关制度完善》,载《税务研究》2016年第9期。

[2] 参见国家税务总局征收管理司编:《新税收征收管理法及其实施细则释义》,中国税务出版社2003年版,第156~160页。

款。有学者认为,前述构成法条竞合的两个法条实际上是普通法条(第98条)和特别法条(第97条)的关系,在界定违法行为性质时应遵循"特别法优于普通法"的规则。[1] 本文认为,为避免第98条条文因表述不完整而可能导致的与第97条之间的法条竞合,进而引发司法实践中的法律适用困惑,可以在第98条"纳税人、扣缴义务人编造虚假计税依据的"之后增加"但未造成不缴或者少缴税款"的表述,从而与第97条逃税行为得以区别开来。

此外,"虚列支出""转移、隐匿收入"是典型的逃税手段,其既可以通过编造虚假计税依据的方式实现,还可以采取其他方式或者直接进行转移、隐匿。这意味着第97条第3款第2项所列的3种情形均可独立作为欺骗、隐瞒的手段形式。因此,为避免出现必须要以"编造虚假计税依据"修饰后两种手段的错误理解,本文认为应将其间逗号改为顿号,以明确各手段之间的并列关系为宜。

5.明确行政追缴和处罚原则上为刑事追责的前置程序

《草案征求意见稿》第97条明确规定,纳税主体逃税的行政责任为"由税务机关追缴税款并处罚款",若违法程度升格,涉嫌犯罪的应移送司法机关依法处理,追究刑事责任。那么案件的移送程序便成为连接税务执法与司法活动之间的重要桥梁,也是逃税行为"由行入刑"的关键节点。

刑法学者普遍认为,《刑法》第201条第4款确立了逃税案件的行政前置程序,[2]任何逃税案件,首先必须经过税务机关的处理,[3]即在前置性手段用尽之前,刑法不可介入。[4] 但从案例统计与观点分析来看,由于立法的不明晰,司法实践对于逃税案件应于何时进行案件移送,即在行政追缴和处罚是否为刑事追责前置程序的问题上存在重大分歧,难以调和。[5] 对此,最高人民法院于2021年5月19日发布第三批人民法院充分发挥审判职能作用保护产权和企业

---

[1] 参见陈子龙:《〈税收征管法〉法条竞合之思考》,载《税收经济研究》2016年第6期。

[2] 参见马存伟、苏静:《〈刑法修正案(七)〉视域下:偷税罪的嬗变》,载《学术探索》2009年第6期;熊亚文:《逃税罪初犯免责:价值、困境与出路》,载《税务与经济》2019年第2期;陈新玲、周时雨:《逃税罪刑事责任免除条款司法适用研究》,载《中国检察官》2014年第5期。

[3] 参见张明楷:《逃税罪的处罚阻却事由》,载《法律适用》2011年第8期。

[4] 参见万国海:《逃税罪"不予追究刑事责任"条款的理解与适用》,载《政治与法律》2019年第12期。

[5] 相关案例统计情况及法院观点整理,参见陈晓虹:《论偷、逃税行政违法与刑事犯罪的立法协调》,厦门大学2021年硕士学位论文,第62~65页。

家合法权益典型案例,其中第2个典型案例为“湖北某某环境工程有限公司、李某明逃税案”对此已有交代。[1] 湖北省高级人民法院在再审刑事判决书中指出,修订后的《刑法》新增了第201条第4款规定,作出这一修订的目的:一方面,是为保护税收征收管理秩序,有利于税务机关追缴税款;另一方面,也给予纳税义务人纠正纳税行为的机会,对于维护企业正常经营发展具有重要作用。根据《税收征收管理法》的相关规定,税务部门在发现被告公司可能有逃税行为后,应当先由税务稽查部门进行税务检查,根据检查结论对纳税人进行纳税追缴或行政处罚,对涉嫌刑事犯罪的纳税人移送公安机关立案侦查。该案未经税务机关依法下达追缴通知即直接移送公安机关立案侦查并追究被告公司和被告人的刑事责任,剥夺了纳税义务人纠正纳税行为的权利,没有经过行政处置程序而由侦查机关直接介入,不符合《刑法》修订后的立法精神。该典型案例的发布给长期存在争议的司法实践指明了法律适用的方向,同时得益于司法系统于2020年7月开始实施的“类案检索”制度,[2]可以预计未来司法审判将普遍认可“行政追缴、处罚应为逃税刑事追诉的前置程序”。

因此,笔者建议,在《草案征求意见稿》第97条增加第5款,明确纳税人、扣缴义务人逃税,涉嫌犯罪需移送司法机关处理之前,税务机关应当依法先作出行政追缴及处罚的决定。从域外实践来看,阿根廷第24.769号法令对涉嫌犯罪的税收行政违法行为设置了“税收预判”程序,即为了提起刑事诉讼,税务主管部门必须先启动税收债务的确定程序,或对社会保障债务书面记录的上诉案作出行政决定;并且规定了禁止采取刑事行动的规则,即便逃税金额已超过刑法规定应予以刑罚的标准,税务机关仍有选择不提起刑事诉讼的权利,但必须证明相关行为不具有可罚性。[3]

然而,鉴于实践中案情的复杂性,逃税刑事程序的启动并非完全由税务机关稽查后移送,也可能是公安机关在侦办其他案件过程中发现逃税行为,或者被告人以其他罪名被起诉但最终被判处构成逃税罪等。对于因其他案件或罪名的关

---

〔1〕 参见“湖北某某环境工程有限公司、李某明逃税案”,最高人民法院〔2019〕最高法刑申231号再审决定书;湖北省高级人民法院〔2019〕鄂刑再5号刑事判决书。

〔2〕 参见最高人民法院《关于统一法律适用加强类案检索的指导意见(试行)》。

〔3〕 See Diaz V. O., *Punishment under Criminal Tax Law in Argentina*, 47 Journal of Antimicrobial Chemotherapy 129(2005).

联关系导致未经税务机关稽查并处罚即进入司法程序的逃税案件,表明其并非单纯的逃税违法,可能还伴随其他刑事犯罪行为,其严重的社会危害性可以阻却免责条款的适用。因此,在已经刑事立案的情况下,笔者认为,此类行为人不应再享有接受行政处罚而避免被追究刑事责任的宽宥并无不当。[1] 此外,在实践中还存在逃税情节特别严重,行为人逃匿或者已经失去联系等如果公安机关不及时介入可能会导致危害后果继续扩大或不可逆转等具有刑事追诉紧迫性的情形。在此类情形下,税务机关应说明理由并及时将案件移送至公安机关,法院在审理过程中也应当对案情进行整体把握,对于确实属于逃税情节非常严重或行为人实施明显逃匿行为等情形,行为人主张适用《刑法》第201条第4款的,应不予支持,但可以视其归案后补缴税款的情况予以一定程度的刑罚减轻,而该等情况也正好符合逃税罪的行政犯本质属性,即作为前置法的行政法在穷尽其保护功能仍无法恢复行政秩序的,刑法不得不予以介入;相反,若税务机关无正当理由未进行行政追缴、作出行政处罚即将案件移送至公安机关进行刑事立案,由此导致行为人无法满足"已受行政处罚"条件的,不应直接推导出行为人"不接受行政处罚"而不得适用《刑法》第201条第4款规定。换言之,"税务机关的不作为,不能成为追究逃税人刑事责任的根据"。[2]

综上,本文建议,原则上应将税务机关的行政追缴及罚款作为将涉嫌犯罪的案件移送司法机关处理的前置性程序,但在特殊情况下,法院对是否符合《刑法》第201条第4款的判断及其适用拥有一定的自由裁量权。一方面,是为了明确逃税违法与犯罪处理中的"行政优先"原则,对于通过行政追缴与行政处罚就能维持税收征管秩序的违法行为,基于行政犯的基本理论以及刑法的谦抑精神,可以不必移送司法机关。而对于确实符合犯罪构成要件的严重违法行为,也应当由行政机关先行追缴并处罚,以便衔接《刑法》上的逃税罪初犯免责条件,确保任何纳税主体都享有适用"初犯免责"条款的平等机会,发挥刑法保障基本人权的功能,实现实质性的罪刑法定主义。另一方面,出于控制犯罪等实践需求的考量,有必要赋予法院一定的自由裁量权以平衡纳税人权益保障与国家税收征管秩序之间的关系。

---

[1] 参见万国海:《逃税罪"不予追究刑事责任"条款的理解与适用》,载《政治与法律》2019年第12期。

[2] 参见张明楷:《逃税罪的处罚阻却事由》,载《法律适用》2011年第8期。

如前所述,逃税案件“由行入刑”的有效衔接是行政处罚与刑事追诉程序协调的关键节点,联结前后两个法域的实体与程序,除在税法领域作出改进外,在刑法领域以及与两法衔接紧密相关的行政、刑事程序性规定上也应同步完善,以实现两法协调的一脉相承。

6. 前置性的行政追缴应包含税款、税收利息以及滞纳金

《草案征求意见稿》的另一重大修订为滞纳金规则,其将现行《税收征收管理法》中的“滞纳金”拆解为“税收利息”与“税收滞纳金”,[1]并分别构建对应的计收和减免规则。“税收利息”主要负责迟延给付的损害赔偿功能,其实质为是纳税人不当占有国家税款而应缴付的时间孳息;“税收滞纳金”主要负责略带惩罚性的督促功能,目的在于以经济上的不利益督促纳税人尽快履行税费缴纳义务。[2] 因此,在前文明确逃税罪的刑事追责应以行政追缴及罚款为其前置程序之后,需要进一步考虑“行政追缴”的对象除应纳税款外还是否应当包含“税收利息”或“税收滞纳金”,而与此具有紧密关联的则是逃税罪“初犯免责”条款的适用条件。

本文认为,基于逃税罪的行政犯本质属性,为尽可能地通过行政责任方式恢复税收征管秩序,避免刑罚手段的不必要介入,并实现与《刑法》第201条第4款的协调适用,行政追缴的对象应当包括应纳税款、税收利息以及税收滞纳金。

首先,偷、逃税行为最直接的危害结果是由纳税主体不及时、不充分履行法定纳税义务所造成的国家税款流失,毋庸置疑,要求纳税主体补缴其应纳税款系税务机关的基本权力与职责。而根据刑法的基本理论,纳税主体也只有在补足应纳税款,即消除危害结果时才有可能获得初犯“免责”的适用机会。

其次,“税收利息作为一种附着在应纳税款上的附带之债,与应纳税款有着同质性,税收利息完全附着于应纳税款,是应纳税款的法定孳息,只因当事人缴

[1] 《草案征求意见稿》第59条规定:“纳税人未按照规定期限缴纳税款的,扣缴义务人未按照规定期限解缴税款的,按日加计税收利息。税收利息的利率由国务院结合人民币贷款基准利率和市场借贷利率的合理水平综合确定。纳税人补缴税款时,应当连同税收利息一并缴纳。”第67条规定:“纳税人逾期不履行税务机关依法作出征收税款决定的,自期限届满之日起,按照税款的千分之五按日加收滞纳金。”

[2] 参见李刚:《税收滞纳金的功能与性质的界定方法:利罚参照比较法——从海峡两岸比较的角度》,载《税务研究》2018年第5期;叶姗:《论滞纳税款加收款项之附带给付属性》,载《法学》2014年第10期。

纳税款的时间截止而产生，不因其他事实条件而产生，所以在这个意义上说，税收利息是应纳税款的自然延伸，两者应视为一体"。[1] 据此，行政追缴的对象及逃税罪初犯"免责"的适用条件还应当包含缴足税收利息。

最后，关于缴纳税收滞纳金是否也应作为逃税罪初犯"免责"的条件之一，有学者认为，加收税收滞纳金的功能仅在于以经济上的不利益督促纳税人履行缴纳税款的本义务，而不在于税收滞纳金的足额缴纳，同时鉴于《草案征求意见稿》和行政强制法均对纳税人采取积极补救措施给予减免税收滞纳金的宽宥待遇，[2] 刑法作为事后法不应更加严苛，因此，不必要将税收滞纳金的缴纳作为刑事免责的条件。[3] 不可否认的是，逃税罪"初犯免责"条款出台的初衷及其正当性基础主要是刑法的谦抑性原则与宽严相济的刑事政策，但同时应认识到，刑法并非总是无条件地谦抑，宽严"相济"的前提是宽严"并重"。从税法角度看，与税收利息自法定纳税期满之日起自动加计的规则不同，加收税收滞纳金的条件为税务机关依法作出征收税款决定，且纳税人逾期不履行该等征收税款决定。该规定实质上暗含着纳税人已经发生两次"纳税不遵从"行为：一是纳税人未依法足额缴纳税款，因而税务机关对其作出征收税款决定；二是在税务机关限定的期限内，纳税人仍不履行纳税义务。由此可见，与税收滞纳金略带惩罚性的功能相对应，其适用对象系经税务机关责令限期纳税后仍不遵照履行的纳税人，相较在限定期限内履行完毕义务的纳税人而言，其主观故意程度更深，客观上对税收征管秩序造成的影响也更大，其理应积极承担并足额缴纳税收滞纳金。从刑法角度看，有机会适用《刑法》第 201 条第 4 款的并非真正意义上的"初犯"，也可能是 5 年内因逃避缴纳税款被税务机关给予二次行政处罚后第三次实施逃税的行为人，甚至在此之前还有可能适用了《行政处罚法》中的"首违免罚"。《刑法》第 201 条第 4 款的适用意味着在刑事追责之前已经给过相关违法主体两次甚至三次"改过自新"的机会，然而其仍再三地实施违法行为，此时刑法在判断是否

---

[1] 赵群、胡邵峰：《关于逃税罪初犯免责的法律思考——基于税收执法的视角》，载熊伟主编：《财税改革的法律逻辑》，湖北人民出版社 2015 年版，第 257 ~ 271 页。

[2] 《草案征求意见稿》第 104 条第 2 款规定："纳税人采取补救措施的，可以减免加处的罚款或者滞纳金。"《行政强制法》第 42 条第 1 款规定："当事人采取补救措施的，可以减免加处的罚款或者滞纳金。"

[3] 参见赵群、胡邵峰：《关于逃税罪初犯免责的法律思考——基于税收执法的视角》，载熊伟主编：《财税改革的法律逻辑》，湖北人民出版社 2015 年版，第 257 ~ 271 页。

能够对其“免责”时不应一味地谦抑或宽恕,而应严格要求纳税人履行足额缴纳税收滞纳金的义务,否则将会严重消解刑法的威慑和犯罪预防功能。因此,税收滞纳金的足额缴纳理应作为逃税罪刑事免责的条件之一。

综上,本文建议,在《草案征求意见稿》第 97 条第 1 款和第 2 款“追缴税款”之后增加“税收利息以及滞纳金”,同时明确第 5 款中的行政追缴应当包含税款、税收利息和滞纳金,以实现与《刑法》第 201 条第 4 款的衔接与协调。

(三)草案第 97 条需要进一步解释的概念

在相关行政法律出台后,国务院通常会根据实际需要,行使职权立法权,就行政法律中需要进一步解释,或者细化执法要求的内容制定对应的实施条例。待《草案征求意见稿》审议通过后,新《税收征收管理法实施条例》也必然会随之更新。[1]

在本文提出的修改建议下,第 97 条逃税条款还存在一些概念需要通过实施条例予以细化:

1. 单位逃税“双罚制”规则下各概念的厘定

(1)直接负责的主管人员和其他直接责任人员的范围

单位违法双罚制的施行并不意味着可以恣意扩大被处罚单位成员的对象范围,否则会使单位成员时刻处于被法律制裁的恐惧中,阻碍企业的经营管理活动,影响社会经济的健康发展。[2] 通过考察我国现有单位违法双罚制的立法例可见,其大多采用与刑法条文相同的表述,即“直接负责的主管人员与其他直接责任人员”。在判断某单位成员是否属于应受处罚的对象范围时,应该首要考

[1] 现行与《税收征收管理法》配套实施的行政法规以“细则”形式予以呈现,《草案征求意见稿》第 138 条则改“细则”为“条例”。目前,国务院制定行政法规的立法实践中同时存在“实施细则”与“实施条例”两种形式,且都有解释法律的效果,区别在于法律实施细则通过对该法律的大部分条款进行具体化和细则化的方式解释,通过逐条解释使法律的规定具有可操作性。实施条例主要是对法律如何实施规定实施的体制与机制,明确实施过程中的法律责任等,并不以全面解释法律条文为目标。《草案征求意见稿》对此作出的修改也可能预示未来出台的配套文件将不仅限于对《税收征收管理法》条款进行细化解释,目的还在于对该法如何实施的体制与机制进行明确,保障法律执行,进一步践行税收法定原则。参见朱福惠、刘心宇:《论行政解释形式的制度逻辑与实践图景》,载《四川师范大学学报(社会科学版)》2018 年第 6 期。

[2] 参见喻少如:《论单位违法责任的处罚模式及其〈行政处罚法〉的完善》,载《南京社会科学》2017 年第 4 期。

察其是否对单位违法行为负有直接责任,而不能仅凭其系单位的法定代表人或主要负责人而笼统地将其纳入双罚范围。通过查阅逃税罪案例可以发现,目前司法实践中,单位犯罪时一并被判罚的绝大多数是单位的法定代表人。若对此不加注意,日后单位逃税违法的双罚制也同样会出现出于效率目的而随意处罚法定代表人或单位负责人的情形。因此,单位实施逃税违法的,对作为其处罚对象的"直接负责的主管人员与其他直接责任人员",应作目的性限缩解释:前者限于组织、策划、容允、默许单位逃税的主管人员,通常为具有决策、指挥和监督职能并分管财务工作的单位(部门)领导;后者限于执行具体逃税操作的相关职能部门的工作人员,通常为单位的财务、会计、税务人员等。

(2)给予通报批评或警告的主体和形式

通报批评或者警告是行政处罚中的"名誉罚",或称为"精神罚",主要是通过减损当事人的名誉或荣誉以实现警告、谴责或训诫的惩罚作用。[1] 对单位逃税中的相关人员给予通报批评或者警告处罚,可由专司逃税的稽查局具体实施,应采用书面形式,即制定《税务行政处罚决定书》,载明违法事实、法律依据以及相关救济途径与期限;并且,还应通过各类公开途径诸如报刊、公告、新闻广播、纳税服务大厅信息屏等对通报批评或者警告处罚的内容予以公示,意在将其纳入社会评价范围,以警示、谴责当事人的税法不遵从行为。[2]

(3)情节严重的认定

对于采取通报批评和警告仍不能罚当其责的严重违法行为,还可以采取处以罚款的处罚方式,但为避免打击面过宽,造成对单位及其成员的双重处罚,应遵循必要性原则,严格限定条件并谨慎适用。追究单位逃税责任,拟对其相关成员处以罚款处罚的,可以从其负有直接责任的单位逃税的金额、比例、次数、单位数量以及一定期限内因税务违法受过行政处罚或因税收犯罪受过刑事处罚等判定是否属于情节严重。

2. "经税务机关通知申报而拒不申报"的认定

"经税务机关通知申报而拒不申报"的逃税行为模式最早由 1997 年《刑法》规定,2001 年修订《税收征收管理法》时随之新增。对于何种情形可以认定为"经税务机关通知申报"的问题,法释〔2002〕33 号文第 2 条第 2 款规定,纳税人

---

〔1〕 参见黄海华:《行政处罚的重新定义与分类配置》,载《华东政法大学学报》2020 年第 4 期。

〔2〕 参见程雨燕:《析环境行政处罚中的警告罚》,载《广东社会科学》2009 年第 4 期。

或扣缴义务人已办理税务登记或扣缴税款登记的即可认定为"经税务机关通知申报",而依法无须办理登记和尚未办理登记的则以税务机关的书面通知为准。税法上对此没有特别规定,但在2001年《税收征收管理法》与2002年《税收征收管理法实施细则》依次颁布实施后,国家税务总局征收管理司曾出版《新税收征收管理法及其实施细则释义》一书,其对《税收征收管理法》第63条"经税务机关通知申报而拒不申报"的解释为:应依法办理纳税申报的纳税人,不按规定办理,经税务机关通知后,仍拒不申报的行为。[1] 虽然该书只是释义性论著,但从其编者的身份来看,在一定程度上体现了税务主管部门的观点。由此大体可推导出,刑法与税收行政法规领域对"经税务机关通知申报"的理解存在偏差。

在我国税制规则日益复杂多变,专业化与信息化程度愈来愈高的趋势下,专业的税务工作人员尚且有时会对税收法规理解存疑,更何况是普通的纳税主体,尤其是个人纳税人难免出现因不知法、不懂法而未申报纳税的情形。本文更倾向国家税务总局的观点,并主张将具体解释内容上升至行政法规,即在未来制定《税收征收管理法实施条例》时明确指出"经税务机关通知申报而拒不申报"是指依法应当进行纳税申报的,经税务机关以书面的形式通知其申报,在规定期限内仍拒不履行的情形;符合一定条件的情形下也可以通过指定纳税App推送申报通知,并以收到纳税主体"已知悉"的电子手写签或电子章的回执为准认定已有效通知。

四、刑法对税法的适时回应

(一)对《刑法》第201条的修改建议及理由

根据"刑法协调于税法"的立法理念要求,如果《税收征收管理法》实现了如上建议的修改,重构了逃税违法行为的实体认定规则之后,刑法领域也应适时回应税法的规定,在理论上充分重视逃税罪作为行政犯的本质属性,以其行政从属性为核心要点作出相应的修改。但这并不意味着刑法要全盘唯税法是瞻,偏废刑法的独立性与补充救济功能,而应重申其定罪机制为税法定性与刑法定量的

---

[1] 参见国家税务总局征收管理司编:《新税收征收管理法及其实施细则释义》,中国税务出版社2003年版,第152~156页。

统一,才能最终实现逃税行政违法与刑事犯罪立法协调的应然逻辑。

如表 2 所示,对《刑法》第 201 条逃税罪的主要修改建议及理由如下:

表 2　逃税罪条款修改的具体表述对照

《刑法》第 201 条 (删除线部分为删去内容)	本文建议修改后的条文表述 (黑体字部分为修改内容)
第二百零一条　纳税人采取欺骗、隐瞒手段进行虚假纳税申报或~~者不申~~报,逃避缴纳税款数额较大并且占应纳税额百分之十以上的,处三年以下有期徒刑或者拘役,并处罚金;数额巨大并且占应纳税额百分之三十以上的,处三年以上七年以下有期徒刑,并处罚金。 扣缴义务人采取前款所列手段,不缴或者少缴已扣、已收税款,数额较大的~~,依照前款的规定处罚~~。 对多次实施前两款行为,未经处理的,按照累计数额计算。 有第一款行为,经税务机关依法下达追缴通知后,补缴应纳税款,缴纳滞纳金,已受行政处罚的,不~~予追究刑事责~~任;但是,五年内因逃避缴纳税款受过刑事处罚或者被税务机关给予二次以上行政处罚的除外	第二百零一条　纳税人采取欺骗、隐瞒手段**不申报或者进行虚假纳税申报,或者经税务机关通知申报而拒不申报**,逃避缴纳税款数额较大并且占应纳税额百分之十以上的,处三年以下有期徒刑或者拘役,并处罚金;数额巨大并且占应纳税额百分之三十以上的,处三年以上七年以下有期徒刑,并处罚金。 扣缴义务人采取前款所列手段,不缴或者少缴已扣、已收税款,数额较大的,**处三年以下有期徒刑或者拘役,并处罚金;数额巨大的,处三年以上七年以下有期徒刑,并处罚金**。 对多次实施前两款行为,未经处理的,按照累计数额计算。 **纳税人和扣缴义务人**有**本条**第一款**或者第二款**行为,经税务机关依法下达追缴通知后,补缴应纳税款,缴纳**税收利息和**滞纳金,已受行政处罚的,不**以犯罪论处**;但是,五年内因逃避缴纳税款受过刑事处罚或者被税务机关给予二次以上行政处罚的除外

首先,与《草案征求意见稿》第 97 条的修改保持一致。在逃税罪的客观要件上,将"不申报"和"进行虚假纳税申报"在表述顺序上进行前后更换,即将第 1 款首句改为"采取欺骗、隐瞒手段不申报或者虚假纳税申报",并且将"经税务机关通知申报而拒不申报"作为独立的逃税罪罪状之一,与前一罪状模式并列,即在第 1 款第 1 分句后增加"或者经税务机关通知申报而拒不申报"。该等修改体现了逃税罪作为行政犯,其所具有的双重违法性与行政从属性的本质属性要求。一方面,刑法规范在构成要件以及行为的违法性认定上应与其前置性税法规范保持一致;另一方面,逃税罪犯罪圈的划定应小于或等于逃税行为违法圈的范围,以此实现刑法的立法谦抑与最后手段性。

其次,参照本条第1款,将第2款关于扣缴义务人犯逃税罪的罚则规定补足为两个量刑档次,即将"数额较大的,依照前款的规定处罚"修改为"数额较大的,处三年以下有期徒刑或者拘役,并处罚金;数额巨大的,处三年以上七年以下有期徒刑,并处罚金"。一方面,可以解决原法条仅表述为"数额较大的,依照前款的规定处罚",而前款规定存在两档不同的刑罚规定的适用难题;另一方面,根据逃税数额的大小分别适用不同的量刑档次,可以切实实现罪责刑相适应的刑法原则,避免造成对逃税数额差距较大的不同扣缴义务人量刑相同的不平等现象。

再次,将第4款的适用对象明确为纳税人和扣缴义务人,将"有第一款行为",修改为"纳税人和扣缴义务人有本条第一款或者第二款行为"。该等修改是基于该条款最初的立法目的考虑,为了实现维护税收征管秩序,保证国家税收收入,因而从宽严相济的刑事政策视角出发,允许扣缴义务人一并适用逃税罪初犯免责条件,才能更好地实现这一立法目的。从立法史的角度看,该款实际上发端于法释〔2002〕33号文第1条第3款和第4款规定,并在此基础上略作整合与修改后采用,可见,其立法之初便是同时适用于纳税人和扣缴义务人的。另从逃税罪作为行政犯的本质观之,既然在逃税违法责任的承担上二者是一致的,那么在刑法领域也应当将扣缴义务人作为该款的适用对象。

最后,在第4款"滞纳金"之前增加"和税收利息",以及将适用结果"不予追究刑事责任"替换为"不以犯罪论处"。将适用结果"不予追究刑事责任"更替为"不以犯罪论处",主要是为了避免司法实践中片面地理解该规定为"定罪但不处刑",[1]明确指出但凡符合该条款规定的,即不能认定构成逃税罪。即便未被处以实质性的刑罚,逃税罪的"有罪宣告"也会造成刑法对纳税人或扣缴义务人合法权益的不当介入,这不仅会影响未来纳税主体对《刑法》第201条第4款"初犯免责"条款的主张适用,还可能给纳税主体带来职业准入限制等方面的不利影响。

(二)对《刑法》第201条新司法解释的初步展望

《刑法》第201条逃税罪自2009年《刑法修正案(七)》修订后施行,至今已有13年之久,与之相配套的司法解释却仍是偷税罪时代所制定的法释〔2002〕33

---

〔1〕 例如,"武威市浙江村实业有限责任公司、钱某某逃税罪案",甘肃省武威地区中级人民法院〔2015〕武中刑终115号刑事裁定书。

号文,至今全文未被修订且为司法实践广泛适用,几近20载。且无论《刑法修正案(七)》对逃税罪作出重大革新后,相关司法解释未随即修改就已经与之相脱节,在逃税罪刑法条文历经多年司法实践反复检验,暴露出一些概念疑义与解释争议后,及时根据现实需要更新法释〔2002〕33号文中的相关条文已迫在眉睫。《刑法》第201条本身已是立法者经过多年的“破”与“立”,不断根据社会发展与现实变化的需要进行的立法完善,本文对司法解释所提的修改建议也主要是依据《草案征求意见稿》第97条对实体认定规则,即相关构成要件的革新所进行的“小修小补”,但对其理解与适用的问题还有赖于逃税罪时代新司法解释的整体回应与完善。

1. 厘定客观要件中的若干概念

在刑法条文根据税法规范对逃税罪的定义及罪状进行更新后,同样需要对其中若干情形的认定规则予以释明,否则司法实践中的适用困难将不减反增。

(1)释明“欺骗、隐瞒手段”的内涵与外延

按照本文的理解,逃税行为中无论是采用不申报还是虚假纳税申报的方式,都离不开“欺骗、隐瞒手段”的修饰限制,那么何种情形能被认定为“欺骗、隐瞒手段”便成为客观要件认定的关键所在。《草案征求意见稿》第97条单列第3款列举出逃税的几种典型手段并辅以兜底性条款便是基于同样考虑,既给司法实践明确的指引,又保留相当的立法空间。未来制定逃税罪新司法解释时不妨借鉴税法领域的做法,释明“欺骗、隐瞒手段”的具体认定规则。

(2)列举不构成逃税罪的典型“不申报”情形

在《刑法》第201条完成前文所述的将第1款中“虚假纳税申报”与“不申报”的语序调换后,单纯不进行纳税申报的行为便不再作为逃税罪的独立罪状之一。为指导法律适用,并避免逃税罪审判在司法惯性作用下因循守旧,可以在司法解释中列举不构成逃税罪的典型“不申报”情形,这同时是刑事司法谦抑性的内在要求。

(3)明确“经税务机关通知申报而拒不申报”的认定规则

法释〔2002〕33号文曾对应认定为“经税务机关通知申报”的几种情形作出列举,但其固有的不合理之处已广受诟病。根据前文对逃税主观故意中的违法性认识,结合对该行为模式的具体分析,笔者主张在税法领域明确税务机关对纳税主体依法进行纳税申报的提示义务,并以书面通知等法定形式认定“经税务机关通知”这一事实要件,故在刑法领域也应采取相同的认定规则,并以此补强

行为人的违法性认识。纳税人收到书面通知后在规定期限内仍拒不申报的,可作为证明其具备逃税主观故意的有效证据之一。

2. 确立"数额+比例"入罪标准的调整机制与计算方法

根据前文对逃税罪行政犯定罪机制的有关论述,刑法规范在犯罪构成的"定性"上从属于其前置性税法规范,但在法益侵害程度的"定量"上能够发挥一定的独立性功能,即采用"数额+比例"这一入罪标准和"初犯免责"这一出罪条款共同划定逃税违法圈与犯罪圈的界限,实现"罪与非罪"的判断。鉴于此,在税收计算专业性强且规则复杂的现实情形下,为确保不具备财会专业背景的司法人员也能正确适用法律、审理案件,应在新的司法解释中尽量明确逃税数额、比例的认定规则与计算方法。

(1)建立科学的数额标准调整机制

出于适应社会经济高速发展的考虑,《刑法修正案(七)》一改逃税罪罪刑标准中的明确数额为数额"情节",预留司法机关根据现实情况进行调整的空间,该变化符合我国财产犯罪规定的惯常做法,属于立法技术的进步。但自该规定实施以来,仅最高人民检察院、公安部于2010年5月7日发布的《关于公安机关管辖的刑事案件立案追诉标准的规定(二)》(公通字〔2010〕23号,以下简称《立案追诉标准(二)》)规定了逃税5万元以上的应立案侦查,随后10余年再无其他规定或与时俱进的调整。由此导致实践中的问题在于,司法审判中普遍将5万元作为"数额较大"的标准,而对于"数额巨大",各地法院适用的罪刑标准不一,可跨越十万元至千万元的差距,即便相同地区范围内的不同法院采用的标准也不尽相同。[1] 直至2022年4月6日,最高人民检察院、公安部再次联合发布修订后的《立案追诉标准(二)》,对78种经济犯罪案件的立案追诉标准进行修改。其中,逃税罪的追诉数额标准从5万元调整至10万元。根据有关部门负责人答记者问,对逃税罪追诉数额进行修改,主要是综合考虑我国经济社会发展状况以及相类似罪名立案追诉标准的协调一致等因素,同时,适当增加行政处罚独立适用的空间以提高行政违法和刑事犯罪的区分度,更好实现行政执法与刑事

〔1〕 相关案例统计情况,参见陈晓虹:《论偷、逃税行政违法与刑事犯罪的立法协调》,厦门大学2021年硕士学位论文,第51~54页。

司法双向有效衔接。[1] 可以预计的是,未来法院在审理逃税罪案例时,大概率会参照此标准作为“数额较大”的入罪标准,但《立案追诉标准(二)》并不能直接被法院援引作为司法审判的罪刑标准,也并未解决“数额巨大”的适用困境。

笔者认为,基于刑法平等原则的要求,以及灵活适应社会经济发展的立法目的与实践需要,新司法解释可以建立关于逃税罪数额标准的定期调整机制,由最高人民法院、最高人民检察院联合财政部、国家税务总局根据经济发展状况和逃税犯罪情况,定期研究、调整标准,明确具体的程序规范,以及如何与刑事立案追诉标准相衔接,应主要参考社会经济发展中的哪些因素、数据,对于跨年度的逃税行为历经不同数额标准的应如何适用,是否区分个人纳税人和单位纳税人制定不同的标准等,以期构建科学、合理且与时俱进的逃税罪罪刑标准。

(2)明确逃税比例的具体计算方法

比例标准是税收公平原则延伸至涉税刑法领域的必然要求。在我国多税种、多次征的复杂税制下,区分不同类型的纳税主体、同一税种的不同税目、不同的申报纳税方式、有无扣缴义务人等,其应纳税款的计税期间、纳税期限、计征规则和所适用的税率等均存在诸多差异。如果司法实践不根据税法规定明确具体的计算规则,那么司法人员对逃税比例的审查工作将会受阻,而径直采纳税务机关提供的数据,彰显刑法独立性的“定量”功能又将在实践中消弭。因此,逃税罪的新司法解释至少应当释明何为“逃避缴纳的税款”“应纳税额”,面对不同的计征方式、计税期间和纳税期限时应如何认定,采信税务机关计算数据的证明标准为何,以及当某一行为主体同时基于不同的纳税主体身份类型,实施的多个逃税行为并分别适用上述不同计税规则时,又应如何准确认定其逃税比例,等等。

(3)明确“多次实施逃税未经处理”的累计计算规则

《刑法》第201条第3款规定了多次实施逃税未经处理的,其逃税数额应累计计算。对于该款的适用,新司法解释应阐明的问题在于:一是如何理解“多次实施”;二是如何理解“未经处理”,是未被发现、税务机关未予以行政处罚的部

---

[1] 参见《依法惩治经济犯罪　服务保障经济社会高质量发展——最高人民检察院、公安部有关部门负责人就修订后〈最高人民检察院、公安部关于公安机关管辖的刑事案件立案追诉标准的规定(二)〉答记者问》,载最高人民检察院网上发布厅2022年4月29日,https://www.spp.gov.cn/xwfbh/wsfbt/202204/t20220429_555906.shtml#3。

分,还是指未经刑事追诉的逃税数额,抑或是仅指未被认定构成逃税罪的部分,法释〔2002〕33号文的相关规定是否如学者所称存在矛盾之处,[1]如果是,应如何解决;三是如何进行"数额累计计算",其同样面临前述比例计算中的诸多难题,以及当数额累计后,用以计算逃税比例的基数应当如何随之确定,等等。

3. 释明"初犯免责"出罪条款中的相关概念及适用规则

与"数额+比例"的入罪标准结合,协同划定逃税罪犯罪圈的是"初犯免责"的出罪条款,两者共同把握逃税罪的"入关口"与"出闸口",不仅体现出刑法的独立"定量"功能,也是行政犯视野下刑法谦抑精神与宽严相济的刑事政策的必然要求。同时,逃税罪首开先河地对附条件地补缴税款、滞纳金并接受行政处罚的行为免除刑事责任的做法,创建了颠覆刑法既有理论的"二元化犯罪模式",[2]若能切实实现其"激励、效能和谦抑"的立法目的,那么将为其他行政犯构建良性的行刑交叉与互动机制提供可供借鉴的宝贵经验。因此,通过司法解释释明该条款的概念及适用规则,不仅能完善逃税罪本身的司法实践,对我国的刑罚及行政罚则体系同样大有裨益。

(1)明确行政追缴与处罚是刑事追诉的前置程序

实证分析的结果显示,[3]关于《刑法》第201条第4款的适用,理论界与实务界纷争的"火力"主要集中于逃税罪的刑事追诉是否以相关行政行为为其前置程序的问题上。最高人民法院发布的典型案例"湖北某某环境工程有限公司、李某明逃税案"[4]已在一定程度上释明了对该问题的态度。事实上,若能暂时忽略对刑事立案侦查程序等细枝末节的争执,立足于逃税罪作为行政犯连通前后两个法域的更广阔视野,充分理解行政犯理论中关于其产生、本质属性、定罪机制及行政犯视野下的刑事立法谦抑与司法谦抑,不难得出刑事追诉程序必然滞后于前置行政程序的结论。本文对《草案征求意见稿》第97条提出增加第5款关于责任追究程序的建议,也正是出于该考量。只有在刑法领域再次重申,

---

〔1〕 参见郭昌盛:《逃税罪的解构与重构——基于税收制度的整体考量和技术性规范》,载《政治与法律》2018年第8期。

〔2〕 参见姜涛:《行政犯与二元化犯罪模式》,载《中国刑事法杂志》2010年第12期。

〔3〕 相关案例的实证分析情况,参见陈晓虹:《论偷、逃税行政违法与刑事犯罪的立法协调》,厦门大学2021年硕士学位论文,第57~65页。

〔4〕 参见"湖北某某环境工程有限公司、李某明逃税案",最高人民法院〔2019〕最高法刑申231号再审决定书;湖北省高级人民法院〔2019〕鄂刑再5号刑事判决书。

才能实现逃税行为"行刑"程序之间的妥善衔接与协调。在新的司法解释中,可以明确纳税人、扣缴义务人实施逃税行为可能涉嫌犯罪的,在公安机关立案侦查之前,应由税务机关先作出追缴税款、税收利息、滞纳金和罚款的行政决定,对于无正当理由先移送立案后下达追缴、处罚决定书的情形,应认定为程序违法,不得因此剥夺纳税主体适用第201条第4款的权利。而对于因其他案件或罪名的关联性导致未经税务机关稽查并处罚即进入司法程序,或者是逃税情节特别严重,行为人可能逃匿等具有相当的刑事追诉紧迫性的逃税案件,则允许法院在整体把握案情后,给予其斟酌适用《刑法》第201条第4款的自由裁量权。

(2)释明"已受行政处罚"的认定规则

联系前述行政处罚应作为刑事追诉前置程序的观点,对该款的适用还应明确如何认定"已受行政处罚"。

纳税主体应在税务机关规定的期限内如数缴清罚款的要求自不待言,若是出现行为人或者逃税单位的有关人员在此期间已被刑事羁押或存在其他客观不能履行,无法收到追缴和处罚决定,甚至是税务机关未有效送达的情形,是否也径直认定其不满足该条款的适用条件?在实践中此类现象并不少见,如"信阳市联发房地产有限责任公司逃税罪案"[1]"特利公司逃税罪案"[2]"彭某民等逃税罪案"[3]。对此,司法解释也应作出回答,指导实践区分不同情形灵活适用法律。

针对司法实践中的另一争议点,即纳税人补缴全部款项与罚款后提起行政复议、诉讼的,是否影响其适用第201条第4款的问题,将来修改司法解释也应予以明确。本文认为,根据该条款的最初立法目的,以及逃税罪作为行政犯不仅保障基本人权更要保障纳税人基本权利的本质要求来看,被告人行使行政救济

---

〔1〕 法院经审理认为,税务机关向被告公司下达缴纳税款通知时,其法定代表人因涉嫌其他犯罪被羁押,不具有补缴税款条件的,不符合逃税罪构成要件。参见"信阳市联发房地产有限责任公司逃税罪案",河南省信阳市中级人民法院(2018)豫15刑终462号刑事判决书。

〔2〕 法院经审理认为,法定代表人补缴税款义务受到一定限制,客观上未能给予其充分有效的救济途径,构成逃税罪但免予刑事处罚。参见"特利公司逃税罪案",江苏省海安县(现海安市)人民法院(2010)安刑二初42号刑事判决书。

〔3〕 法院经审理认为,单位犯罪,是在单位意志支配之下实施,法定代表人个人被羁押,并不代表被告单位无法补缴税款。参见"彭某民等逃税罪案",河北省永年县(现邯郸市永年区)人民法院(2018)冀0408刑初430号刑事判决书。

权不影响其适用“初犯免责”条款。

此外,通过查阅案例后发现,在实践中纳税主体为表现悔改之意以争取较轻量刑,通常会在公安机关立案后,刑事一审审结前,或是在一审上诉后二审审结前,积极缴清相关款项及罚款,法院审理过程中也确实会以此作为量刑的考量因素,因此减轻刑罚的案例不在少数,如“杨某逃税罪案”[1]“徐某逃税罪案”[2]。对此,将来修改司法解释可以明确从轻、减轻处罚的情形,作为激励纳税人积极补缴税款的有效途径,也能充分发挥逃税罪中涉税刑法对其前置税法被破坏之秩序的救济功能。意大利和罗马尼亚关于打击逃税犯罪的立法中均明确规定了允许减轻处罚的情节,即行为人在法院第一次审理之前完全补足其所造成的损害,对其处罚的限额可以减半。[3]

(3)释明《刑法》第201条第4款但书规定中若干概念的认定规则

《刑法》第201条第4款的适用除应满足“按规定补缴税款、税收利息、滞纳金,缴纳罚款”这一积极条件外,还应满足但书规定的消极条件,否则仍然构成逃税罪,此谓逃税罪条款中的“否定之否定”。对此,法释〔2002〕33号文中的相关解释早已脱节于刑法条文,在司法实践中的适用规则却不甚明朗,亟待新的司法解释予以阐明。应考虑的要点至少包括:①是否应当对“因逃避缴纳税款”的处罚事由和犯罪案由作严格限制解释,仅限于偷税违法和逃税罪情形,避免法院不当扩大至其他税收违法与犯罪情形,[4]极度压缩纳税人不构成犯罪的救济可能。②应如何理解“二次以上行政处罚”,例如,税务机关对纳税人同一交易行为下的逃税区分不同税种分别予以行政处罚的,是否可认定为二次或以上。③应明确计算“五年”期间的起始节点,充分对比、分析采用各不同时间节点的

---

〔1〕 被告人一审期间缴纳了全部逃税款,二审期间自愿交纳滞纳金,反映其具有悔罪表现,二审改判缓刑、减少罚金。参见“杨某逃税罪案”,河南省信阳市中级人民法院(2012)信刑终300号刑事判决书。

〔2〕 被告人归案后即缴清全部税款及滞纳金,二审审理期间积极按要求缴纳罚金,应认定认罪、悔罪表现较好,二审改判缓刑、减少罚金。参见“徐某逃税罪案”,安徽省芜湖市中级人民法院(2014)芜中刑终33号刑事判决书。

〔3〕 See Bogdan Virjan, *Incrimination of Tax Evasion in the Italian Criminal Law*, 1 Law Annals from Titu Maiorescu University 366(2015).

〔4〕 如“甘肃豪森矿业有限公司逃税罪案”,兰州铁路运输中级人民法院〔2014〕兰铁中刑终10号刑事判决书;“莫某杰逃税罪案”,海南省陵水黎族自治县人民法院(2016)琼9028刑初286号刑事判决书。

情况下可能产生的差异及对纳税主体造成的影响以及实践中的可操作性等。

五、结　语

逃税罪是典型的行政犯,处于税法与刑法交叉调整的领域,自然成为两法衔接与协调的核心枢纽,基于行政犯所具有的双重违法性与行政从属性的本质属性,其定罪机制应实现“前置税法定性和后置刑法定量的统一”。在法秩序统一原理下,对逃税罪构成要件的规定及要件要素的理解,都应以其前置性税法中的违法规定为“蓝本”,在税收法定主义与罪刑法定主义的双重规制下,贯通税收公平与刑法平等,并结合行政犯视野下的刑法谦抑性精神与宽严相济的刑事政策,实现税法与涉税刑法的立法协调。

随着我国依法治国实践的不断深化,当前正处于各法域立法活跃的高峰期,2021 年《行政处罚法》的修订无疑会对税务执法活动和正在进行的税制改革提出新的要求,与《草案征求意见稿》第 97 条紧密联结的《刑法》第 201 条及相关司法解释也正面临新的挑战。在此背景下,以逃税为代表的税收违法与犯罪的修法活动可谓是“牵一发而动全身”,必须兼顾各方因素,通盘考虑。在宏观层面,应当借此税制改革之机,在两法并驾齐驱的立法模式最终实现之前,重构偷、逃税行政违法与刑事犯罪的立法逻辑,即税法先行,刑法后随,以税法引领刑法,由刑法协调于税法。在微观层面,应由《税收征收管理法》先根据司法实践中显现出的种种立法不协调问题,率先修改偷、逃税实体认定规则,再由刑法寻找修法良机,适时协调于税法的规定。

《税法解释与判例评注》稿约

《税法解释与判例评注》由熊伟教授主编,2010 年创始至今,每年出版 1 卷至 2 卷,连续滚动出版。截至 2022 年 12 月,已连续出版 15 卷,常年公开征稿。欢迎国内外专家不吝赐稿!

《税法解释与判例评注》不是纯粹的理论研究文集,也不是纯粹的实务信息汇编,而是连接理论与实务的一个桥梁,是理论界与实务界互动的一个平台。收录稿件均从实务出发,既总结实务中的经验,促进理论研究水平的提升,又为实务提供指导,使税法解释和判决更加科学,使税收立法更加合理。

一、来稿内容要求

《税法解释与判例评注》主要关注两个方面的素材:(1)各级人民法院的判决和裁定,以及各级税务机关的处理决定、复议决定;(2)财政部、国家税务总局,以及各地财税机关对税法所作的解释。我国港澳台地区以及国外的典型案例和税法解释,也可以作为评论对象。

在评论案例时,必须提供准确的信息来源,尽可能提供文书的文号,便于读者查询和鉴别。可以对一个案件进行评析,也可以评析几个相关案件;在评论行政解释时,既可以关注其合法性,也可以关注其合理性;既可以单独评析一个文件,也可以追本溯源,解读系列相关文件;既可以表示赞同,也可以进行批评。读者也可以评论已经发表的文章,既可以是共鸣,也可以是商榷,以营造一个互动空间。

欢迎税务律师、法官、检察官等向我们提供典型税案的辩护词、代理词、公诉文书和裁判文书,欢迎税务干部向我们提供税务处理决定书、税务处罚决定书、税务复议决定书。

二、来稿形式要求

1. 每篇文章要求注释规范、文字流畅、观点明确、资料翔实、有理有据、论证有力,字数一般在 1.5 万字左右,特别优秀的稿件不受字数限制。

2. 来稿请附上作者的姓名、单位、学位、职称或职务、通信地址、邮编、电话或电子邮件信箱。

3. 稿件可选择邮寄或网络发送。来稿一律采用 Word 2000 以上版本的文档格式，A4 版面，默认页面设置。

4. 论文体裁不限，论文、译文、调研报告等均可，译文请自行解决版权。

三、来稿原创性要求

向《税法解释与判例评注》所投稿件，应属于税法解释或判例评注相关的原创作品，且未曾公开发表或主体部分未曾公开发表。特别优秀的、符合丛书定位和风格的微信文章，深度加工、整理后也欢迎来稿。

四、其他说明

1. 来稿一经采用，即赠送样书 2 本。在条件许可时，编辑委员会将组织作者见面会，商谈出版物定位、稿件质量、读者需求以及推广策略等问题。

2. 编辑委员会将对收录稿件的作者发放适当稿酬。条件许可时，编辑委员会将针对收录的稿件进行评奖。

3. 请勿一稿多投。自来稿之日起逾 3 个月未收到采用通知的，作者可对稿件另行处理。

4. 论文一经《税法解释与判例评注》收录，其数字化复制权、发行权、汇编权及信息网络传播权将转让予《税法解释与判例评注》编辑委员会，如不同意者请及时告知。

附：《税法解释与判例评注》规范要求

通信地址：深圳市南山区学苑大道 1066 号深圳大学（丽湖校区）法学院
邮政编码：518055
收 件 人：毛彦
投稿邮箱：taxreview@ 126. com；whutax@ 126. com
联系电话：18819472563

《税法解释与判例评注》编辑部
2022 年 12 月 12 日

附：

《税法解释与判例评注》规范要求

一、标题规范

1. 主标题名称用黑体小二号字加粗且居中格式，副标题用黑体小三号且居中，标题采段前段后间距0.5行格式。

2. 中文标题后，附英文主副标题，字体为Times New Roman，其余与中文标题相同。

二、作者信息规范

1. 作者名称用楷体四号字格式，居中附于标题下方，并用上标星号（*）作为介绍作者注释的标志；同时，采段前段后间距0.5行格式。

2. 注释中作者简介统一为：单位职称、学位，不再写作者名称。例如，武汉大学法学院教授，法学博士。

3. 作者联系方式附录于正文之后，重点列明：收信人地址、联系人、联系电话、E-mail地址。

三、摘要与关键词规范

1. 主副标题之后，正文之前列中文摘要与关键词。

2. 摘要为文章主要观点的提炼，字数一般在300字以上，500字以内；关键词一般为3～5个，其间用分号隔开。

3. 摘要与关键词均为五号楷体，采段前段后间距0行、1.5倍行距格式。其中“摘要”与“关键词”字样加粗。

四、正文规范

1. 正文中标题级次分别为“一、”“（一）”“1.”“（1）”，其中一级标题用宋体四号字加粗居中格式，首行缩进2字符，段前段后间距0.5行格式；二级标题用宋体小四号字加粗左对齐，首行缩进2字符，段前段后间距0行格式；三级标题用宋体五号字加粗左对齐，首行缩进2字符，段前段后间距0行格式；三级标题及以下格式与正文相同。

2. 正文标题之外的内容统一用宋体五号字，段前段后间距0行、1.5倍行距格式。

3. 正文中出现法律规范的名称时，应当表述规范，原则上不在前加缀“中华人民共和国”字样。在使用简称时，应使用规范化简称，并在文中注明。例如，《中华人民共和国税收征收管理法》简称为《税收征收管理法》，不简称为《税收征管法》或《征管法》等。与此同时，法律条文的序号表述应当与法律文本一致。

4. 正文中出现图、表时，统一标注为“表 1”“图 1”，且表的标题居中置于表之上、图的标题居中置于图之下，采用楷体五号字、段前段后间距 0 行格式。

五、注释规范

全文采用脚注，每页用阿拉伯数字[1][2][3]……单独编码，首行缩进 2 个字符，宋体小五号字，单倍行距格式。英文字体为 Times New Roman。

1. 中文文献规范

(1)著作

熊伟：《美国联邦破产程序》，北京大学出版社 2006 年版，第 2 ~ 3 页。

(2)译作

[法]孟德斯鸠：《论法的精神》(下册)，张雁深译，商务印书馆 1963 年版，第 32 页。

(3)论文

熊伟：《财政法基本原则论纲》，载《中国法学》2004 年第 3 期。

刘剑文、熊伟：《二十年来中国税法学研究的回顾与前瞻》，载刘剑文主编：《财税法论丛》第 1 卷，法律出版社 2002 年版。

熊伟：《法学现代化背景下领域法学之契机》，载《中国社会科学报》2017 年 1 月 4 日，第 5 版。

(4)学位论文

叶金育：《税法解释中纳税人主义研究》，武汉大学 2015 年博士学位论文，第 6 页。

(5)网络资源

熊伟：《财政分税制与地方预算自主权》，载中国财税法治战略研究院官网 2017 年 5 月 23 日，http://taxlaw.cczu.edu.cn/2017/0526/c11510a158548/page.htm。

(6)古籍

司马迁：《史记·商君列传》，中华书局 1959 年版，第 2229 页。

姚际恒：《古今伪书考》卷三，光绪三年苏州文学山房活字本。

(7)裁判文书著录格式

四川省绵阳市中级人民法院(2016)川07行终35号行政判决书。

(8)案例著录格式

"田某诉北京科技大学案",北京市海淀区人民法院(1998)海行初字第142号行政判决书。

2. 英文文献格式

(1)著作

Richard A. Posner, *The Problems of Jurisprudence*, Harvard University Press, 1990, p. 456 -457.

(2)论文

Frank K. Upham, *Who Will Find the Defendant if He Stays with His Sheep? Justice in Rural China*, 114 Yale Law Journal, p. 206(2005).

Lars Anell, *Foreword*, in Daniel Gervais eds., The TRIPS Agreement: Drafting History and Analysis, Sweet & Maxwell, p. 1(1998).

3. 案例

Shull v. London Amusement Co., 123 F. 2d 302(6th Cir. 1941).

本规范要求自《税法解释与判例评注》(第16卷)起执行。

《税法解释与判例评注》编辑部

2022年12月12日